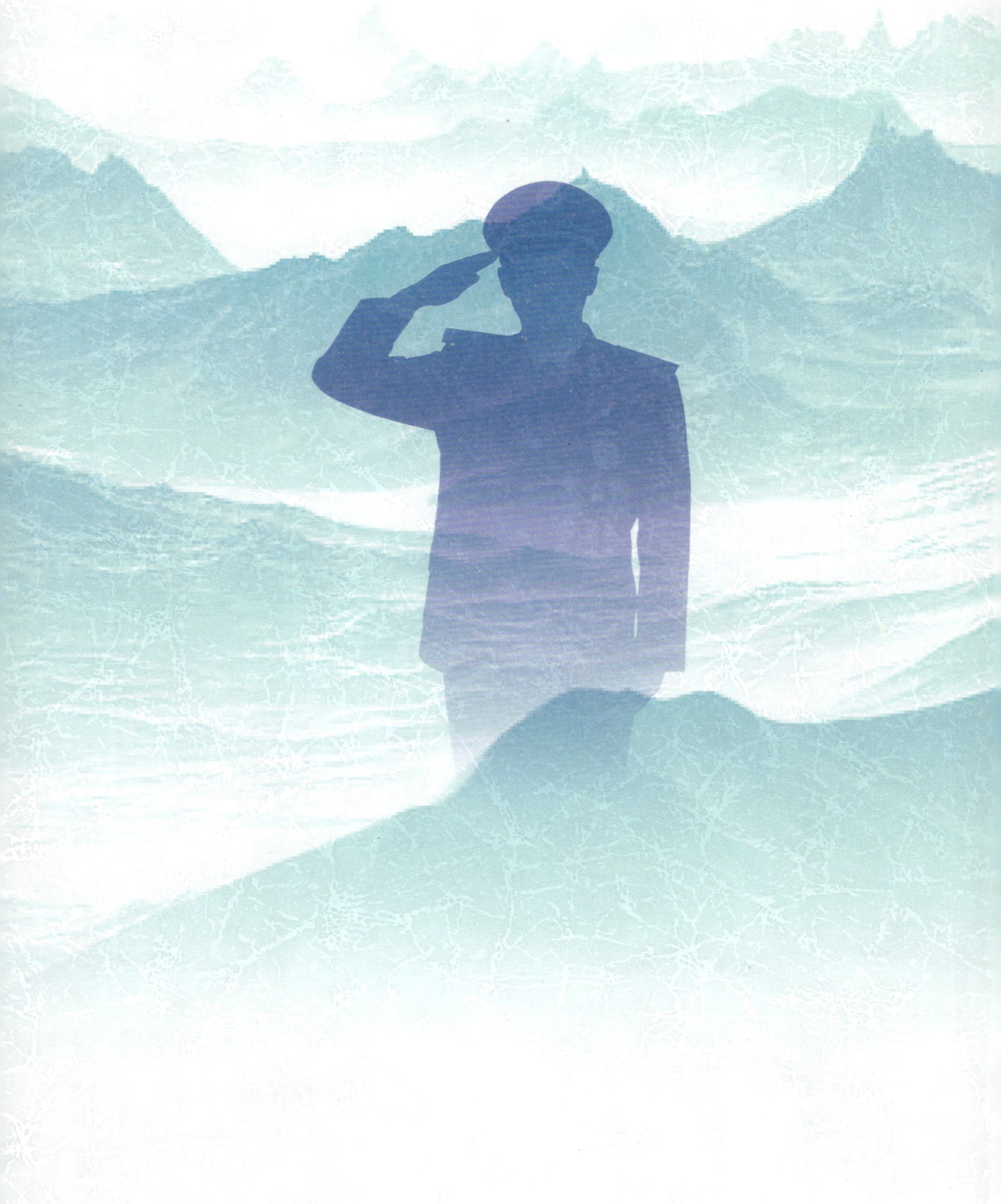

|啄木鸟·公安英模系列|

# 山河警魂

尹俊杰 著

群众出版社·北京

## 谨 以 此 书

献给"公安楷模"——我们永远的战友刘亚斌

致敬每一位将自己的一生融进祖国山河的公安民警

**刘亚斌常服照**

八百里秦岭山脚是他梦想的起点
而他一生的归宿却是在三千里运河河畔

——题记

# 序　言

这是一部追踪记录"公安楷模"、"全国公安系统一级英雄模范"刘亚斌成长轨迹和职业生涯的报告文学。

刘亚斌，男，汉族，河北省沧州市任丘市人。1980年4月出生，大学本科学历，二级警督，2001年3月加入中国共产党。2002年毕业于河北经贸大学，同年担任沧州职业技术学院教师。2005年参加公安工作，先后在派出所、国保大队、刑警大队、网安大队工作，生前担任河北省沧州市公安局运河分局网络安全保卫大队三级警长，警号055308。2022年5月7日，因连续工作劳累过度，突发疾病，经抢救无效因公牺牲，年仅42岁。

从警16年来，刘亚斌始终怀着对党和人民的无限忠诚，坚持用共产党员的标准严格要求自己，律己修身、以身作则、勤奋工作，是新时代人民公安践行"对党忠诚、服务人民、执法公正、纪律严明"总要求的先锋典范。他始终战斗在打击犯罪第一线，工作中牵头研发推出多项网上作战、信息化破案技战法，成为享誉公安系统的信息化"破案尖兵"；他在抓捕中始终冲锋在第一线，多次英勇负伤，直接侦破和参与侦办刑事案件500余起，抓获犯罪嫌疑人800余名；他持续关爱受害群众，推动建立全市首支青少年禁毒志愿者服务队、首座禁毒宣传教育基地，组织防范电诈知识讲堂100余次，赢得社会广泛赞誉。

刘亚斌生前先后荣立个人三等功4次，获评"全国先进工作者"、"全国公安系统二级英雄模范"、"河北省特等先进工作者"、"新时代燕赵政法楷模"等荣誉，入选河北省公安厅"情报专家人才库"、"信息战专家人才库"、"反电诈专家人才库"，2016年被公安部评定为全国刑侦情报研判能手，2021年7月作为全国先进工作者代表参加建党百年庆祝大会，2022年2月作为全国公安机关优秀民警代表参与北京冬奥会火炬传递仪式和开幕式国旗传递活动。

刘亚斌牺牲后，中央、省、市各级领导就学习宣传推广其先进事迹及崇高精神作出明确指示，其相关事迹更是在社会上引起强烈反响，先后被追授"全国公安系统一级英雄模范"、全国"公安楷模"、"燕赵楷模"、河北省五一劳动奖章、河北青年五四奖章、第九届河北省道德模范等荣誉。

一个普通民警，生前功誉加身，死后殊荣不断，引起了更广泛的关注。他是谁？他曾做过什么？他是如何做到的？他的一生对时代的意义又是什么？解答这些问题，是我决定撰写这部报告文学的起因和动力所在。

每个人的一生都是时代背景的缩影和映射，也是时代发展的记录与印迹。记录下这样一位英模人物的一生，对其本人及亲友具有重要的纪念意义，同时，相信也对广大读者有一定的启示意义。我与刘亚斌相识，在他生前曾多次对他进行面对面采访；在他牺牲后，参与了学习宣传他先进事迹的活动，并多次与其家人、亲友、同事进行访谈，对其相关事迹有着较为全面的了解。

为保证叙述的真实客观，本书追溯了刘亚斌在青少年时期的生活经历，讲述了他从警前后工作生活中的典型事迹，记录了他与家人、同事、战友和群众的诸多难忘往事，试图描摹出他短暂却光辉灿烂的一生。

从一开始，我就将本书定位为一篇报告文学，而并非人物传记。尽管两者都是非虚构作品，但我以为两者还是存在区别的。首先，以我个人对主人公刘亚斌谦逊低调品格的了解，他一定是不愿意为自己写一本个人传记的；其次，在本书的创作过程中，对于早已逝去的往事，我始终坚持以现在的视角切入、以当下的价值回望，个人认为这是人物传记做不到的。

作为同事与后来人，我从大运河出发，一路追随着主人公的身影，在往事与现实之间来回穿梭，时常感觉自己正置身于时空交错的情境之中。沿着刘亚斌的成长轨迹，我追溯到他生命的起点，然后重新走过他一生的历程。这一次，我从秦岭与黄河出发，走过太行山与滹沱河，再次到达大运河，继续追随着刘亚斌穿行在祖国的壮丽山河之间，直到他人生旅途的最后一站……

如同沿山间大河顺流而下，逐渐地，我看清了那山河之间指引刘亚斌前行的动力来源，那是属于他、也是属于千千万万公安民警的精神密码，它的名字叫"警魂"。这也是我以"山河警魂"命名本书的原因，我认为这是对刘亚斌的人生经历和精神世界最好的概括。

在本书创作过程中，得到了刘亚斌亲属、同事、朋友及单位领导的诸多鼓励和支持。在此，谨向刘亚斌同志致以崇高的敬意，祝愿刘发芝、张秀阁、刘斌、赵晨光等亲属生活安康。

感谢沧州市公安局杨东川、王贵普、石慧堂、张继伟、王文胜，运河公安分局赵邯川等领导的支持和认可。

感谢河北省公安厅、沧州市公安局、运河公安分局、沧州职业技术学院、河北经贸大学等单位的支持，尤其是为撰写本书收集和提供大量宝贵素材的各位同事、朋友、老师，特将姓名收录如下（按姓氏笔画排序）：

| | | | | | | | | |
|---|---|---|---|---|---|---|---|---|
| 于 亮 | 于立斌 | 马志辉 | 马国君 | 王 丹 | 王 帅 | 王 刚 | 王 辉 |
| 王 智 | 王双良 | 王司勇 | 王志远 | 王迎杰 | 王翠英 | 牛大山 | 尹 薇 |
| 孔德朝 | 田 斌 | 史利超 | 付 磊 | 代 晴 | 白 冬 | 宁 丹 | 边智猛 |
| 邢志强 | 邢承龙 | 毕士卫 | 毕根平 | 吕 旺 | 吕桂兰 | 朱 丹 | 刘 杰 |
| 刘 峰 | 刘 海 | 刘文杰 | 刘兴邦 | 刘坎华 | 刘均敏 | 刘俊健 | 齐洪斌 |
| 闫 岩 | 闫 寒 | 闫庆刚 | 关 剑 | 孙庆宇 | 孙金刚 | 孙晓平 | 孙福贵 |
| 李 严 | 李 昆 | 李 凯 | 李 荣 | 李 新 | 李 毅 | 李玉虹 | 李志勇 |
| 李 钊 | 李家伟 | 李淑桥 | 杨 震 | 杨艳昭 | 杨敬文 | 肖永增 | 吴学冬 |
| 何艳敏 | 宋 浩 | 宋云鹏 | 宋忠民 | 宋桂珍 | 张 宁 | 张 冰 | 张 杰 |
| 张 鹏 | 张卫华 | 张长军 | 张亚东 | 张伟娜 | 张泽丰 | 张建国 | 张翔宇 |
| 陈艳军 | 范京伦 | 岳国民 | 郑 伟 | 胡 伟 | 姜晓冬 | 姜海蛟 | 栗向华 |
| 贾向阳 | 贾利东 | 顾吉侠 | 钱 鹏 | 徐 杰 | 高 宾 | 高志熙 | 郭增伟 |
| 唐国利 | 黄 蕊 | 梁晓东 | 彭 丽 | 董 琳 | 谢晓萌 | 路 勇 | 魏学鲁 |

由于笔者知识水平有限，文中难免有错误和疏漏之处，敬请读者批评指正。根据相关法律政策，书中部分人物及事件已做保护处理。

# 目录 CONTENTS

引　子 ································································· 1

第一章　长河之源 ················································· 6

第二章　家风与脊梁 ············································· 19

第三章　"爸爸，我看到太行山了" ······················· 33

第四章　一生挚爱 ················································· 48

第五章　特殊的血脉 ············································· 61

第六章　眼中有光 ················································· 74

第七章　孤闯蛇形山 ············································· 85

第八章　守琢涵寸心 ············································· 97

第九章　从"0"到"1" ········································ 107

第十章　"再多一秒" ············································ 120

| 第十一章 | 涉案资金1.3亿 | 132 |
| 第十二章 | 伤痕与勋章 | 141 |
| 第十三章 | "只有他一个人看得懂" | 150 |
| 第十四章 | 弹吉他的小男孩儿 | 161 |
| 第十五章 | 冬奥会上的火炬 | 171 |
| 第十六章 | 最后的战役 | 181 |
| 第十七章 | 055308 不朽！ | 190 |
| 第十八章 | 一声斌哥　一生斌哥 | 203 |
| 第十九章 | 冠汝之名　续写荣光 | 216 |
| 第二十章 | "我爸爸也是警察！" | 227 |
| 第二十一章 | 英雄未远　只是长眠 | 239 |
| 尾　声 | | 252 |
| 附　录 | | 259 |

# 引 子

## 一

我接下来要讲述的一切，与一道山脉和一条河流紧密相关。

这是一种隐喻，也是一个事实。

2023年5月7日下午，沧州市公安局运河分局四楼西侧会议室内正在举办一场特殊的仪式，仪式的主角是一个警号。这是人们第一次这样认识一个警号，在这之前，警号的主人曾被反复提起，却再无回应。回应的人已不在人世，仪式的时间正是他离世一周年的日子。

事实上，类似的仪式在过去的一年中举办过很多次。很多人都以最真诚、最敬重的方式反复提起警号的主人。这是一种深情的挽留和不舍，更是一种特殊的眷恋和纪念。就是在这样深情的瞩目中，他被无数人深深印刻在脑海中，无论沧海桑田，他的名字、他的故事都早已和这片土地、和这片土地上的山河融为一体，再难分离。

这次仪式结束后，我想，我应该好好写一下他的故事了。

可是，从哪儿开始呢？

按照最初的想法，应该从这场特殊的警号封存仪式开始，这时距离他离开整整一周年。警号封存，不再轮换到下一个人，让它成为独一无二的记忆，这是对牺牲民警特殊的怀念。可是这不够，很多人不知道他的故事，没办法理解警号封存沉重的含义；再往前，2023年4月3日，那是他被追授"全国公安系统一级英雄模范"称号送奖仪式的日子，也是他43

岁的生日。43岁，是多少人还在日夜拼搏的年华，他却与挚爱的亲人和职业永别。可是这也不够，很多人不知道他的奉献，更没办法理解其中的荣光；还是再往前吧，他被追授全国"公安楷模"、"燕赵楷模"荣誉称号，被评为2022感动河北年度人物，被追授河北省五一劳动奖章、河北青年五四奖章……

想到这儿时，我仿佛站在一条汹涌奔腾的大河面前。大河里奔腾的浪花向世人诉说着一个个鲜活生动的感人故事。我确信这并不是我的幻觉，而是一种刻骨铭心的感受，同样是这条大河奔涌的意义。

这条精神之河，如同一条血脉不断滋润远方。在离它很近和很远的地方，更多的精神江河同样在日夜奔涌，最终汇入我们这个民族的精神海洋，成为后来人取之不竭的信仰源泉与前行根脉。没有什么可以彻底阻断河流，河水流到哪里，哪里就会生长出大片葱茏的绿色，那是对精神的讴歌与赞美，是生命的璀璨和绚烂。

这条精神之河的主人，也是封存警号的所有者，名叫刘亚斌，是我们永远怀念的一位战友。

如果真想彻底感受这条精神之河的深远辽阔，就必须了解它的真正源头。河流虽近，源头却可能远在千里之外，在被发现之前，都是扑朔迷离的。无论是正本清源，还是饮水思源，一切都离不开源头。当大多数人在追寻河流远去的方向时，我们更应该溯流而上，追寻这条河流的正源——对这条精神之河的追本溯源，何尝不是对其中更深刻内涵的探索奔赴？

有河必有源，有源必有山。这条奔涌大河的源头，一定有一座可以让众人仰望的高山。从我们所在的河畔出发，去到那里并不简单，但一定值得。因为，只有当我们走近这座高耸入云的山峰，才会真正看懂河流为什么是这样的走向，也才明白这条大河带给人们的不只是震撼与深思。

## 二

我们追溯精神之河源头的起点，刘亚斌生前所在的沧州市公安局运河分局，恰好是在一条真正大河的河畔。

这是一条举世闻名的大河——京杭大运河，这条始凿于春秋时期的人工运河纵贯中国南北，对追溯起点所在的那方水土有着不可替代的特殊含义。它将沧州从《水浒传》这部不朽名著中流放发配的苦寒之地，变成了千百年来舳舻相衔的繁华码头。直到今天，大运河穿城而过，河水碧波荡漾，两岸生机勃勃，这座被誉为狮城的城市依旧为这条长河由衷自豪。

运河公安分局的名字来自于它的所在地沧州市运河区，单看名称，就可以感觉到这座城和城中人民对运河的深厚感情。这是刘亚斌精神之河的奔涌之地，也是他灵魂的最终归宿。在这里，精神印记与现实长河在形神上交相辉映。

大运河的走向十分清晰，它的源头更是鲜明可见，但这条精神之河的源头在哪儿？我们只能继续追溯，而再往前，就是他永远离开我们的日子——2022年5月7日。这是一个特殊的节点，在这之前，提到刘亚斌，每个人都会不约而同地钦佩赞叹；而在这之后，再提起他，每个人却是不由自主地扼腕叹息。

叹息，是因为失去。因为失去，才更渴望了解他的事迹，了解他曾在北京冬奥会上传递火炬和国旗，了解他曾不穿任何防护装备转移爆炸物，了解他曾与歹徒殊死搏斗100余次……他在生前曾向我们讲述过那些故事，在他的言语中，他所做的每件事都是那么普通，没有丝毫修饰或渲染，但在他牺牲后，当我们再讲起那些故事，才蓦然发现，那些在他自己看来理所当然的事，有多么难得、多么动人心弦。那一个个故事，裹挟着各种难以言喻的感受涌向每个人，我们这才发现精神大河辽阔水面下的滔滔激流。

可这不是它的源头，波涛激荡是因为流经此处前已积攒了足够的水量。再往前，更多的故事被挖掘出来……

刘亚斌在世时，他出色的工作能力令不少同行叹为观止，很多不知情的人纷纷猜测，他一定毕业于相关的公安专业，至少一定接受过长期系统的训练，否则不会有这么敏捷的思维和独到的眼光。但他们猜错了，刘亚斌并非毕业于专业的公安院校，刚工作时他甚至不是一名警察，而是大学教师，只因对公安职业的向往，毅然放弃了稳定的工作和平静的生活，选择投身警营，成为一名公安民警。

这是一段挺身而行的决绝与浪漫、一份广受赞誉的奉献与付出，但这样的选择绝对不会没有缘由和基础。这只是河流上游到中流的过渡，源头还要再向前。

转过河流的急弯，横亘眼前的是一座绵长的山脉，峰峦叠嶂、壁立千仞，令人仰止。也正是在流淌出山口时，原本纤细静谧的水流却爆发出磅礴澎湃的气势，一瞬间淹没了所有感受。就像经历一次新生命的诞生，绵延千里之外的正是这股连接着母腹的血脉。

那是刘亚斌成年前的岁月，正是他精神之河的源头。在刘亚斌的少年时光里，曾出现过一座真正的山。那段岁月，他跟随家人作为随军家属在父亲部队驻扎地度过，在部队大院里驻足远眺，就可以看到天边起伏连绵的山峦，那正是位于国土中心地带的秦岭山脉。

"高山"不只是绵亘千里的秦岭，更是刘亚斌仰望追随的父亲——他一生精神的源泉。刘亚斌是一名优秀的警察、一个孝顺的儿子；而他的父亲刘发芝，是一名忠诚的军人、一名久经考验的党员，他在燕山脚下立志报国，后又在陕西练军，转业后教书育人。正是在他的言传身教下，刘亚斌一步步走上一条不平凡的道路。

成长于秦岭山脚，长眠于运河河畔，刘亚斌的一生，就是这样与一座山峰、一条河流紧紧相连。

## 三

刘亚斌因公牺牲后，中央、省、市各级领导相继作出重要批示：刘亚斌同志英年早逝，令人痛心，要深入挖掘、总结其先进事迹，予以大力宣传。

纪念是必须的，只有纪念才能帮我们抵挡漠然的遗忘，助我们寻得前行的方向。当越来越多的人站在源头，看着这条精神之河流向远方时，难免感喟刘亚斌的英年早逝。

这不仅是对命运无常的诘问，更是关乎人心所向的叩问。

因为身处其中，所以感同身受。这些年来，由于工作需要，我曾采访过公安队伍中的众多先进模范，最终得出这样一个结论：一名公安民警的职业生涯，恰如每一个普通人的命运，充满着定数与变数。在其中，一名公安民警的精力和时间是有限的，这就是定数；他所面对的工作和承担的责任是不确定的，这就是变数。决定其生命高度的往往是其中的变数，而非定数。

可每个人都无法选择命运的变数，能决定的只是自己的定数。一言以蔽之，刘亚斌是为了更多人的变数选择了如何决定自我的定数。换言之，个人的生命固然可贵，而刘亚斌选择将最宝贵的放在第二位。一个选择将自我置于他人之后的人，是何等无私，何等慷慨！这也是他的事迹和精神感人至深的重要原因。曾有人反复问他，如此付出和奉献的动力是什么？他的回答简单直白却发人深省：当警察不就是这样吗？

这是一个很有意思的回答，透露着他与众不同的思维：他将所有的牺牲和奉献视为职责所在、理所当然。这样一个简单的答案，却恰当地回答了那个最复杂的问题，同样也是他一生的总结——警魂！

刘亚斌走了，无声无息，又动人至极。他早已拥有一个人足够的幸福，却为了更多人的幸福燃尽生命。人们惊羡于刘亚斌获得的诸多荣誉和胸前的勋章，其实，我们更应该在意的是他熔铸警魂的一路艰辛、一身汗水和丹心一片。

刘亚斌走了，在他看不到的天明之后，是一段本该绚烂夺目的人生。16年从警生涯凝结的警魂，正如同夜空中一颗划过天际的流星，又如同地图上一处鲜明的坐标，为后来者指引着前行的方向。

刘亚斌走了，我们与他再无相见，但可以选择永远记住他。如今，我们可以通过追溯他生命中的每个时刻，走进他的内心世界。当我们再次沿着这条精神之河的源头顺流而下，抵达他灵魂长眠的大运河畔时，也许才会真正理解他的选择，也才会蓦然发现：和刘亚斌命运相连的从来都不只是那一座山、一条河，更有那数不尽的山与河，它们交融在一起，占满了他胸中警魂的每个角落。

在他的警魂深处，那些山与河，就是人民与祖国！

# 第一章　长河之源

刘亚斌父亲刘发芝戎装照
（刘亚斌家属供图）

刘亚斌早期警装照
（沧州市公安局运河分局供图）

提起陕西，每个国人心里都会升起一种特别的感觉。

从空间维度上看，它位于西北腹地，横跨南方和北方，纵连黄河和长江。这里有蜿蜒险峻的秦岭、沟壑纵横的高原、沃野千里的秦川；这里是丝绸之路的起点，东西文明交汇融合，两千年前张骞从这里向西出发，两千年后新丝路在这里续写繁华；这里还是西部大开发的第一阶梯，西北部开放发展的核心引擎，在工业、农业、文化、科技、生态等多方面占据着越来越重要的位置。

从时间维度上看，它记录着中华民族的历史，是世界了解中国的一张名片。文明不仅在书中，更在它的身上。这里见证了黄帝铸鼎分华夏、后稷教稼事农业、仓颉造字涵文明，这里见证了周公制礼、始皇一统，见证了汉唐盛世灿烂辉煌、宋元明清历尽沧桑。当世界上其他的古文明发源地在漫漫烟尘中难觅踪迹，它依然屹立在世界东方，充满活力、未来可期。

从精神维度上看，这里是中华民族和华夏文明的起源，更是新中国的发祥地和革命精神的故里。这里是万里长征的终点，星星之火重新点燃。这里有"只要还有一口气，爬也爬到延安城"的铮铮誓言，有"陕西是根，延安是魂，延川是我第二故乡"的浓浓深情。农耕文化、游牧文化、黄河文化、长城文化、革命文化在这里水乳交融，延安精神、照金精神、南泥湾精神、张思德精神、西迁精神在这里交相辉映。这里积淀着红色革命的昂扬、中华文化的自信。

这里是刘亚斌的少年成长地，是很多故事的归属地，但并不是追溯的起点。这一次找寻之旅，注定要与时光相向而行。

## 一

在首都北京向南约 150 公里处，有一片湖泊群，湖中可行船，夏季荷花满淀、秋季芦苇盈塘，这就是有着河北第一大内陆湖之称的白洋淀。在淀畔，有一个名为任丘的县级市，那是一座有着悠久历史的小城。在我们循着时间之河的旅程中，这里才是一切的起点。

那是 1969 年 2 月的一个黎明，暗夜依然笼罩小城，隐隐星光下，一切都是灰蒙蒙的。在某个偏僻村落的某座农舍中，豆丁大的油灯芯摇曳着，早春的寒风沿着窗缝挤进屋内。这是一个普通农户简陋的房子，父亲早早出门给生产队铡草，母亲仔细收拾着行李，趁着一旁的年轻人不注意，她把家里仅剩的一点儿干粮偷偷塞到了行囊里。她知道，如果被看见，这一丁点儿粮食也是绝不可能被带走的。

正准备踏上远途的青年是家中的长子，那时他还没有真正成年，烛光下的身形显得格外瘦削，但眼神中始终透着一股朝气。

从小到大，他都是家里和村里的骄傲。他出生在新中国成立后，虽然没有经历硝烟炮火，但童年的生活也让他艰辛备尝。尽管父母辛勤劳作，全家还是常有食不果腹的时候，作为长子和长兄，他要帮家里减轻负担。从记事起，他就知道在路边要拾什么样的柴火、打什么样的猪草，帮母亲做一些力所能及的小事；他的小学成绩一直靠前，小升初时，整个公社只有包括他在内的三人考入本县的一中；上初中时，学校离家二十五里路，为了省钱，他每星期都是走着回家，每次返校时背上下一周的口粮，直到初中毕业。

他也曾想着早早辍学下地劳作，父母坚决不同意，吃过没文化亏的二老懂得"读书才能有出息"。在那个年代，老师不受尊重，而父母教给他的是：老师是传授知识的人，要听老师的话。

迈入暮年后的青年回忆往事时感慨："父母算不上有很高的觉悟，只是从心底觉得，每个人都应该受到尊重。"

这年年初，村里推荐年轻人去当兵。那时他已经在挣工分了，农村大集体年代，工分是一个人的劳动报酬，也是整个家庭赖以生存的基础。当兵的确光荣，但那时部队条件艰苦，何况根据当时国内外的形势来看，战争似乎并不遥远。村干部本以为要好好做一番思想工作，不料青年的父母不假思索就同意了。

收拾完行李，母亲一边帮青年整理衣领，一边叮嘱："儿啊，好生活是党和国家给的，当兵苦也别怕，要好好干，报答党和国家。"

话虽如此，眼看孩子就要奔赴陌生的远方，又有谁会真正舍得？面对眼含泪水的母亲，青年轻声安慰："没事，娘，我出去两三年就回来。"

没有锣鼓红花，青年和同行的几个人集合完毕，登上了开往集训地的卡车。挤在车斗里，看着路两边熟悉的风景渐渐陌生，他终于忍不住让泪水肆意流淌。"爹、娘，儿走了。"他默默说道。

躺在车厢里的草席上，他默默感受着祖国山河的气息。穿越平原，视野中的山峦渐渐多了起来。

"那是什么山啊？"有人问。

"应该是太行山吧。"

"哦，这就是太行山啊……"

呼啸的列车带着一众青年的憧憬和热情，一路向北疾驰，奔赴一个托付青春与灵魂的归宿。

终于到达目的地，随着一声哨响和"下车集合"的命令，这群未经训练的年轻人手忙脚乱地从洞开的车门涌下车厢。才刚刚站稳，不少人激动的心情瞬间跌入谷底。哪里有想象中的群机掠顶、装甲列阵，眼前只有小小的一个学校，旁边散布着零零星星的民房院落，茫茫天地间似乎只剩下满目的荒凉，除了来接站的几名身姿挺拔的军人，剩下的就是一群满脸迷茫、穿戴不整的新兵。

这样的环境，实在无法与想象中的战场和憧憬的未来联系起来，队伍中传来一阵质疑的嘀咕：是不是来错了地方？

但青年没说什么，只是打量着眼前起伏的群峰。这些没系统学习过地理的青年们天真地以为，河北的山都是太行山的一部分。他们不知道的是，自己早已到了比北京还要往北的地方，眼前的群山也不再属于太行山脉，而是燕山。他们更没有意识到，和他们的老家白洋淀一样，他们现在所在的地方同样拥有厚重的革命历史。

"列队！"接站军人命令。六五式军服没有军衔，只有坚毅的面容和上衣的两个胸袋显示出他老兵的身份。

还没有经历正式训练的新兵们跟跟跄跄按照上车前的队列站好。老兵拿出登记册："现在开始点名！史策！"

"到……"

"刘明！"

"到……"

回答声软绵无力，透露出内心的不甘和失落。老兵不禁皱了皱眉，生怕身后的领队动怒。站在他身后不远处的连队指挥官不动声色。刚开始接新兵的那几年，他确实会因为新兵吊儿郎当的作风生气，但现在不会了，他并不奢望每个新兵立刻变身合格的军人，他们必须经过部队这座大熔炉的锻打和淬炼，才能成为一名真正的战士。

不生气，并不意味着不失望。曾经在他们站立的这片地方，多少先烈血洒热土，其中就包括一位十九岁的年轻战士，他手托炸药包炸掉了敌人的碉堡！那是何等的牺牲，何等的壮烈！眼前这些年轻人也是十八九岁，他们怎么……

"到！"一声坚定而响亮的回答声打断了指挥官的思绪。与之前那些慵懒懈怠的应答不同，这一声铿锵有力、干净利落，连点名的老兵也忍不住停下来，朝那个方向看了一眼。

指挥官这才注意到队列中那个不起眼的年轻人，他并不是很强壮，在一众年轻人中，甚至还稍显瘦弱，但比起其他人有气无力的应答，这一声着实让带兵多年的他眼前一亮。他走到青年面前，饶有兴趣地上下打量："为什么参军？"

青年依然目视前方，目光并没有随着指挥官的移动有一点儿偏移。自从知道自己所处的位置，他感觉内心深处有什么在翻涌，让他不自觉地把身体挺得笔直："报告！报国！"

他的回答力透寒风，回荡在远山之间。

指挥官点点头，他终于遇到了一个让他满意的年轻人，革命的精神依然在下一代人身上闪闪发光。

"小伙子，你叫什么？"

"报告！刘发芝！"

这一幕留在了很多人的记忆中——1969年2月某日，燕山脚下，一个名叫刘发芝的新兵立志报国。而他们所在的地方叫平泉，这个地方因二十余年前的一场战斗全国闻名，那位舍身炸碉堡的英雄更是家喻户晓。

这个新兵果然没让指挥官失望，在集训期间，他不仅表现出坚定的意志，而且为人踏实勤奋、善良淳朴，他的优异表现让所有人相信，他肯定会在部队有一番作为。

就这样，一个略带稚气的青年，在燕山脚下的军营里，锻造出让他受益一生的军人品质。集训结束，他启程奔赴军人生涯中的第一个岗位——祖国东北。

在如今白山黑水的莽莽山林之中，分布着很多中小学生、企事业单位进行爱国主义教育的景点。而几十年前，这些尽人皆知的国防教育基地却是名副其实的军事禁区。这里既见证了历史，也是历史的一部分——一座座山体被挖空，山体之下，隐藏着结构复杂、戒备森严的军事要塞。

这是刘发芝和战友们后来才知道的。当他们到达各自的岗位上时，从没想过他们参与的是这样一项伟大的建设，但他们经历的艰辛和危险，比史书中的记载更真实。那片山地、丘陵、河川相间交错的地带，没有道路，密林遍布，战士们同时承担着修桥筑路、开山凿洞的工程建设。出于保密的需要，他们不能使用任何大型机械设备，所有的军事补给先是通过铁路专线秘密运送到指定位置，再靠人力手提肩扛运到施工点。

"抢时间、争速度"，刘发芝和战友们四班三倒，保证工程不停工。没有机械化掘进设备，他们用双手一点点挖空了山体。刘发芝所在的连队负责的是储存航空燃料的罐体，一个罐体可储存三千吨燃油，整个油料库的储存量相当于八十节火车运输的油量。挖掘完成后，他们还要从山洞外运输防火防潮的木架钢板等进行拼装焊接，施工之艰难可想而知。此外，他们还随时面临着山崩、寒冷、饥饿、虫咬的威胁。

　　刘发芝回忆，最难以忍受的还是寒冷。这里纬度高，即使在盛夏，位于山体内部的施工地点的平均气温也只维持在摄氏三四度，夜晚更甚。洞内常年潮湿，地面上的冰碴从来没化过。即便如此，因工作强度太大，战士们的衣物一会儿就湿透了，分不清是汗水还是冰水。为了加快施工进程，战士们干脆赤膊作业，有的战士甚至在夏天出现过冻伤。

　　刘发芝时年十八岁，在那批战士中年龄最小，却总是冲在最前面的一个。连队指挥官很关心他们这批新兵，担心他们坚持不下去，但很快他就发现，刘发芝从未叫过一声苦。刘发芝是初中毕业，在战士里文化程度算高的，还经常在施工间隙给战友们读报纸，帮他们补上文化课。

　　指挥官问他苦不苦，他坦言：这儿的条件不觉得苦，给国家工作很知足！

## 二

　　建设工程热火朝天，连队又给刘发芝派了新任务，调他和几名新兵去炊事班——彼时连队里名副其实的"苦差事"。最难的就是"过三关"：首先是思想关。对不少新兵来说，当兵就是为了冲锋陷阵，没犯错却被调去当伙夫，实在接受不了；其次是工作关。炊事班每天都要为全连准备三餐伙食，除了做饭本身，做饭的原材料、厨余垃圾和炊事器具，都要人工搬运；最难的是考核关。连队正在争创先进，工程建设成绩不错，但食堂成绩落后，只有达到"五好食堂"标准，才可能获得"四好连队"称号。

　　这不是一次简单的人事调动，而是挑选真正经受得起思想压力、工作压力、考核压力的优秀战士，也只有真正有觉悟有担当的战士，才能担得起这样的重担。与其他几个战友不同，刘发芝是唯一没有经过一番思想工作就服从安排的新兵，他的回答里没有一丝不情愿："坚决服从安排！"

调到炊事班，刘发芝很快就发现了食堂考评成绩差的症结所在：一些脑子活泛的老兵总是打食堂的主意，提前给自己开饭。这种行为算不上严重违纪，但确实造成了不良影响，炊事班长副班长不想得罪人，对此睁一只眼闭一只眼，也难怪大家对炊事班有意见。

　　发现问题简单，解决问题困难。连队里也曾开会强调过，都是平息一阵又有人冒出来，问题得不到根本的解决。刘发芝不打算放手不管，但他也知道，只靠自己的力量难以改变现状，就和同去的几个新兵商议如何解决这个问题。几番讨论，他们决定先以"老乡"的身份，劝止同乡老兵。起初效果不错，提前开饭的几个老兵经提醒，都表示要遵守开饭纪律，可一位副班长却不当回事，屡次被提醒屡次再犯，直至闹到连队指导员那里。指导员严厉批评了副班长，同时对几个新兵的做法表示了肯定。

　　这件事后，连队里都知道炊事班有群较真的新兵，乱吃乱拿的行为很快就停止了。不过刘发芝并未就此止步。部队条件艰苦，一周只能吃一次肉，为了让战友们吃得更好，他就带头把剔干净的骨头和厨余的碎肉收集起来，炒菜时加进去提味；一次做百十号人的伙食，难免有糊锅或夹生的时候，炊事班长习以为常，连队的战士们不好说出口，但心里难免有微词，后来再出现这种情况，刘发芝就出面向大家道歉，稍有微词的战友也就释怀了；炊事班的工作本就辛苦，刘发芝每天收拾好食堂，还坚持去工地给战友们搭把手。

　　平时干得好不好，大家心里都有数。刘发芝入伍第一年的12月份，连队发展党员，他的提名被拿到连队全体大会上讨论，几乎是全票通过。只有一人提出，他入伍时间这么短就入党，连队里还没有过先例。这种反对声很快就被否定了，连队领导在大会上说："我们发展党员，不是看资历和年限，而是看平时表现，表现优秀的就该发展入党！"

　　大会后不久，刘发芝所在的食堂经考评达到了"五好"标准。1970年1月，上级党委批准刘发芝入党。不久，连队调他到连部当文书，并发展他成为党支部委员，同时他也创下了连队的两个"之最"：一是入伍时间最短就入党，二是连队党支部最年轻的委员。

　　三年后，总后勤部某兵器试验中心来刘发芝所在的部队选拔优秀士兵。

　　在很多人的印象中，试验基地类的单位要比作战或建设部队轻松一些，何况这个兵器试验中心是我国最早的国家级常规兵器试验靶场，待遇好、机会多那是肯定的。其实这种看法有失偏颇。就像刘发芝所在的炊事班，是不能通过固有印象判断其工作轻松还是繁重的。比如，兵器试验中心属于立项研发和量产装备之间的重要环节，需要高度专业的知识和技能，而且一次试验可能要测试某种兵器在春夏秋冬各种温度、风霜雨雪各种天气条件下的使用情况，对测试人员的身体素质和心理素质都是严峻考验；再比如，试验中心的工作与国家安全息息相关，其中一些关键岗位处于长期戒备状态，需要承担很高的保密责任和安全风险；还有一点与外界的认知不同的是，专业性越强的单位，职业发展的空间越容易受限，前期还看不太出来，但到了一定职级后，对人员各方面素质的要求也越来越高，必须不断学习，更新自己的知识储备，否则很快就会被淘汰。

刘发芝当然明白这些道理，但他的顾虑还不止于此。服役已经三年，他放心不下家中日渐年迈的父母，写信征询父母的意见。二老收到儿子的来信，一刻没耽误，马上请村里有学问的人帮忙回了一封信，除了让孩子注意身体外，这封信只有一个意思：既然党和国家有需要，你就在部队好好干，爹娘能照顾好自己。

也就是在那时候，刘发芝才真正明白了"忠孝两难全"的无奈和辛酸。经过一番思虑，他向连队领导表示：坚决服从组织安排。

新去的基地原本也在东北，后来迁至祖国腹地。即使已经退伍三十年，早已过了保密期限，刘发芝这位尽忠职守一辈子的老军人，依然恪守部队的保密纪律，从未向任何人透露过基地的信息，甚至包括基地的位置。直到很久之后，结合刘亚斌在陕西的成长轨迹和各种媒体上的军事科普内容，我们隐约推测出那是位于关中地区，被誉为"不是战场、胜似战场"的华阴兵器试验中心——一座位于革命老区的常规武器权威性鉴定机构。它建有亚洲最大的综合环境模拟试验室，新中国成立35周年、50周年和世界反法西斯战争胜利70周年阅兵，在天安门广场接受检阅的红箭-8反坦克导弹、20管122毫米火箭炮、新型122毫米榴弹炮等多种新式武器，就是在这里试验并定型的。

当然，这只是我们的猜测。回忆起那段峥嵘岁月的开端，老人家也只是简单说了一句，"基地刚刚建成，很多设施还不完善"，除此之外，再无其他。

通过查阅史料得知，华阴兵器试验中心始建于 1969 年，刘发芝去报到时，还不过是一座与他的军龄相当的简易试验场，虽在内地，生活条件却比当时的边境建设还要艰难几分。在那片荒无人烟的芦苇荡和沼泽地，初到的创业者们从五湖四海汇聚于此，他们挖窑洞、睡地窖、点油灯，不等不靠，争时间、抢速度，以第一声炮响向世界宣告：中国已具备设计综合性常规兵器试验基地的能力。

刘发芝自幼就对革命圣地充满向往，在他心中，在革命前辈战斗过的地方从军是值得骄傲一辈子的事。在新的岗位上，年轻的刘发芝接受精神洗礼，迈出了人生路上新的一步。

陕西，更多人心中向往的陕西。

到基地后不久，和刘发芝分到同一单位的三个战士中有两个先后提干，他们的军龄和刘发芝差不多，只有刘发芝成为了落选的那个。决定公布时，不少战友觉得，从资历和成绩上看，刘发芝并不比另外两人差，怎么也不该落选，都建议他去向上级反映，类似的事情，以前也有过先例。

可刘发芝没有这么做。几十年后战友们相聚，提起旧事，大家都说刘发芝从来都是先人后己。刘发芝自己也说，父母和领导总是教导他，不要看别人干了哪些，多想想自己没干哪些。要说不想提干那是假话，但上级有上级的考虑，自己必须服从，不能让领导为难。

果然，上级自有考量，四个月后，公示了刘发芝的提干决定。

这个恪尽职守却从不争名争位的年轻军官很快就引起了上级的注意。基地政治部主任在新一轮的干部考察中特别点评刘发芝踏实肯干，并向组织推荐，提拔他担任维修连副指导员，不久，又任命他为指导员。那一年，刘发芝 26 岁。

## 三

刘发芝到任后分管后勤。熟悉工作期间，他了解到连队后勤竟然有 800 余元的赤字，维修连在基地的名声也不太好。明明是负责全基地水暖电木瓦的技术连，队伍中大部分都是志愿兵身份的骨干，有些人的军龄比连长还长，怎么会是如此局面？

在连队工作一段时间后，刘发芝发现了症结所在——恰恰因为都是骨干，反而忽视了最基本的队伍建设，思想政治工作还不够深入。如此，就出现了让人诟病的现象，诸如后勤采购员犯懒，看心情好坏买原材料，连队的伙食标准不高，却节省不下伙食费；去基地的维修员总是三五成群一块去，人去得不少、活干得不多。

从士兵成长起来的刘发芝明白，战士们的要求其实不高，能吃好就有干劲儿。但那些年部队的条件和现在有很大差距，经费紧张，他不可能向上级"要钱"改善战士们的生活，除了"节流"，只能想办法"开源"了。干了十几年农活的刘发芝首先想出来的办法就是进一步抓好养猪种菜，他组织战士开辟出好几块新菜地，挖了六七个化粪池，只要等到秋后和落叶堆在一起发酵，来年就是上好的肥料。

新指导员刚刚上任，工作量就增加了，难免有人有怨言。一位退伍老兵回忆，他刚刚入伍那会儿，班长带着他和十几个兵去清理化粪池，一边走一边交代任务，到了地方用手一指："去，清理干净。"

命令已下，可这十几个新兵都是面露难色，没动地方。说得简单，化粪池里的粪水要一桶一桶提出来，再倒入拖拉机拉着的大铁桶里，即便十二分小心，粪水也会溅到身上甚至脸上。当时已经入冬，池上结了一层冰，依旧盖不住污泥粪渣的恶臭。就算是农村孩子，也没几个干过这种活儿。

见没人动手，班长难免发火。大伙正面面相觑，新来的指导员路过，一眼就明白了是怎么回事。他什么也没说，脱掉外套，接过一名战士手中的桶，喊了一句："小伙子们，没什么怕的，看我的！"话音未落，就提了满满一桶粪水，再倒进大桶中。

在场众人的脸上都挂不住了。这哪是领导，分明就是家里从不多言闷头干活的长兄！班长马上把桶抢了过去："指导员，这事我们知道该怎么干了，您放心，我们一定干好！"说着，战士们都撸起袖子，热火朝天地干了起来。

没有多说一句话，刘发芝用自己的行动，给十几个新兵上了一堂思想政治课。原本计划清淤任务需要两天完成，结果只用了四个小时。

刘发芝以身作则，折服了全体官兵，他提出的"文明维修、优质服务"的要求得以在维修连队顺利推行。以往几个人扎堆去基地维修，现在最多一两个人去，修理后还帮人家搞好清洁卫生；连队分区包干，相关责任人平时带着工具包在片区里检查，看见损坏的、陈旧的就及时更换；不用等人家上门叫，原来需要两三个电话才慢腾腾过来，现在主动上门送修；没有维修任务的战士，就在连队里学技术、种菜。

刘发芝任职一年半，连队战士的生活终于得到了改善，达到了中、晚餐四菜一汤的标准，后勤经费也有了盈余。这样的转变，让整个基地刮目相看。

我们都在影视剧中看到过深受领导器重、士兵爱戴的指挥官形象，而刘发芝就是一个非常贴近的原型。

基地改灶节煤，而改灶必须达到标准的耗煤量才算合格，合格后才能结算经费，这样的活儿，军需科找来的包工头儿们都不愿接。刘发芝听说此事，直接找到军需科领导，问是不是可以由他们单位承包。这真是解了军需科的燃眉之急。回连队后，刘发芝马上找来一个班长，带着两个工匠干了起来。一灶一验，很快全部建设完成，为部队节省了经费不说，刘发芝还为参与改灶的战士争取了部队嘉奖。

志愿兵的家庭普遍比较困难，入冬后军属去探望，连吃饭都成问题。刘发芝叮嘱司务长，发给军属一冬的蔬菜，只收两元钱。他还联系营房科，安排军属帮忙烧锅炉，给一定的报酬。营房科担心烧不好，刘发芝拍胸脯担保："烧不好我负责。"如此一来，本来吃饭都发愁的军属不但吃饱了饭，还有了额外收入。志愿兵们没了后顾之忧，工作积极性提起来了，其他连队头疼的志愿兵难管问题，在刘发芝的连队里从没出现过。

几年后，基地推荐刘发芝到北京全职学习，学成归来，他陆续担任营教导员、测试站政治部主任、副政委、政委，负责基地火炮测试站的政工工作。一个从农村出来的娃娃，一步一个脚印，终于成长为一名合格的团职军官。

当我们追溯完这一段历程，不禁感慨这位老军人在从军生涯中的所作所为。老人家源源不断的精神动力从何而来？这并不难回答，除了父母的家庭教育，部队生活同样塑造了他的精神。

一个人对自己所属群体的归属感和认同感越强，这个群体对他的影响也就越大。对于军队和军人而言，曾经的厉兵鏖战之地，特别是先烈们付出青春、鲜血和牺牲的地方，更是他们内心深处的故乡。当他们的继承者再踏上这片土地时，内心激荡的不仅是血脉基因中的坚定信仰，更有勇踏新征程的前行力量。如长征，从最初的一场战略转移变为如今的运载火箭之名；又如东风，从毛主席"东风压倒西风"的论断到现在的国之重器。

明白了这一点，结合刘发芝的报国志向再凝视他的戎马生涯，也就不难理解他生命中每个关键节点的力量源泉。看似偶然的征途，蕴含着历史的必然——他立志报国的燕山山下，董存瑞曾舍身炸毁敌堡；他筑山御敌的北国边境，抗日联军曾南北纵横；他淬火铸剑的关中渭水，渭华起义曾震动西北。一个个地标，构成了特殊的矩阵。空间上的重叠，完成了超越时间的使命传递和精神延续。那些在烽火岁月中浴血奋战的革命前辈留下的足迹，感染着接力前行、争为传人的刘发芝，也让他在未来传递给了他的两个儿子。同样，后来分别在军队和警队里工作的两个孩子，也毫无疑问地汲取了各自的精神力量。

1995年，刘发芝转业回到家乡，这位由人民军队培养出来的人民子弟兵，回到家乡后换了身份，但军人的使命感丝毫不减。年少时父母尊师重道的理念依然深深扎根心底，促使他选择做了一名教育者。他先后担任沧州市农业学校党委副书记（后又兼任纪检书记）、沧州职业技术学院党委委员、农林科学院党委书记等职。他脱下军装，仍穿着从部队带回来的旧皮鞋，在家乡的土地上、在教育战线上继续指挥着一场场战斗。

近二十年的教育工作，让刘发芝的军人本色愈加闪亮，从以下几件小事中我们或许可以窥见一斑——

农业学校开学时，学校各职能部门分散在校园各处，新生报到、交费、填表、领通知，和家长背着大包小包的行李跑遍整个学校，刘发芝马上要求改变这样的现状，从各部门抽出人员，集中到图书馆和餐厅，让学生和家长一站办完所有手续。

有一次，刘发芝负责采购学生桌椅，联系了几家厂子询问质量和价格，其中一个厂家的领导私下找到他，报出了每套桌椅的最低价，并表示再高的部分全送给他。他直截了当告诉对方："竞标时你就报最低价，只要能中标，全买你的，我一分不要。"最后还真是按最低价买了几百套，为学校节省了大量经费。当时的农校校长对刘发芝的评价是："作为军转干部，你到农校来，是农校的福气！"

担任职业技术学院党委委员后，有一年入冬时，刘发芝负责组建学院采购小组买煤，全程参与监督。为确保取暖效果，他专门带队去投标方的煤场考察，还站到地秤上，以自己的体重对标地秤的称重是否准确，坚决不让学校和学生吃一点儿亏。

他始终是那个严谨细致的战士。直到今天，刘发芝退休十年后，还有教龄较长的职业技术学院老师念念不忘他们的老书记："老书记那是真有原则啊！"

刘亚斌因公牺牲后，我们曾专程登门看望刘发芝。眼前的老人已年逾古稀，经历丧子之痛，两鬓更多了一些白发。这位为国为民操劳一辈子的老党员，回忆往事时一脸平静——只有经历过惊涛骇浪，才会有这样的波澜不惊。他的话语，他的神情，平淡如水。他的谦虚温和，更让人肃然起敬，就像他总结自己的一生："我只是一个很普通的农家孩子，足够幸运，才有机会为国家和人民做了一点儿事情。"

就是这样一个普通又不普通的人说出的一句简单又不简单的话，让同行的每个人都沉思良久。

# 第二章　家风与脊梁

女儿送给刘亚斌的 42 岁生日礼物
——他出生当日出版的《参考消息》（刘亚斌家属供图）

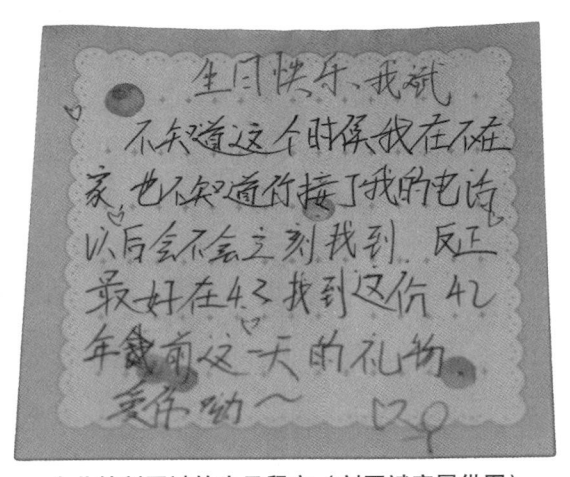

女儿给刘亚斌的生日留言（刘亚斌家属供图）

幼年刘亚斌一家合影旧照（刘亚斌家属供图）

刘亚斌父亲刘发芝接受采访（沧州市公安局运河分局供图）

在历朝历代的史书中，有一个千篇一律的现象，王侯将相等特殊人物的诞生一定是伴随着异象的，诸如神物入怀、口吞星斗、祥瑞临室，好像这些人就是上天派遣到人间的,出生就意味着他们不寻常的人生。类似的记载未必真实可信,但这样的描述确实为那些不凡人物的一生平添了浪漫和神秘的色彩。

刘亚斌出生时没有什么特殊。那一年,全国有近1800万个婴儿诞生,他们出生时应该都没有史书上所谓的天降异象,但如果他们的哭声能交融在一起,那肯定会是一场记录时代的雄浑合唱。在他们身后,古老的文明刚刚结束动荡,焕发出新的生机;在他们面前,东方大国全新的发展时代正在到来。

一

那是遥远而模糊的一天,当时看来,只是个再普通不过的日子。多年后,这个日子再次被提起时,让听者的心中不禁生出暖意和敬意。

暖意来自一份礼物。新华通讯社主办的《参考消息》已经发行到7766期,42年前的同一天发行的300万份报纸中的一份被一个小女孩儿找到,并把它作为生日礼物藏在家中某处,静静等着父亲将它找出来。

敬意来自一份荣誉。那一天的43年后,公安部追授一名公安民警"全国公安系统一级英雄模范"称号,送奖仪式在他生前的工作地举行,他的妻子代他领取了这份最高荣誉。

那一天的前一日,任丘市春风和煦,一位即将临盆的母亲骑着自行车赶回家里。她是一名军嫂,她的丈夫此时正在外省,带领连队保障整座基地水电的正常运转。将近十个月的时间里,她从没打扰过他。家里还有年迈的老人和蹒跚学步的儿子需要照顾,水缸要空了,她还要回去担水。在这之前,她跟孩子的奶奶报了一声平安,老人得知儿媳妇是骑车回去的,就以为生产还要再等一段时间。

奶奶也生过两个儿子,她很了解有关生育的注意事项,也很关心这个贴心的儿媳妇,她唯一忽略的是儿媳妇的孝心——儿媳妇硬扛着骑车回家,就是为了照顾老人和孩子。

如此操劳了一天,当晚,即将分娩的剧痛突然袭来,全家人陷入慌乱之中。在邻居和同事的帮助下,临产的母亲被他们用板车送到医院。长时间的焦急等待之后,婴儿的啼哭声打破了黎明前的沉寂,随即传来一阵欢笑声:"恭喜恭喜,母子平安!"而产床上刚刚在鬼门关走过一圈的那位母亲,正式拥有了第二个儿子。

多年以后,人们习惯用"英雄母亲"来称呼这个坚强的女人,却很少有人知道她的名字。她叫张秀阁——刘发芝的妻子,刘亚斌的母亲。

那一天是1980年4月3日,农历庚申年二月十八,刘亚斌出生的日子。

千里之外的刘发芝闲暇时掐算了一下日子,也许是父子间的心心相印,他觉得第二个孩子可能还是个儿子。不久后,他就收到了来信,母子平安,并询问该给孩子起个什么名字。文武双全啊,刘发芝脑中第一时间还是跳出同样的期许,可自己已经有一个叫"斌"的儿子了……怎么办呢?思忖良久,他拿定了主意,既然是第二个儿子,那就叫"亚斌"吧。嗯,刘亚斌,就这么决定了。

刘发芝当时不可能预料到,这个名字将成为一个时代中闪闪发光的存在,将来会有千万人为这个名字欢笑或流泪。

对于妻子,刘发芝感激又愧疚。他常年在外,妻子一个人照顾着家里四位老人,从没让他分过心;两个儿子出生时,自己都不在身边。晚年的刘发芝心心念念想得最多的就是妻子,妻子这辈子跟着他真是吃苦了……

小儿子降临世间,刘发芝恨不得立刻回家,但部队的工作让他分不开身。等终于见到日思夜想的小儿子时,那都是个可以到处爬的大孩子了。他也是几年后才得知,由于临产时太过匆忙,什么都没来得及准备,刚出生的小儿子是用妻子的外套裹着抱回家的。而这一切,妻子从未向任何人抱怨过。

刘亚斌出生后不久,母亲张秀阁又开始去上班了,刘亚斌就跟着爷爷奶奶一起生活。两位老人生于民国时代,童年和青年在黑暗中挣扎度过,好在壮年时期迈入共和国时代,真正过上了站起来的生活。他们对新中国充满感激之情,而看着小孙子拥有比他们幸福的童年,他们从心底感到欣慰。

与当今父母早早教孩子识字画画不同,他们哄小孙子的方式是讲故事和看风景。两位老人文化程度不高,他们知道得最多的就是英雄故事,因为他们的家乡是从来不缺英雄的地方。韩愈《送董邵南序》开篇便言,燕赵多有慷慨悲歌之士。古老的燕赵文化造就了世代相传的燕赵侠风,华夏每有危机,必有舍身取义的河北英豪。而沧州民风朴实豪放、尚义任侠,其"镖不喊沧"之规声名远播。刘亚斌的老家任丘，更是早早点燃了人民革命的星星之火：土地革命战争时期，任丘人民便在当地共产党员的带领下进行了一系列革命斗争；抗日战争时期，任丘地道战成为敌后游击战争的典范；1945年4月，侵华日军投降前，任丘已经被我党解放，并成为支援抗日战争、解放战争的稳固后方。

英雄故事深深刻在当地人的记忆中。在老人讲述的故事里，不仅有中华民族自古以来脍炙人口的各种英雄人物，更有在我党领导下抵御外侮、解放人民、建设社会主义的英雄，杨子荣、董存瑞、黄继光、雷锋、焦裕禄……他们出身平凡，却名留史册。当然，也有很多只在本地口口相传，却没有被文字记录下来的故事。无论是什么样的英雄，都离不开一个共同的主题：新中国的诞生离不开英雄，不只是那些有名的英雄，更有无数的无名英雄。一个个栩栩如生的英雄人物和耳熟能详的动人事迹，无形中刻在刘亚斌的心底。

刘亚斌稍大一点儿时，爷爷奶奶就抱着他出去玩。改革开放的春风刚刚吹进白洋淀畔的这座小县城，城与村还保持着千古以来的静谧、简单、和谐，像一幅唯美画卷。站在那片一望无际的平原上，看着襁褓中未来的希望和精神的寄托，两位老人不禁回想起曾经的艰难年代。

"那里驻过伪军，干了不少坏事啊……"

"那里有一片地道，当时很多人都躲在那里……"

"现在你的生活好了，不用过那些苦日子啦。"

眼前的美景里，早已找不到老人斑驳记忆中的一点儿痕迹，而往昔岁月的沉重，一个还在牙牙学语的婴儿是难以理解的。

每个人的生命之初，都有着一段空白的岁月。一个刚出生的幼儿，不可能对那一阶段的任何事件有什么具体的记忆，但依然会感受到某种情绪。这情绪无法用语言表达，却以一种比记忆更深刻的方式融入他的生命中，与他如影随形。

## 二

虽然在家中最小，但刘亚斌并没有被宠坏，相反，在几位家长的教育下，他从小就乖巧懂事。能下地走路时，他就学着给爷爷奶奶端水杯，给刚下班的妈妈拿替换的鞋；吃饭时，掉在桌上的一颗米粒他都要捡起来吃掉；特别是在听故事的时候，总是全神贯注，生怕少听了一个字。别的孩子整天调皮，他给人的印象总是一副规规矩矩小大人的模样。

　　1982年，两岁的刘亚斌跟随母亲和哥哥，作为随军家属来到了父亲所在部队的驻地。当时刘亚斌的感受，成年后的他肯定是记不得了。但我们可以想象，哪怕作为一个懵懂的幼儿，他依然是震撼的。震撼于视野尽头那一座座逶迤相连的高山，它们组成了一道可以定义中国的山脉——秦岭；而在不远处，就是哺育中华文明的母亲河——黄河。

　　"试登秦岭望秦川，遥忆青门春可怜"，"黄河落天走东海，万里写入胸怀间"。对于以一己之力划分南北的秦岭和奔涌千万年的黄河而言，周、秦、汉、唐等盛世王朝也不过是过眼云烟，多么壮阔的历史，在它们眼中，也不过是微不足道的沙尘，它们肯定更不会注意到一个不过两岁的幼儿。但对这个幼儿来说，这是第一次真正见识到祖国山河的壮阔，在他的家乡是没有山的。

　　部队大院的环境整洁优美，到处是挺拔的树木和馥郁的花草，春芳秋璨，绚烂多彩。刘亚斌的家正对着高耸入云的华山。天明时刻，只要推开窗，山风就会裹着一天的清香扑过来；夜幕降临，一阵阵山风吹过，树叶哗啦啦作响，像回荡在夜空中的悠扬乐曲；夜深人静的时候，还能听到不远处的黄河水在奔腾。在天地之间，这座大院仿佛是山河怀中的摇篮，陪伴着其中每一个孩子甜美的梦境。

　　大院和故乡是不同的，居民都是现役军人和军属，生活也像部队一样规整有矩，处处充满着军事味。这种特殊的生活环境成为一棵棵小青苗成长的沃土，嘹亮的军号和铿锵的步伐，成为刘亚斌刻骨铭心的记忆，贯穿了他的心理成长期和整个人生。

　　刘亚斌顺利地在部队幼儿园上了学，成为这片沃土中最小的一棵幼苗。家长们都很忙，每天都要加班到很晚，放了学没有拘束的孩子们很自然地打成一片。父亲在军中有威信但平易近人，母亲待人更是真诚可亲，大院的居民们都很喜欢这家新搬来的邻居，特别是最小的刘亚斌，邻里的孩子们经常结伴来看这个最小的弟弟。大院子弟大多性情张扬外放，动辄虎奔雀跃，这着实让他们的父母捏了一把汗，总是担心他们哪天闯个祸，相比之下，乖巧懂事的刘亚斌更让家长们喜欢。

部队大院的幼年生活，对刘亚斌的性格塑造起到了关键作用。军人作风的耳濡目染，让他深刻理解了个人和集体之间的关系，自小就有着良好的纪律意识和规矩观念；生活中的叔叔阿姨和小伙伴，让他看到了人性中最为亲和友善的一面；而简单封闭的环境，让他变得更加独立自主、坚强果断。这些都对他的未来产生了深远影响。

　　刘亚斌五岁时，基地推荐刘发芝到北京学习。这一走，就是两年。哥哥已经在大院的学校上学，母亲也有工作，没办法同时照顾两个孩子，只好忍痛将刘亚斌送回任丘老家。阔别三年后，这个小男孩儿回到了久违的故乡，这一次，原本在爷爷奶奶怀中的小孙子不但已经能跑能跳，而且比那时更加懂事，能做的事更多了。

　　回到老家的刘亚斌并没有任何不适应，他还是和以前一样，帮爷爷倒水，甚至可以帮奶奶刷碗了。结婚后，他和妻子讲述自己小时候的事，说当时家里养了好几只老母鸡，每次爷爷奶奶取鸡蛋时都会给他煎一个，他永远忘不了那味道。空闲时，爷爷奶奶还是会给他讲英雄的故事，和以前不一样的是，这次的故事里多了他们的儿子。两位老人把他们知道的关于儿子和战友的故事一起讲给了小孙子，刘亚斌似乎永远听不够，常常是听完一遍还要听，而且还学着爷爷奶奶的样子自己讲一遍，直到把整个故事完整背下来。

　　更难得的是，对于这些耳熟能详的英雄故事，刘亚斌的爷爷奶奶从不把那些蕴含在故事中的人生哲理简化为一句标准的评价，给小孙子留下很大的思考余地，让他自己参悟其中的含义。在后来的岁月中，刘亚斌不止一次惋惜地意识到，那些身陷囹圄的人，特别是青少年，也许只是缺少了为他们讲故事的爷爷奶奶或爸爸妈妈……

　　回到老家一年后，刘亚斌六岁了，爷爷奶奶已经没有新故事可以讲了，刘亚斌也到了上学的年龄，于是，他们把小孙子送到了离家最近的小学。老师看看眼前这个瘦小的男孩儿，问："几岁了？"

　　"六岁。"刘亚斌小声回答。

　　老师摆摆手："太小了，还是再等等吧。"

　　那个年月，小孩儿七八岁上学的并不少见。两位老人不想放弃，他们恳求老师："孩子虽然年龄小，但他从小就聪明、爱看书，要不您考考他？"

　　面对两位老人的坚持，老师不忍拒绝，让人找来一张一年级的试卷。

办公室的桌子太高，刘亚斌跪在老师的座椅上答完了题。看着那张写满稚嫩字迹的卷子，老师微微一笑，先不说答案正确与否，整个试卷字迹工整，一点儿不像没上过学的孩子写的。再看答题，尽管错误难免，但最终成绩竟然在班级里靠前。老师点点头，算是答应了。

小小的刘亚斌靠爷爷奶奶的央求和一张试卷，为自己赢得了早上一年学的机会。

刘亚斌七岁那年，父亲学成归队，他再次回到了久别的部队大院。

父子再团圆时，刘发芝正当壮年，精力充沛，干劲儿十足。成为教导员后，他的带兵理论很快被基地作为基层带兵的典型经验在本部队推广，他的各种理念也在一次次的工作实践中得到验证，日臻成熟。这期间，他的言传身教也成为日后刘亚斌兄弟二人的行事原则和处世标准。

这位老军人在几十年的军旅生涯中对生活和工作的体验，放到如今看来，依然魅力不减、发人深省。作为一名老兵，新兵初到时，刘发芝会告诉他们，年轻人不要怕干活，力气是越干越有的——这成为刘亚斌战斗不止的思想动力；作为老前辈，刘发芝会提醒年轻人多注意日常忽略的地方、实践经验是否可以上升到理论高度，就好像走了十几年的楼梯，从来没有人在意它有几个台阶，自然也不会有人想到走起来是不是安全省力——这成为日后刘亚斌创新各种技战法的思想基础；作为中层领导，刘发芝会告诉部下，管理要注意方式方法——可惜，刘亚斌才走上领导岗位没多久就离开了，没机会将父亲这方面的经验应用到工作中。

## 三

2018 年 11 月 2 日，在同全国妇联新一届领导班子成员集体谈话时，习近平总书记说：" '正家，而天下定矣'。古时，那些子孙多贤达、功业多卓著的名门，无不与其良好家风的传承息息相关。北宋杨家兴隆三代，将帅满门，人人忠肝义胆、战功卓著。究其缘由，不由让人感叹'杨家儿孙，无论将宦，必以精血肝胆报国'之家风的分量。"

回首刘亚斌一生的诸多重要节点，无时无刻不透露着父母双亲的深刻影响，特别是他的父亲刘发芝，不但在潜移默化中帮儿子"扣好人生的第一粒扣子"、"迈好人生的第一个台阶"，更一步步引导儿子成为又一位人人敬仰的英雄模范。

河之行远，决于正源。我们都说"父爱如山、母爱如水"，对刘亚斌而言，身为父亲的刘发芝不单是可以仰望依靠的高山，母亲也不只是滋润哺育生命的流水，更是他逆流溯源的起点，精神之河的起源。

何止刘亚斌，真正优良的家风从来都是源远流长、一脉相承。对刘发芝来说，当他在部队尽忠职守时，是他的父母双亲和妻子在背后默默支撑起一片坚实的天。含辛茹苦抚养他的父母，怀着孩子照顾公婆的妻子，这些人，何尝不是他逆流溯源的起点，精神之河的起源？

刘亚斌离开后的第一个清明节，单位组织对他家人的慰问。那时，再和英模的两位至亲聊起往事，才真正体会到，正是英雄的家风塑造出英雄的人生脊梁。现将有关记述收录如下——

## 英雄脊梁　家风担当

杨柳阴阴细雨晴，残花落尽见流莺。新现碧翠才扶风，却道故人已远行，心事诉谁听？

春风化雨，飞絮寄哀。又到一年清明时节，今年的节日，对这个家庭，格外沉重。

这是刘亚斌离开后的第一个清明节。

这一天，刘亚斌的父亲早起整理着小儿子留下的遗物。老人家虽然两鬓渐白，但依然精神矍铄，二十几年的军旅生活让他一生保持着良好朴素的作风。房间里没有过多装饰，家具陈旧却干净整洁，诉说着这位老人简单质朴的生活习惯。很多人注意到，岁月曾在他的容颜上留下了痕迹，却丝毫没有改变他的精神，只是在小儿子的溘然离世后，这位老父亲一夜衰老了不少。

老人不时抬头看看对面第五层楼，刘亚斌生前书房所在的位置，以前那里的灯总是会亮到凌晨一两点。半夜看到灯还亮着，就知道儿子已经回家了，这已是老两口多年来的一个习惯。

老父亲在部队做过二十几年的政工干部，在他的言传身教下，才使得刘亚斌纯良、温和、坚韧、勇敢、无私……你几乎可以用能够想起的每个褒义词形容他；而他的父亲再谈起小儿子生前的点点滴滴，却只是简单说，没怎么特殊教育。刘亚斌在别人眼中是楷模、是代表，但在父亲心里，他只是那个懂事孝顺的小儿子。

虽然没有过多提及自己，但我们依然可以深切感受到：在英雄勇毅前行的背后，他们的家庭正以自己的行动默默诠释着奉献和付出，人们也总能从他们的家庭中解读出孕育英雄的密码。

**起点·抉择的荣光**

父亲戎马半生，兄长保家卫国，嘹亮的军号陪伴着他牙牙学语，挺拔的军姿伴随着他蹒跚学步，这让刘亚斌自幼就有一个深藏在心底的军旅梦，也让他在成为一名大学教师后，毅然放弃了稳定的生活，选择成为一名人民警察。

但父母和兄长对刘亚斌的影响远远不止于此。刘亚斌从小随父母在部队大院度过了幼儿园、小学、初中共11年的时光，无论是在部队带兵，还是转业到地方工作，父亲都是正直为人、认真做事，而母亲勤劳朴实、宽容待人，都为刘亚斌树立了良好的榜样。

刘亚斌上初中那一年，哥哥顺利考入军校成为军人，父母造就了他坚韧的性格，而哥哥的经历强化了他内心的理想。为了心中所愿，刘亚斌坚持着良好的学习习惯。虽然高考时因为身体原因与梦想中的军校失之交臂，但他所做的一切，都为未来的工作打下了坚实基础。

大学毕业后，刘亚斌顺利考取了职业学院的教师岗位。在别人看来，大学教师收入高待遇好，这样的工作应该知足了，但刘亚斌依旧没有忘记心中的梦想，父兄为国家安宁、人民幸福拼搏奋斗的身影在他的心底深深扎根。就是在家庭忠诚理想的感召下，刘亚斌选择报考人民警察。从此这世上少了一名教书育人的优秀教师，却多了一位为国尽忠、为民尽心的公安英模。

报考警察的时候，刘亚斌没有告诉其他人，考完之后他才告诉父母，本以为父母会反对，但一向开明的父母尊重儿子的选择。尤其是老父亲语重心长地问他："你既然想当警察，那得当个像样的警察，当警察就意味着牺牲和奉献，危险来了你就要往前冲，追捕逃犯你就不能犹豫，明白吗？"老父亲在部队和地方都任领导职务，时刻都是以身作则、冲在一线。作为领导干部，他带头清理化粪池的事至今还常被人提起；他在连队提出"文明维修、优质服务"的理念更成为刘亚斌服务精神的雏形。正是一身正气、因公废私的父兄，让刘亚斌在家与国的抉择之间不再犹豫，选择了先人后己、由家而国的人生。

面对父亲这样的问题，他坚定回答："我明白！"

带着父亲的嘱托，他加入了警营，开启了灿烂的警察生涯。

## 征途·前行的坚强

回顾刘亚斌同志的从警经历，不禁让人肃然起敬。他在短暂的16年从警时光中，将一名人民警察的职责履行到淋漓尽致。100多次直面歹徒搏杀，深入研究信息化破案，连续几天不眠不休核查案件……每次在这样的关键时刻，都离不开父亲的关切目光。

在别人阖家团圆共度佳节的时候，刘亚斌却仍在单位加班，父亲会说："精神挺好，为了工作就是不要区分你我，你多干点别人就会轻松一点，说不定能尽早破案。"

当刘亚斌升任队长之后，但凡需要冲锋陷阵的时候，他绝不坐镇后方，总是冲在最前面，因为父亲曾对他说："当领导，关键时刻你得上，你上了，大家就会齐心协力。"

当刘亚斌被评为全国先进工作者后，父亲叮嘱他："荣誉面前，你得想地球离了谁都转，工作面前，你得想千斤重担大家挑，谁也不能先弯腰！"

这一句句饱含深情的谆谆教导让我们明白：英雄何来！

人们不知道的是，在刘亚斌身后，是需要同时兼顾家庭和工作的妻子，一个人蹬着三轮带着小儿子送大女儿去上辅导班；是步入暮年需要照顾的双亲，爷爷去世时，两位年近70岁的老人半夜11点打车赶回任丘老家……这不是刘亚斌不懂得照顾家人，而实在是因为他太忙了，他可能经常连着几天几夜不眠不休工作，每个节假日包括春节都在单位度过，答应妻儿的约定无法实现，多年来的走亲访友总是缺席，只是因为他总是忙于工作。

但没人责怪他，在身边人眼中，刘亚斌从来都是个懂事周到的好儿子、好丈夫、好父亲。他继承了父亲的严谨认真和母亲的勤劳质朴，他不抽烟不喝酒，不参加无用的聚会，一个手提包用了十年舍不得换；但他从来没有忘记对父母、对妻儿、对朋友甚至是陌生人的关心，他会在错过妻子的生日后加倍补偿，他会在半夜下班后为父母送去爱吃的枣糕，他会把工资提前垫付给同事当差旅费，他会在受害人求助时拿出多年的积蓄让他看病，他会帮助一起参加传递国旗的英雄团长搬行李，他会在排了几小时队后把好不容易买到的最后一个冰墩墩让给身后的孩子……他的重情重义、阳光热心、温和亲切、自律节俭，让每个人都深深赞叹。

刘亚斌一生从警，数遇险境，危险的事干过多少自己都记不清了。只有一次，父亲批评了他。那一次，本该休息的刘亚斌在商场门口遇到了一名追捕多时的毒贩，对方远比他强壮，但他直接扑上去与毒贩扭打在一起。回家后，看着小儿子一身的伤痕，老人生气地责备他冲动不计后果。也只有那么一次，老父亲真正将对儿子的担心和忧虑表露出来。

就是这样一个无怨无悔支持他的家庭，成为英雄脊梁最坚强的支撑；也正是因为英雄家庭的深明大义，将国家的利益永远置于个人利益之上，才有了刘亚斌这样的敢为人先、担当尽责的公安楷模。

### 传承·不灭的理想

刘亚斌因公牺牲两天后，他为住同一栋楼的住户在网上订的门帘才送到，是战友帮他挂在了单元楼门前；而在他牺牲半年后，天气转凉时，是家人替他把夏天用的防虫帘换为了冬天用的暖帘，一如他从没有离开过。

在亲人朋友眼中，这个家庭坚强得令人心疼。特别是经历丧子之痛的老父亲，小儿子刚离开时，16岁的孙女问他："以后我该怎么办？"这位老人郑重地对她说："有爸爸在，你是孩子，爸爸不在，你就是大人了！"遗体告别时，这位老父亲还想着把儿子警礼服上的一颗纽扣留给外甥女，也留给她一个念想。

再谈起小儿子，老人终于不用再掩饰自己的骄傲，他的话语让人五味杂陈："全国先进工作者、全国公安系统二级英模、全国公安系统刑侦情报研判能手……"老人特意把"全国"二字加了重音。历数儿子的荣誉，他说，"政府给他的荣誉够多了，他对得起国家，对得起这份职业！"

"荣誉不争、功劳不抢、认真做事、踏实做人。"老人用四个词概括了他对儿子的教导。

刘亚斌同志离开后，各级领导和社会各界为英雄家人送来了诸多的关心与慰问，但每每面对大家的善意，刘亚斌的父母妻儿总是带着感动婉言回绝。没有过多高调的言语，只是简单质朴的只言片语，包含着鲜明的家国情怀与浓浓的深切思念，让我们看到英雄家人善良淳厚的优秀品德和感恩他人的人性光辉。心胸之广、信念之坚，令人动容。

或许在父母心中，小儿子从来没有走远，还会像以往一样拎着枣糕来看自己；又或许在深夜，对面楼房的灯亮起时，小儿子还是会在父母的注视中忙碌……

习近平总书记说："家风家教是一个家庭最宝贵的财富，是留给子孙后代最好的遗产。"有时候我们也会思考：如果没有这些坚强的父母妻儿的无私奉献，我们的生活会是怎样？

岁月不语，却已给出答案：今天幸福安宁的生活，是因为有刘亚斌这样的英雄人物舍己为人、负重前行，而这，更是他们背后的父母妻儿忍受悲痛与艰辛换来的。祖国不会忘记、人民不会忘记，英雄的家人同样是令人发自肺腑敬佩的英雄，因为他们的付出，让我们拥有了现在的生活，也是这样的家庭，让英雄的血脉赓续传承、生生不息。

刘亚斌虽然不在了，但他的家人却更加坚强地生活着，因为还有继承父亲警号和梦想的女儿，还有尚不懂事、不知父亲已离去的小儿子。这样坚强伟大的英雄家人，衷心祝愿他们以后的生活漫满阳光！

还有一件文中没写到的事，现添录如下——

临离开前，老人家又抬头看了看小儿子的房间。此时午间阳光正盛，在他周身洒下一圈晶莹的光辉。

良久，那位曾"燕山立志、北国御敌、渭水铸剑、沧海传学"的老人，在经历半个世纪的风雨后，终于缓缓开口问道："我们父子两代人，是不是可以说完成了他爷爷奶奶报党报国的托付了呢？"

同行的几名身着警服的同事起身立正，不约而同地抬起右手，用最庄重的方式向这位为党为国奉献一辈子的党员、军人、前辈、英雄以及英雄的父亲致敬。

警礼之重，重若千钧。没有任何迟疑，在场的人们异口同声："是！"

# 第三章 "爸爸,我看到太行山了"

幼年刘亚斌(左)和哥哥合影旧照(刘亚斌家属供图)

刘亚斌小学、初中就读的学校近景(刘亚斌家属供图)

**刘亚斌高考前留影（刘亚斌家属供图）**

**河北经贸大学近景（沧州市公安局政治部供图）**

在刘亚斌上大学时，同学们之间流传着这样一个"传说"——那天，班主任叫刘亚斌到办公室去一趟，语气挺严肃。周围的同学面面相觑，好学生要被叫家长了？是不是梦游时干了什么坏事？

各种离谱的猜测都有，只有当事人刘亚斌一脸凝重，好好反思了一下，确定自己没做什么出格的事。他郑重走到班主任办公室门前，屏气凝神。

"老师，我来了。"

"吓我一跳！"看着一本正经的刘亚斌，老师拍拍胸口给自己压惊，"你来做检讨啊？唉，你别这么拘着好不好？是这么回事，根据你的表现，组织上有意推荐你入党，老师和同学们应该也没什么异议，你愿意吗？"

原来是入党啊……刘亚斌如释重负："愿意！"

"那好，你回去写一份入党申请书，好好写一下入党的理由和决心。"老师着重交代了一下。

啊？刘亚斌瞬间一脸问号，良久，只问了一个问题："身为一名中国青年，入党还需要理由吗？"

同学之间难以证实的传言不禁让人莞尔。但不论真实情况如何，刘亚斌单纯的动机和前提依旧让人感动，也让人们看到了他未来生活和工作的开端。出发前，动机和前提越单纯，未来步伐越坚稳，后面走得越长远。

我们可以确认的是，在刘亚斌的心里，为人民服务是不需要动机和前提的。入党，只是为了更好地服务。

## 一

"我那弟弟，从小就懂事。"据哥哥刘斌回忆，父亲结束了北京的学习后，带着母亲和他回老家去接刘亚斌。刚走进院子，还没进屋门，就看到一个小小的身影趴在一张凳子上写着字，脚边一沓写好的稿纸整齐地码在一起。屋里有点儿黑，他也没有开灯，借着透过屋门的几缕阳光，才能勉强看清书本上的字迹，但这丝毫没有影响他的认真，他就那样长久笼罩在一团寂静光晕里，吃力地边读边写。

多少年后，就是这样一个在深夜伏案疾书的瘦弱身影，攻克了挡在破案道路上的无数难关，在成为他自己的招牌形象的同时，也成为无数人心中的希望。

"看书怎么不开灯啊？一会儿屋里就黑得看不见了。"刘斌上前问道。

"一会儿黑了就去外面看。不开灯了，给爷爷奶奶省钱。"刘亚斌没有立即抬起头，他的语气平淡，显然已经不是第一次遇到这么问的人了。

"你爸爸妈妈呢？"刘斌故意逗他。

"上班去了。"刘亚斌放好笔,这才抬起头来。

他长大了一点儿,容貌有了些变化。刘斌看着眼前的弟弟,等着他惊喜地跳起来,扑到久别亲人的怀里。但是没有,小小的刘亚斌保持着礼貌的微笑,眼神里却充满了对陌生人的戒备。

时间在那一瞬间仿佛凝固了。刘斌这才意识到一个残酷的事实:弟弟已经不记得他们了。两年,对一个只有五岁的孩子来说,是一段漫长的时光。

刘斌并没有把这件事太放在心上,毕竟是孩子,过了没几天,弟弟就和他们重新熟悉起来;几年后,偶尔听到父母谈及此事,他才意识到,在父母的心里,这件事始终没有过去。

尽管父母早有"舍小家为大家"的觉悟,但孩子认不出他们的一幕真正发生时,又有谁能真的做到心中毫无波澜?表面上,他们不动声色,只是他们习惯了把沉重留在自己的心底,把快乐的情绪散播给身边的人。

其实,刘亚斌倒不是忘记了父母兄长,只是记忆中逐渐模糊了他们的模样。父母的教诲他从来没有忘记,始终记得做个孝顺的好孩子。那天做晚饭时,他还怀抱着一小把柴火放到灶台边。奶奶自责地说,总是告诉小孙子,他来回抱几次也比不上爷爷奶奶一次抱得多,可他从来不听。

刘亚斌纤细的胳膊上有几处被柴火扎伤的痕迹,直到他成年后还隐约看得出来。而抢着做家务这个习惯,刘亚斌一直保持着。他成家后从沧州回到任丘老家,经常不顾开车的疲惫,套上围裙就到厨房帮着洗菜做饭,让很多女同事都自愧不如。

一家四口终于团聚,准备启程回部队了。临行前,刘亚斌没有哭闹,或许是怕爷爷奶奶伤心,他一滴泪都没流,临出门前还做个鬼脸,告诉爷爷奶奶他已经把屋子里面都打扫干净了。除了换洗的衣服,他还坚持带上所有课本。尽管到了新学校还会发新书,但他一本旧书也舍不得丢弃。

结婚后,刘亚斌有时间就带妻子回老家看望爷爷奶奶,只是后来工作越来越忙,回家次数渐渐少了。最让他心痛遗憾的是,爷爷过世时,他仍在加班,年近七十岁的父母只得半夜11点打出租车赶回老家……

1987年,七岁的刘亚斌重新回到了陕西的部队大院。对团聚的一家来说,陕西毫无疑问就是他们的第二故乡。刘亚斌在这里度过了人生中最重要的童年和少年阶段,更是来到了生命中的高山——父亲刘发芝的身边。

阔别两年，恍若隔世。在不懂事时就看惯的秦岭黄河，如同前世的记忆再次出现在刘亚斌眼前，让他产生了一种错觉，仿佛这些高山大河从出生就印在他的脑海里，而他的生命也是和它们联系在一起的。

大山、大河，似乎比刘亚斌在襁褓中时更壮观了，这千万年中的一静一动、一隐一显，再次将祖国的壮美带到刘亚斌面前，无限地扩张着他的胸怀和视野。那巍峨的山峰，铸就出他刚正顽强的性格；那磅礴的大河，给他的生命带来源源不断的活力和激情。更重要的是，有多少人拼命寻找、尽力追随的历史和声音，"风在吼，马在叫，黄河在咆哮……"这雄浑悲怆的咆哮之声，以及它后面的精神之源就在那儿，就在这个七岁孩童的面前。这是爷爷奶奶讲过很多遍的地方，在跨越两年时光和千里河山之后，小刘亚斌懵懂地意识到这一点，就像一颗种子扎进了他的心里。

父母忙于工作，只能让刘斌平时多照顾弟弟。哥哥的确年长些，可毕竟还是个孩子，想当然觉得最好的照顾，就是带着弟弟在大院里和小伙伴到处玩。孩子们很高兴又多了一个熟悉的玩伴，他们中有的人还是刘亚斌幼儿园的同学。众人也很快发现，刘亚斌还是原来那个有些羞涩的小孩儿，他小时候乖巧的言行并不是因为年龄小，而是完全出于他的本性。

起初父母和哥哥还担心他不适应新的生活环境，准备让他在家待一段时间再去学校，刘亚斌却没让他们担心太久，没几天就说想去上学。父亲很欣慰，他深知学习的重要，这一点从他后半生致力于教育事业可见一斑，他马上就为小儿子办理好入学手续。才搬过来没几天，刘亚斌就在大院的小学继续读书了。

尽管谦逊低调，刚上小学的刘亚斌依然是同学中最受瞩目的那一个。或许是他的天性使然，加上父母的谆谆教导，不管是课上学习还是课下活动，他从不缺少认真和热情。按老师和同学的说法，那时的他话不多，身上却总是带着一股"灵动气儿"。他的小学同学还记得，刘亚斌爱看书，书包总是比别人鼓；爱思考问题，是班级上向老师提问最多的；更让人意外的是，这个孩子总是在随时帮助人，比如削铅笔、整理书包等。这些在大人看来无足轻重的小事，却留在了同学们的记忆中。

上到三年级的时候，乐观阳光又好学热心的刘亚斌顺理成章当上了班长，这个职务也贯穿了他之后的学习生涯，直到他大学毕业结束了学生的身份。刘亚斌也很快就用行动证明，他可以很好地承担起这一职责。与其他喜欢拿鸡毛当令箭的小班长不同，他从来不觉得班长是一个管理者，相反，是为同学们服务的。刘亚斌担任班长后，不管是收发作业、打扫卫生，还是组织活动、纪律检查，老师交代的每件事都完成得很到位。而且，不像其他班的同学埋怨自己班长多事、找麻烦，同班同学对刘亚斌的"工作"十分支持，每到新学期投票选班长，没有任何人私下打招呼，刘亚斌总是高票连任。一个班级，几十个小同学，不自觉中因为刘亚斌紧紧联系在了一起。

父母工作忙，但他们知道陪伴的重要性。只要时间允许，他们一定要赶回家，一家人坐在一起吃顿饭。两年的分别，让父母对小儿子多了一份愧疚，他们想尽最大努力弥补。其实刘亚斌的要求很简单，就是能多看书。他从小喜欢读书，也许是爷爷奶奶讲故事的影响，抑或是父母的言传身教，这已经不重要了，总之，童年的刘亚斌最大的乐趣就是遨游书海。

好在基地里最不缺的就是武器和书，而从数量上看，第一是军事兵器类，第二就是思政类。刘发芝也曾担心这样的书对年幼的儿子是不是太过深奥，他总是挑选一些故事性强、相对简单的书带回家给刘亚斌。说到看书，别的孩子也不少看，但他们最多就是草草浏览，看看上面的武器插图就丢到了一边，可刘亚斌不但看得更多，还学着思考，比如会问父亲"榴弹炮和加农炮的区别"、"什么是批判的批判"这样的问题。

上学时努力学习，放学后做完作业和家务，他都会找个角落看书。大院的生活条件不差，但刘亚斌依然节约，天还亮着就坐在门外，实在看不见了才进屋。其他同学每天守着电视机或在院子里疯玩的时候，他俨然就是那个"别人家的孩子"。

当年大院里贪玩的孩子，如今也已是过了不惑之年的父母。他们教育孩子的时候，还会不时想起自己小时候被爸妈揪着耳朵，去看邻家那个坐在小板凳上读书的小男孩儿的往事。只是当时他们无论如何也不会想到，他们看到的就是一位英雄的童年。

在那片晋豫陕三省交界的黄河滩上有一个绝佳的火炮试验场地，山谷环绕，裸露的河床上寸草不生，到处是黄褐色岩石，只有偶尔的降雨留下几洼浅浅的积水。最现代化的热兵器在最古老的土地上发出阵阵怒吼。像哥哥刘斌这么大的男孩子，最喜欢的就是跑去看基地在黄河滩上测试火炮。

警戒线外，几个大院孩子躲在山丘后，一起讨论着炮弹离膛的初速和弹道，炮声响起，他们还会在山丘后跳着脚叫好。每逢这时候，刘亚斌总是坐在一边，安静地捧着一本书。现在想起来，一个半大孩子，能在嘈杂的环境中静下心来阅读，这可不是一句简单的"爱好"就能解释的，需要的是更强的定力和求知欲。

新生活没有让刘亚斌忘记旧日子，眼前大好的山河没有阻隔、反而加深了他对家乡的思念。限于当时的交通条件，每年父母休假探亲，并不是很愿意带孩子回家——距离太远，一千公里的路程要走几天，对小孩子是一个不小的考验。刘发芝夫妇也是如此。尽管想念爷爷奶奶，想念故乡的小伙伴，但刘亚斌从不强求。不过，只要父母同意，他每次都是兴高采烈跟着他们一起回老家的。

随着年岁渐长，这种长途奔波并没有消磨刘亚斌的热情，倒是在一定程度上锻炼了他。从警十几年间，他也是天南海北辗转各地，却从未出现过一次水土不服的情况，不得不说，这是童年时代的历练得到的回报。

刘亚斌上初中时，又发生了一件决定他人生轨迹的大事。那一年，哥哥刘斌考上了军校。当哥哥身着和父亲一样的军服出现在刘亚斌面前时，他跟着父母一起拍手欢呼，他为哥哥感到骄傲。也就是在那时，他在心底确定了自己未来的方向：考军校，从军！做一个像父亲和哥哥那样的军人！

刘亚斌的从军梦想可能是从父兄那一身戎装开始的，而他的报国理想却是早就被父兄印刻在骨子里的。

## 二

1995年，刘发芝转业。十五岁的刘亚斌跟着父亲回到沧州，转到沧州市第二中学读书。

在部队大院长大的刘亚斌，虽然刚迈入青春期，但在气质和心智等方面比同龄人成熟得多，特别是在外貌形象上，已隐约有了日后剑眉星目的轮廓，眉眼之间难掩英气。

一个转学来的斯文帅气的男生，着实让老师担心了一下，生怕这样的学生不安心学习。但很快她就意识到自己多虑了，这是个一门心思都放在学习上的模范学生，埋头学习的劲头仿佛使不完，多少次感冒发烧也没请假，咬着牙坚持上课。因为是中途转学，加上两地教学的差异，刘亚斌初到班上时成绩并不好，被安排到最后一排。班主任明确说，班级上按照成绩高低排座位。而仅在三次小考之后，刘亚斌就凭借优异的成绩坐到了前排，成为老师眼中的优等生。

高中同学对刘亚斌印象最深的就是他的数学笔记，函数导数符号多，解析几何作图多，做起笔记来比其他科目要求更高。但就是这本仅仅写清楚都不容易的笔记，刘亚斌却记得十分干净整洁，特别是他的几何绘图，用同学的话说，"比教科书上的还要漂亮"！这也侧面反映出从学生时代开始，认真仔细已然成为他的习惯。

没人意外，这个转学不到半年的学生就担任了团支部书记、学习委员和数学课代表，学习成绩始终保持在前三名，和当时的班长被同学们并称为"学习上的两大巨头"。

除了学习，刘亚斌其他的任务也没有落下。高中班级的团支书，比他在小学初中当班长承担的职责更多，管理纪律、组织班会、文艺演出……各项工作他都能有条不紊地完成。后来学校里开展活动需要主持人或召集人时，首先想到的就是刘亚斌。"很灵性"，这是高中师生对刘亚斌的评价。

这样一个优秀的孩子，对每个同学都很温和，同学们都爱和他待在一起。那时高中生的课余生活比较单调，学习累了，休闲方式就是聚在一起聊天，刘亚斌和同学们说得最多的就是将来考军校、去当兵。大多数同学或多或少也有自己的打算，但都不如刘亚斌如此明确，这样坚定的目标也被同学们理解为他心中的信仰。

同学们从来不觉得这信仰只是嘴上说说，从他上学的种种表现看，他完全具备高中生眼中的一名军人的素质。不少同学爱美爱打扮，刘亚斌的衣着却十分简朴，他经常穿着一身草绿色的作训服。有同学取笑他："你这是哪个年代的衣服了？我爷爷都不穿了。"

刘亚斌也不恼，只是说："穿着舒服就行。"

家住市区的学生们都走读，吵着和家里要一辆时髦的自行车，骑车上下学，不免要和同学们显摆一番，而刘亚斌高中三年骑的一直是一辆二八大杠。上世纪90年代初，随着改革开放的深入，各种新样式的自行车让人目不暇接，二八大杠早已落伍，打一个不恰当的比喻，这就相当于在这个智能手机泛滥的年代，班级上还有同学在用老人机。其实只要刘亚斌开口，父母是有能力给他换一辆新自行车的，但他从未要求过。

父母清楚地记得，每次开家长会的时候，班主任都毫不掩饰对刘亚斌的赞赏，总是把他的种种表现挂在嘴边，鼓励班上同学多向他学习。

除了这些，最让老师和同学感动的，还要数刘亚斌很少考虑自己。高中课业忙，但刘亚斌在校时除了自己学习，还尽量帮助其他同学。他学习好，人又热情，大家学习中遇到难处都喜欢向他请教。他不厌其烦地解答同学们的问题，渐渐地，不但本班同学，外班的也来找他。起初老师还担心影响刘亚斌的功课，劝他说："有些问题，你可以让他们去找老师，功课这么紧张，你可不要帮了别人，耽误了自己。"

刘亚斌回答："表面上看，帮同学复习是占用了自己的学习时间，但我在帮助他们的同时，也相当于巩固了自己的知识；再者，这么做也有助于提升班里的学习氛围，帮老师减轻一些负担，老师可以把更多的精力放在教学上。"

是的，这回答里有辩证法。采访时得知这件事，我惊讶于这个还未成年的高中生已经开始用辩证法思考问题了。十五六岁的孩子，没多少人对哲学感兴趣，刘亚斌偏就是例外，而且这种思考方式贯穿了他一生的言行，比如他对公安工作的认识：一个警察的个人生活和承担的职责必然存在矛盾，越是倾向个人生活，他愿意做的工作就越少；越是不在意个人生活，他承担的工作就越多。但这两者并不能以单纯的此消彼长关系看待，公安职业的社会责任从一开始就注定是以牺牲民警个人生活为代价的，这并不是说个人生活不重要，个人生活质量的提升必然会帮助我们更好地承担职责。在刘亚斌的从警生涯中，工作上高标准、生活上低要求，与这种思维习惯密切相关。

不久前，我曾将刘亚斌的故事讲给一位心理专家，包括他在高中时的坚定信仰和辩证思维，请她做一幅简单的心理画像，最终得出的结论是："研究对象在各类学科特别是哲学方面有着比较完善的认知，并推测其具有鲜明的思想方式和清晰的思维结构，在意识支配和行为调节方面有着较强的控制力，外在表现为意志力、自控力、自制力等均高于平均水平。结合其成长环境及社会经历，其心理认知和意识形态的形成受家庭教育与自身知识积累的影响程度较大。"

　　高中生活过得很快，转眼就到了毕业前夕。1998年6月，带着期盼、梦想和嘱托，刘亚斌信心满满地走进高考考场。成绩优秀、体能合格，刘亚斌却有解不开的苦恼——由于长期用心看书学习，他的眼睛有些近视了，上课时需要戴眼镜才能看清黑板。考军校对裸眼视力有着专门要求，唯一的办法就是去做近视手术。上世纪末，近视手术才引进不久，技术不成熟，手术风险、并发症、后遗症、副作用等各种负面消息层出不穷，其中最令人担忧的就是手术可能直接导致失明。纵使这样，不知道经历了怎样的思想斗争，刘亚斌还是在高考结束后立刻去做了近视手术。

　　今天的我们再也不可能知道，这个刚刚成年的年轻人是怀着怎样的想法去面对这场风险难测的手术的，也无法还原他在手术时的忐忑和不安，仅凭这份奔赴梦想的执着和不惧危险的觉悟，就足以让每个人肃然起敬。

　　这场近视手术，既是刘亚斌人生路上的成人礼，也成为他一生从警的奠基礼。

　　当时的手术步骤很繁琐，术前检查和术后复检就有十几次之多，但只有前三次是父亲陪着他去的。刘发芝陪着儿子，就是打算签下所有的知情书并承担所有可能的后果，这位老父亲以这种坚决的方式支撑着儿子的梦想。父子二人的坚持没有被辜负，手术很顺利，刘亚斌视力恢复得很好，接下来就是最关键的高考成绩了。

　　很多人都曾为刘亚斌的高考惋惜。在那场至关重要的考试中，头一天很顺利，刘亚斌稳定应战、正常发挥。变数发生在第一天考试的晚上，母亲给他准备了小半盆凉皮，这是他最爱的食物。母亲只是想让儿子吃点儿可口的食物，放松一下情绪，可不知是因为肠胃疾病还是精神紧张导致的消化不良，刘亚斌吃下凉皮不久就上吐下泻，一整夜没有睡着。看着被折腾得脸色蜡黄的孩子，刘发芝心软了，他劝儿子明年再考，但刘亚斌还是坚持上了考场。

　　这种折磨，和一般的感冒发烧还不一样，时有时无的阵痛和眩晕直接影响了他的发挥。尽管最终坚持下来了，但刘亚斌心里隐隐感到，成绩可能不太理想。经过几天忐忑不安的等待，分数出来了，果然和预料中一样，后三科的成绩较前两科低了很多，总分与准备报考的军校相差甚远，报考军校是没有希望了。

命运就是这么不可捉摸，不可预测，失之毫厘，就改变了人生的走向。

　　父亲安慰儿子："这次没考好没关系，要不复读一年吧。"

　　"不了，爸爸，这样的分数挺好的。"仿佛高考的失利并没有给刘亚斌带来过多失落和遗憾，他显得十分知足，依旧是那个活泼开朗的大男孩儿。

　　刘亚斌为什么没有选择复读？家人和同学们都没有想通这个问题。他们都相信，这次考试并不是刘亚斌该有的水平，只要能正常考一次，他应该有更好的表现。有人认为，非应届毕业生是无法报考军校的，就算刘亚斌复读考出理想成绩，也无法实现从军的梦想，所以干脆就放弃了。这样的想法显然低估了他的抗压能力和抗挫折能力。

　　结合刘亚斌父母的回忆，我们隐约找到了这个问题的答案。再谈及高考时，刘发芝说道："他妈妈那时常常自责，说是因为自己准备的凉皮才耽误了孩子的考试。我就安慰她，说有些该经历的事是躲不开的。"

　　刘亚斌一定是注意到了母亲的自责。他也肯定想过，如果自己选择复读一年，那这一年中的每分每秒无疑都是在提醒母亲，是她的失误导致了如今的结果。刘亚斌那么孝顺，他于心何忍？

　　可就算刘亚斌还在，他也不可能承认自己有过这样的想法。坦然接受一切却从不言语，这是那个孩子对母亲的最大温柔。也许，这才是真正的答案。

## 三

　　河北经贸大学在哪儿？这是张秀阁看到儿子录取通知书时的第一反应。

　　她找来了一张地图，顺着地图上密密麻麻的名称一个个寻找。终于，在一条弯弯曲曲的河流旁找到了那个"文"字。她看着那个点，眼泪扑簌簌地往下掉。虽然是一所省会大学，在那个交通仍不发达的年代，孩子这一走就是半年，她不能不想起十几年前回老家接刘亚斌的那天。

　　河北经贸大学是河北省重点建设的骨干大学，与正定古城为邻。不过，在了解学校的位置前，刘亚斌首先注意到的是它旁边的那条河——滹沱河，一条起源于山西省，横穿河北省，最终汇入渤海的大河。就像黄河养育中国一样，滹沱河哺育着石家庄的广袤土地，被誉为河北省会的母亲河。虽然还没有到过学校，但它在滹沱河畔的独特位置一下子将刘亚斌的记忆拉回在黄河河畔长大的童年时光。

去学校那天，刘亚斌是一个人背着行李走的。父亲也曾征求过他的意见，想送他过去。刘亚斌想都没想就回答说，他已经长大了，可以自己去了。

看着刘亚斌一个人默默收拾行李的背影，刘发芝心里忍不住疼了一下。他十八岁从军时还有几个战友结伴同行，今天儿子也要走了，却只有一个人。可儿子却说得那么轻松，好像中学时代每天早上出门上学一般。儿子真长大了，他想。

1998年9月，刚刚成年的刘亚斌要离开父母远行了。和他的父亲一样，看着车外熟悉的风景逐渐远去，他也感受到父亲当年离家时兴奋的憧憬和离别的心酸。那一刻，父子的生命轨迹完整重合。

进大学校门前，刘亚斌首先看到的就是学校旁的滹沱河。虽然早已知晓它的存在，但他还是被它的美丽折服了。它不如黄河壮观远阔，但依然那么美，阳光照耀下的河面映射出阵阵粼光。刘亚斌站在河边，略带湿气的秋风贴着河面吹来，稍稍缓解了他这一路上的疲惫。他的目光逆着流淌的河水远眺，像童年看黄河般寻找着源头。消失在遥远地平线的源头是看不到的，也正是这种神秘感，让它在刘亚斌心中的形象更加丰满。

刘亚斌上大学已经是二十几年前的事了，那时风华正茂的年轻班主任，如今也到了快要退休的年纪。再提起这位学生，她想不起什么特别的事，但依然准确说出了他给自己留下的印象。这也难怪，时光流逝，许多细节早已模糊，但就是这些模糊的细节，最终凝练成了他这个人，也凝练成班主任那句重复了几遍的评价："他是个好学生，特别好的学生。"

老师第一次注意到刘亚斌就是开学报到时。独自报到的学生本就屈指可数，外地来的更是寥寥无几。在别的新生还在哭着和送行的爸妈告别时，自己拎包来上学的刘亚斌已经在帮其他同学搬行李了，这个脸庞和身形有些瘦削的男生，给人一种非常可靠的感觉。

新生肯定需要有人带着，老师就让刘亚斌暂时代理班长。大学的班长和中小学毕竟是有很大不同的，除了承担的事务更多更繁重外，最主要的还是身边的同学更有想法、更有考量。即便如此，刘亚斌在几个月后还是通过竞选正式当上了班长，这一干又是四年。再提起这位大学时的班长，同学们的评价出奇地一致："他是个好人，特别好的人。"

类似的评价在刘亚斌从警后也曾无数次出现。

大学是个小社会。这里从来不缺积极表现的人，可你是真心还是假意，是真做还是假干，老师都看在眼里，同学都记在心里，不一样就是不一样。曾经有同学做了一个小手术，需要住院几天，有几个班干部过去看了一眼，就再没露过面，刘亚斌则是每天有时间就去医院看望，同学还没出院，他已经帮忙联系学校办理了医疗补助事宜；学校组织体检，发现两名同学感染了肝炎，他多次出面找学校给两人协调独立宿舍，其中一个同学家庭条件很差，刘亚斌就发动班上同学捐款。

学习上进、踏实勤恳，还从不争名逐利，这样的学生毫无疑问成为学院党支部首批发展入党的对象。父兄都是党员，刘亚斌当然也想着早日入党，他知道，这既是对父兄的一种追赶，也是人生的一种追求，唯独没想过这也是"进步"的一种途径。有的同学早早写完申请书，就等着组织发展了，刘亚斌则不然，他将入党看作一件很重要的事，在通知他申请入党的当天就打电话询问父亲，父亲告诉他，先从学党章开始。此后，他每天党章不离手，一字一句，都努力刻在脑子里。

在这方面，刘亚斌一直没有放松。他工作后的笔记本，除了跟工作有关的信息，每次政治学习的内容从未落下。

学习之余，刘亚斌也会和同学结伴出去逛逛。那时正定古城的旅游业还没正式开发，但也是周边城市休闲旅游的首选去处。1999年是正定县"半城郊型"经济模式和旅游业重大转型战略正式实施15周年，这座文化名城在历经千年风雨沧桑后，走上了一条经济腾飞的发展之路，在世纪相交、千年更替之际焕发出蓬勃生机。

其他同学出来玩，注意力都放在景点和美食上，刘亚斌却常常一个人行走在城乡之间，零距离触摸古城的肌理。在这个古今交融、新旧交汇的地方，他看到了源远流长的历史遗存、博大精深的文化积淀，看到了未来可期的发展前景，更看到了民族记忆、红色基因的绵延不息。

千年的历史脉络、厚重的文化底蕴、浓郁的古韵乡愁和改革开放的春风激荡融合，充盈着这个青年的内心。时光荏苒中的记忆早已模糊，但被铭记的始终深藏心底。有那么一次，这座城让刘亚斌突然想到了某个地方，一个他时时想起却始终未曾抵达的地方。估算了一下时间，足够他一次往返。于是，他上路了。

这一路，他没心思看外面的风景，记忆中的画面越来越清晰。那是一家人还住在陕西时，恰逢年底，全家坐火车回老家探亲，刘亚斌和哥哥注意到父亲总是看着窗外发呆，哪怕吃饭时也会放下筷子，静静地看着窗外，一言不发。

"爸爸，您在看什么？"刘亚斌忍不住问道。

"太行山。"刘发芝每次都这么回答。

"不是看过很多次了吗？"兄弟俩不知道父亲为什么这么喜欢看这座山，陕西明明有很多山的。

后来，在那列往返于两个故乡的火车上，看太行山就成了刘亚斌和哥哥的固定节目。两张小小的脸庞贴在火车车窗上，掐着时间望着天边出现的山峦，然后争先恐后地跑向父亲："爸爸，我看到太行山了！"

"是我先看到的！"

"我先看到的……"

现在我们自然知晓，刘发芝从军时在火车上看到的并不是太行山脉，但这并不影响他对太行山的崇敬与向往；相反，当他第一次看到真正的太行山时，首先想起的还是在燕山脚下立志报国的那一天，还是会深思自己的所为是否有负父母的嘱托和一个军人的职责。

年幼的兄弟俩无法领悟父亲内心的思虑，也不可能真正感受到那份使命的沉重，他们抢着看太行山，不过是枯燥旅程中小小的消遣。但在十几年后，已经长大的刘亚斌隐约有些明白了。

刘亚斌向太行山走着，追溯着脑海中的记忆。追溯不只是追怀过去，有些东西在时空中的传承和延续需要时间才能发现其中的意义，这也是我们现在正在做的事。

穿越漫长的时空，刘亚斌站在了能看到山峦的地方。太阳西沉，余晖洒在天边的山峰上。他就那么站着，眺望着，任由思绪翻滚。小时候听过的英雄事迹、成长时有关父亲的记忆、才学习不久的党史知识，这一切，在一瞬间重叠在一起向他袭来，原来它们从没有离开一个主体，那就是党。

明明周围一片空旷，他却听到了激昂的呐喊，革命、烽火、岁月、英烈、牺牲……他骤然明白了每个词的含义，那含义本就融化在父辈的言传身教里。原来，那时父亲看的，不只是一座山——这并非我一个追溯者的妄自揣测，在同龄人还执着于自身物质或情感需求的"爬行阶段"时，刘亚斌已经实现了在精神追求上的"直立行走"。

2001年3月，刘亚斌正式入党。宣誓那一刻，刘亚斌已决定将自己的生命和所有的一切都交给党。父亲、兄长、那座古城、那道山脉，让他深刻理解，个人的认知再全面，也不可能超越时代的局限，但党能，听党话、跟党走，就是走在这个时代最正确的道路上，而且每一个脚印都是那么清晰有力。

成为党员后，他常想起在太行山脚下的那一天。他看向家的方向，仿佛怕打扰山脉间沉睡的英灵和沉默的岁月，他的声音很低，但无比坚定："爸爸，我看到太行山了……"

# 第四章 一生挚爱

刘亚斌（左一）参加学院晚会（沧州职业技术学院供图）

沧州职业技术学院近景（沧州市公安局政治部供图）

刘亚斌（左二）参加学院会议（沧州职业技术学院供图）

刘亚斌贴在墙上的家人照片（刘亚斌家属供图）

  马克思主义认为：警察是一个历史范畴，是人类社会一定历史阶段的产物。周恩来总理曾说：国家安危，公安系于一半。

  与其他国家不同的是，新中国的公安机关与人民军队有着深厚的血脉联系。人民公安脱胎于人民军队，伴随人民政权和人民军队的产生而产生，作为一支特殊的革命力量生根、发芽、壮大。从中央苏区红军与中央苏区国家政治保卫局，到八路军与陕甘宁边区政府保安处，再到人民解放军与华北人民政府公安部，一方负责抵御外敌，一方负责内部稳定。新中国成立初期，大多数公安民警更是从解放军直接改编而来；后来，每年都有大批转业干部和复员战士选择加入公安队伍。两者同根同源、相互扶持，共同在党的领导下保卫政权发展、维护国家稳定。

# 一

2002年7月,刘亚斌在河北经贸大学原贸易经济系市场营销专业完成大学学业。

大学毕业,是人生路上的一个新的开始,也是一个新的起点。这时所做的任何一个选择,都对未来有着不可忽略的影响。大学毕业前夕,系里通知组织最后一次优秀评选——由班级推荐优秀毕业生,这对大学生是一项极有分量的荣誉,可以说等同于品学兼优的标签。面对这样一个沉甸甸的称号,在班级内部投票得分最高的刘亚斌却主动让给了其他同学,"因为他认为将荣誉让给他人,对他们找工作有帮助",这是他大学同学的原话。

刘亚斌的无私谦让,同学们早就了解。不只是优秀毕业生,在这之前,班级推荐奖学金、优秀学生干部时,刘亚斌都会谦让他人。同样的,在他工作后,单位评功论奖时,他也是想着优先推荐同事参评,这也是为什么除了极高的个人荣誉外,他从警16年来只荣立四次个人三等功的重要原因之一。

至于自己的将来,刘亚斌也有考虑。既然从军的希望已经远去,那就像父亲一样去做个教书育人的老师。班主任也曾挽留过他,希望他可以留在学校,教书或者带学生都可以,他这样的人正是高校未来发展急需的;就算不愿意留在本校,也可以考虑留在石家庄,毕竟省会城市的机会更多,发展前景也比较好。

老师这些善意的建议,刘亚斌都婉拒了。他已经拿定主意,要回到家乡。故乡对于游子,永远有一种斩不断的牵引与联系,这方水土养育了你,你长大后再反哺它是天经地义的,而在中华传统文化中,家和国本就是一体的,故乡和国家互为参照。彼时年少的刘亚斌,也许还没有孕育出后来的心怀天下,但他对故乡的感情已经透露出他视家国高于自身的大局观念。至少从那时起,他所有的考量已不是从自身出发。

回家,回沧州,那座地处渤海湾畔的城市为刘亚斌的一展抱负提供了一片广阔的天地。中共党员、英语六级、成绩优秀,那时仅凭这几项条件就达到了在沧州市内几所高校面试的要求。与家人协商后,刘亚斌最终选择去沧州职业技术学院（当地人简称为"职院"）试一下。对，就是刘发芝任职的那所学校。2000年时，沧州工业学校、沧州市农业学校和沧州农林科学院合并成立沧州职业技术学院，已是农业学校党委副书记的刘发芝也转任职院党委委员、农林科学院党委书记。

一个大学生刚毕业，就进入父亲任领导的单位，难免让人产生某些想法。其实在刘亚斌从警后，从来不缺别有用心的人以"营私舞弊、公权私用"诬陷诽谤他，妄图干扰办案，而其中最先被上级查否的，就是"利用裙带关系"这一项。刘亚斌没有利用警察的权力为自己办过一件事。曾有个亲戚出了交通事故，想让刘亚斌出面打个招呼照顾下，刘亚斌直接回绝说："交警的事归交警，这个事你正常处理就行，我去了才显得不公平呢。"

儿子是这样，父亲更是如此。刘发芝转业后，曾登门拜访基地的老政委——一位退休的共和国少将。聊起两人并肩战斗的大半辈子，刘发芝感慨地说："我从普通战士到正团职军官，都是您一路提携起来，可我连块糖都没给您送过。"老将军正色道："你没有送过一块糖，不是也没收过一块糖吗？国家就需要你这样的军人！"

公道自在人心。我们采访刘亚斌在职院的同事时，也曾问过关于他父亲的事。同事们的回答大多是："我们一起工作的时间不算太久，还真没和他的家人打过交道。"直到我们说出刘亚斌的父亲就是老书记刘发芝，他的同事们才恍然大悟："原来如此。"继而叹息，"难怪啊……"

若说刘亚斌入职职院和刘发芝完全没有关系，也不是实情。那确实是刘发芝向小儿子提的建议——哪个父亲不希望自己的孩子能离自己近一点儿？职院里也确实有几个人知晓他们的父子关系。采访期间，我们遇到过职院的一位退休老教师，两家人是几十年的邻居，刘发芝请她为刘亚斌做过一些面试指导，仅此而已。

再提起刘亚斌面试时的具体细节，几位做评委的老师已经记不太清了，但对这个小伙子依然有印象。他们告诉我："讲台下坐着学院党委书记、分管教学的副院长、教务处领导和系部负责人，小伙子一点儿不怯场。他人长得精神帅气，讲课内容条理清晰、重点突出、教态自然，回答问题语言流畅、逻辑严密。看得出他非常善于动脑筋，具有深厚的理论功底和专业的学术素养。"一堂试讲下来，刘亚斌便折服了所有在场评委。

2002年9月，刘亚斌正式成为沧州职业技术学院经贸管理系的一名教师。因为所教授的内容与大学专业不同，刘亚斌担心讲不好，在第一次正式走上讲台之前花了很大功夫研究怎么才能更好地授课。功夫不负苦心人，他的第一堂课就赢得了学生们的一致好评："形象生动，气氛活跃，特别是课件活泼有趣、板书清晰有力。"就连课堂上一向爱走神的同学都被他讲授的内容吸引了。不久后再上课时，刘亚斌已经可以做到不看课件，对着几十名学生侃侃而谈。

初来乍到，虽然教学任务繁重，刘亚斌却并不觉得难或累。他比他的学生们大不了几岁，站在一起时，甚至分不清谁是老师谁是学生。学生们也都喜欢这位年轻的男老师，共同的语言和相仿的年龄很快消除了师生间的隔阂。离开学校后，刘亚斌依然和不少学生保持着联系，只要在工作中遇到诈骗学生及其他与师生利益有关的案件，他还会专门提醒学校保卫处注意，以防师生上当受骗。十几年后，一位刘亚斌曾经的学生到运河公安分局办事，没成想刘亚斌第一时间就认出了他，还准确叫出了他的名字。

有情有义是学生们对刘亚斌最多的评价，刘亚斌曾在课堂上对学生们说："等你们毕业时，我最后一个走，去送每一个可以送的人，因为那可能就是这辈子最后一次见面……"在他离开后，很多学生都打电话到公安局，询问是不是当初教他们的老师，在得到肯定的回答后，许多人直接在电话里失声痛哭。不是对学生的高度负责，是换不来大家的真心关切的。

除了是学生们的好老师，刘亚斌也是个人尽皆知的好同事。自从他入职之后，每天都是第一个到办公室，打扫卫生、打水，将办公室收拾得井井有条。事情虽小，但难在坚持，后来他的事迹被广泛报道，职院的同事坦言他就是那样的人。在他们眼中，刘亚斌永远是那么活力满满、干劲十足，一整天工作下来，有的老师忍不住抱怨工作劳累、学生难管，却从来没听刘亚斌说过类似的话。总结起来就是一句话：和刘亚斌相处很轻松。

不讲课时，刘亚斌也时时在为下一次讲课做准备，尽量将事情都做在前面。作为老师，认真备课是本分，没什么好说的。这里说的是一件与工作无关的事——

职院举办 2004 年元旦晚会时，几个同事找到刘亚斌，打算合演一个名为《好梦一日游》的小品，讲述一伙人合伙开办一家公司，专门帮人圆梦的故事。刘亚斌饰演公司的一名职员。职院自己组织的晚会没什么特别要求，参演的人也是抱着好玩的心态，刘亚斌的戏份并不多，可他却成了最认真的那个。每次彩排他都是早早到场，对表演的细节提了很多建议，彩排里用到的道具也多是由他收拾。小品里有一段情节需要一只狗，但那只狗和大家不熟，总是不听话，上台乱跑影响表演。刘亚斌主动承担了训狗的任务，每天遛狗培养感情。最终，表演取得成功，台下的师生们眼泪都笑出来了。

本来只是一次娱乐性质的表演，他也是这么认真。转过年来，还是在这个舞台上，这个认真的人又参加了一场街舞表演。为练好舞蹈，他每天都跳到腿酸得走不动道。

几个好友经常约他踢球，无所谓输赢，就是为了在紧张的工作之余放松一下。可刘亚斌只要上场，就想着一定要踢好。别人停球没停稳，把球踢远了，也懒得去追，他却一定要追上。刘亚斌就是这样，干什么都认真，这种认真劲儿体现在平时的一言一行之中。

说到踢足球，那应该是刘亚斌最喜欢的运动，也是他唯一的业余爱好。职院和公安局的同事们都知道他没有任何不良嗜好，就是喜欢踢个球。在球场上他踢前锋，爱闯爱冲，一旦出现失误，就不好意思地双手捂脸，像个天真的孩子。这种严肃中自带率真的天性，也跟了他一辈子。

## 二

职院是三所学校合并的，刘亚斌当教师时，学校还分为南北两个校区，正好分别位于城市的东北角和西南角。对于居住在南边校区附近的老师，去北边校区无疑是件辛苦的事，反之亦然。而且有的教师前两节课在一个校区上，后两节课要到另一个校区去，虽然学校安排了班车，但在两个校区间跑一趟，至少要几十分钟。

大部分同事家里都有老人和孩子需要照顾，学校排课时，很多人都希望把自己的课排在离家近点儿的校区。刘亚斌了解到这个情况后，主动申请先安排自己的课，去离家远的北校区也行。比起大家的需要，他从来没有把个人得失放在心上。后来，为更好地促进两个校区融合，也是他在城市南北不断奔波，起到了很好的模范带头作用。

因为有班车，许多老师的子女搭车上学，人数多时，一趟班车上有二十几个孩子。起初大家觉得没什么，但问题很快就出现了：孩子们精力充沛，在车上打闹起来没完没了，影响了一些老师的休息；而且行车期间孩子们不在座位上老老实实坐着，也是安全隐患。有家长带着还好，可有的家长每天在不同的校区上课，不能总是陪着孩子，也整天提心吊胆的。

　　刘亚斌经常在两个校区之间往返，就主动照顾车上的孩子们。他把孩子们聚在一起，给他们讲故事，提前准备一些小卡片或小游戏道具，带着孩子们在车上玩。这真是一举多得，孩子们不在车上打闹了，想休息的老师可以安心闭一会儿眼了，孩子的家长也放心了，不再担心孩子碰着摔着。那时的刘亚斌身形瘦弱、一脸青涩，被这群孩子亲切地称为"小叔叔"。多年之后，那些孩子都差不多参加工作了，偶尔还会向父母问起这位"小叔叔"的近况。

　　刘亚斌这么做不仅仅是出于热心。他喜欢孩子，关心孩子。一位同学去四川支教，聊天时说起了山里求学和生活的艰苦，他马上给学校捐去了200元。钱的确不算多，可那时他的月薪也不过一千多元。他结婚时，还专门给班车上的这些孩子们安排了一桌，父亲刘发芝开怀大笑："这在职院可是前无古人啊！"

　　职院正式调整人员配置是在2003年。在这期间，学院工会为了增进同事间的感情，同时丰富校区的生活，时不时举办一些教师间的舞会之类的活动。对于这些活动，刘亚斌始终坚持"不了解、不关心、不参与"的"三不原则"。平时同事们闲着没事相约出去吃饭，他一般也不参加。这是他一贯的作风，拒绝无效社交，将更多的时间和精力投入学习和工作，如同一股清流。

　　改变这股"清流"的，只能是另一股"清流"。"三不原则"偶尔也有守不住的时候，磨不过几个同事的央求，刘亚斌被生拉硬拽去了一次。就是在那场舞会上，百无聊赖的他在准备离开时，邂逅了一个女孩儿。

　　有人说最美的爱情在校园，可那人没说爱情的双方一定是学生。那是一个有着一双清澈透明眼睛的女孩儿，言谈举止间带着源自知性的豁达，性格活泼、落落大方。但她显然也是被同事强拉来的，略带局促地站在舞池之外，看着其他人肆意潇洒。灵动的双眸和尴尬的神情，正好撞在一个男青年的心扉上。

　　刘亚斌深吸一口气，转身离开了。对，离开了。别看他平时开朗阳光，但在女孩子面前还是个腼腆的大孩子，在这之前都没有相过亲，和女同事说点儿工作外的话题都会羞红脸。可自那天后，这股"清流"为了再次遇到另一股"清流"，爆发出如同当年做近视手术一般的勇气。他，主动去参加舞会了。

给我讲起这件事的，是曾指导刘亚斌面试的那位老教师。第一次听刘亚斌谈起那个女孩儿，她马上就明白了刘亚斌的意思，情窦初开的小男生的心思不难猜，喜欢厌恶都直接写在脸上了。作为长辈和老邻居，老人家也愿意成人之美，很快就打听到了那个女孩儿的基本情况。

"赵晨光"，刘亚斌在心里默念着这个名字。她在原工业学校教书，和刘亚斌不在同一个校区，难怪以前没有遇到过。未来是不可预知的，可既然遇见了，又怎么会轻易错过？不管以后缘分如何，至少现在要把你留住。

于是，一次看似偶然的相遇，两个人互相认识了。当时赵晨光肯定不知道，这一切都是刘亚斌的"精心安排"。

一次接触，就已足够。大男孩儿眼神中的善解人意、微笑中的文雅腼腆，还有骨子里的真诚随和，都有种让人说不出的踏实和安全感。可初见的心动没有让赵晨光放弃她一贯的矜持和谨慎，他是个什么样的人？是不是可靠？千万不能被外表蒙骗了，还是要多了解才行。

本以为越问越明白，不想问得越多，反而越不踏实了。同事们口中的这个大男孩儿，认真、热心、自律、可靠、坚韧、上进、尽责、有理想、有信念……我们现在可以想起的刘亚斌的所有优点，正是当时同事对刘亚斌的评价。怎么可能有这么完美的人，是同事们编的吧？同事们也看出了她的疑虑，拍着胸脯保证："我说的千真万确，没有一点儿夸张。"

后来在学习宣传刘亚斌事迹时，也有人问过："哪有这么好的人，是你们编的吧？"每每听到这样的疑问，刘亚斌的同事也会拍着胸脯保证："我说的全是真的，以我的人格担保！"

几经接触，两情相悦，两个年轻人终于走到了一起。刘亚斌从来不缺乏对赵晨光的关心。有一次赵晨光搬家，刘亚斌借来一辆板车，两人从早晨一直忙到太阳下山，虽然忙得灰头土脸的，却从心底里感到知足。女孩子都喜欢意外的小惊喜，刘亚斌就带着赵晨光骑摩托，时不时提高车速，吓得她紧紧抱住自己。

不仅他们自己，同事们也认为他们俩非常般配。结婚仪式上，司仪故意逗新娘:"将来怎么孝敬公婆啊?"秉性率真的赵晨光不假思索:"那得看刘亚斌,他对我爸妈怎么样,我就对他爸妈怎么样!"一句话引得宾朋鼓掌大笑:"真是个实诚孩子!他俩真是太合适了!"

不需要什么动人的词句来修饰,两个人的爱情和憧憬就这么简单美好。他们想着以后一定要做两件事:一是等将来南北校区合并了,可以一起去参加学校里的升旗仪式;第二就是有时间了,一起去吃遍沧州的小吃。

就是这么简单,这简单的一爱,就是一辈子。

刘亚斌离开两年后,有人在他们居住的小区门口打听刘警官时,看门的保安大爷还是会指着前面的路说:"两口子感情真好,我那时常看见两人牵着手散步。"而那已是他们结婚十七年后的事了。

之所以如此详尽介绍刘亚斌的教学生活,是因为这几年的教师生涯对他及穷其一生的事业有着不可忽略的意义。后来,不管是作为刑侦专家向全国战友传授先进经验,还是作为普通民警向群众宣讲反诈知识,他的授课内容都大受欢迎,这与他的教师生涯是分不开的。

职业技术学院也是刘亚斌成长路上的一个重要坐标。这所校园不是他人生中一个被挂在身后的背景,而是滋养过他的沃土。不只是父亲,母亲也是在这里工作至退休,他们居住的小区与学院为邻,上下班步行不超过五分钟。在这里,刘亚斌不仅结识了很多好友,更是收获了他最珍视的爱情,有着满足幸福生活的全部因素。

对很多人来说,虽然还是二十几岁的年纪,有了这些,已经算是完成了人生的大半大事;接下来,应该就是按部就班地好好生活。可刘亚斌不是这么想的。只有了解了他在校园的生活有多美好,我们才能更深刻地理解他在放弃这一切时的决心有多坚定!

## 三

改变,是从刘亚斌知晓那场公务员招录考试开始的。

对于以后的发展,刘亚斌已经有了清晰的规划。大学时学的市场营销和他教授的课程并不对口,他准备跨专业考研,再去读一个法学专业的研究生。考研教书两不误,这都是身边人知道的,他们不知道的是,与曾经的理想失之交臂的惆怅与遗憾还萦绕在他心头，偶尔闲暇时他还会想起那个渐行渐远的理想和穿上制服的梦想。

也是机缘巧合，一位高中同学毕业后当了司法警察，刘亚斌去看望他时，也借机试穿了他的警服。看似有些幼稚的举动，真实地反映着他内心的想法。

一切还不晚！以前错过了，现在还有机会！就在这时，刘亚斌看到了招录警察的公告。

新中国的警察和军人之间的关系与其他国家是完全不同的。从诞生之初，人民警察和人民军队就在党的统一领导之下，同根同源、血脉相连。众多军转干部在转业时更倾向选择加入公安队伍，也是因为舍不得那一身制服、舍不得军事化的工作氛围，更舍不得那份保家卫国的使命感。

对刘亚斌而言，如果可以当警察，不只是弥补了之前错过从军梦的遗憾，同时更符合他心目中为人民服务的理念。多年后在一次报告会上，刘亚斌回忆他的从警初衷："没机会参军了，就做一名警察吧，哪怕咱能为社区老百姓扛扛煤气罐，不也挺好的吗？"

刘亚斌弃教从警的理由看起来实在太过简单。诚然，重新选择一个职业，必定会影响自己的一生，这里应该有更多的故事和争议，但刘亚斌就是这么单纯且执着，正如他入党时一般，越单纯越沉稳、越简单越长远。

其实，继续当教师过安稳生活，还是放弃所有去考警察，刘亚斌一定思考过。在大部分人看来，当教师尤其是大学教师，要比当警察强得多，好处是显而易见的：一是教师有假期，寒暑假、法定节假日、周末，警察则是一年三百六十五天都在忙，不要说假期，就是每天有足够的休息时间都保证不了；二是教师不用风吹日晒，不用经常出远门，而警察呢，不管是哪个警种，都免不了在外奔波，赶上忙的时候，连续几个月回不了家；三就是安全，这也是最重要的一条。做教师不用面对生死考验，不需要以血肉之躯去搬运爆炸物，不需要和穷凶极恶的歹徒以命相搏，不需要担心被自己打击处理过的犯罪分子报复……

有人说，教师是事业编，警察是行政编，发展前景好一些。这么想的人，肯定对公安不了解，在职务套改前，基层民警的晋升空间非常小。也有人说，教书育人不也是为国家为社会做贡献吗？那不一样吗？对别人来说可能一样，但对刘亚斌而言，不一样，真的不一样。他想做得更多。不论其他，在和他一起参加招警考试的那些人里，有好几位也是弃教从警的，各有缘由，有的是因为工作不顺利，有的是与同事的关系没处好，唯独刘亚斌，让很多人不解。

面对这些不解，刘亚斌内心非常坦然。我们现在能想到的，他在那时肯定也想到了。即使最坏的情况发生了又怎么样？不管以后发展如何，至少做一名警察为民服务的权利不会丢，有这一条在，其他的又算得了什么？

出乎意料的是，在刘亚斌初步表达了自己的意愿后，没得到父母双亲的支持。

母亲的理由很简单，作为军属，她深知纪律部队的生活并不轻松，更让她担心的是从警之后时时刻刻承受的危险和辛苦。丈夫和大儿子都是军人，她实在不忍心心爱的小儿子再去吃那份苦，何况自己和孩子爸都在学校，儿子在校教书，还能互相照顾一下。

那父亲为什么不支持他的想法呢？并不是出于私心。一个将自己的一生和一个儿子都奉献给祖国和人民的人，又会有什么私心呢？只是他在内心深处认为，小儿子不应该属于军队或警察这样的纪律队伍。从小到大，他温和内敛、谦逊儒雅，和沙场浴血的军人相去甚远。如果小儿子从事了不适合他的职业，那耽误的不只是他一个人，更是那个职业所承载的职责和使命。

好在这时的刘亚斌身边，有一个完全理解他的人，就是未婚妻赵晨光。她知道未婚夫对理想的坚持和执着，一瞬间的犹豫过后，她还是愿意做他最坚定的支持者。不论将来他遇到什么样的事情，她都相信他是做好了面对的准备的，而不管他遇到什么样的事情，她也做好了和他一起面对的准备。

那次招录考试分为两批，2004 年 12 月和 2005 年 3 月，刘亚斌参加的是第二批次。为了报考警察，他放弃了准备多时的研究生考试。

直到考试前几天，他才把这个决定告诉父母。面对儿子已经做出的选择，父母不再多说，也表示支持。疑虑归疑虑，自己一生的报国理想，如今马上又要在小儿子身上延续，这怎么能不让人自豪呢？那之后的每时每刻，刘发芝都为自己的小儿子自豪，即使他从未直接说过什么表扬的话。

刘发芝记得很清楚，考试那天，小儿子只穿了件衬衣就出门了。

一路过关斩将，刘亚斌顺利通过笔试面试和体测，正式成为一名人民警察。放弃了舒适安逸，他终于穿上了梦寐以求的警服。进入警营前，刘发芝和刘亚斌深谈了一次。他说："战时部队、平时公安，你去了就不要畏首畏尾，国家既然把这份责任交给你，你就好好干！"

父亲的话，牢牢刻进刘亚斌的心里。

尼采说过，一切美好的事物都是曲折地接近自己的目标。刘亚斌很早就接触哲学了，而这位哲学家的名言，他直到现在才有了切身的体验。这略带坎坷的经历，让他在未来的工作中坚定着闯过一道道难关的信心。

第一次采访刘亚斌的时候，他谦虚地说，是自己足够幸运，才能顺利通过考试实现梦想。现在看来，这何尝不是我们的幸运？能拥有这样一位战友！

2005年6月1日至7日，是刘亚斌录警后的岗前培训，正赶上他和赵晨光的婚期，他匆匆赶回，举行完婚礼后又匆匆赶回培训班报到。匆匆忙忙，也成为他后来工作与生活交织的缩影。

那一年，应该是刘亚斌很幸福的一年。他同时收获了一生中的挚爱：他的家庭、他的理想。

未来发生的一切，是刘亚斌许多同事和朋友不愿意再次触碰的，所以，我想先把他们婚后的幸福生活讲完——

小两口的恩爱是藏不住的。丈夫是个名副其实的大暖男，和别人聊天时总是三句话离不开妻子，两人打电话总是开着免提从不背人，哪怕每天上班忙到没时间吃饭，也会想着打个电话互相问问。丈夫看上去挺坚强，其实眼窝浅得很，妻子有个头疼脑热，她自己还没说难受，刘亚斌就先哭了。这一点也成为只有两个人才知道的小秘密。

第二年，他们生了一个女儿。本来没打算取小名的，女儿学会说话后总是不停嘴，刘亚斌干脆给女儿取了个"叨叨"的小名。温馨的二人世界成了幸福的三口之家，虽然丈夫时常因为工作忙照顾不到家里，妻子也只是偶尔抱怨，几年后，她连抱怨都没有了，还带着孩子和丈夫一起去单位加班。苦恼当然也有，每次说好了一家人出去玩，丈夫却总是爽约……他们就这样平平淡淡过着日子。

十几年后，三口之家又添了新成员。在妻子的坚持下，两人又生了一个儿子，这样一来，女儿成了"大叨"，儿子成了"二叨"，孩子有了伴。儿子刚出生那会儿，体质不好，还不爱睡觉，常常凌晨两三点还在哭闹。丈夫最担心的就是妻子产后抑郁，即便累了一天，也会抱着儿子到客厅沙发上玩，经常熬到凌晨三四点。这样的状态，差不多持续了三年。

随着孩子渐渐长大，担心孩子叛逆成了妻子最大的烦恼。丈夫总是安慰她：有其父必有其子，我都不叛逆，孩子也不会叛逆的。虽然没有和二老住在一起，但丈夫每天下班都要去看看他们，二老也能帮着照看孙子孙女。

父母健在，夫妻恩爱，儿女双全，他们知足了。很久以后，这家人依旧是坐在小区里晒太阳的大爷大妈们经常挂在嘴边的话题，要是自己的孩子也像他们就好了。

不必形容他们"举案齐眉，相敬如宾"，无须相互表达"执子之手，与子偕老"，只是遇到你了，就爱了一辈子。

好了，就这些吧。如果他们的余生只剩这些，那该多好……

# 第五章　特殊的血脉

刘亚斌（二排左三）在南环派出所工作合影照（沧州市公安局运河分局供图）

刘亚斌参加控制带离训练（沧州市公安局运河分局供图）

**刘亚斌参加实弹射击训练（沧州市公安局运河分局供图）**

**刘亚斌生前用于工作记录的笔记本（沧州市公安局运河分局供图）**

流经沧州市区的大运河温婉宁静，一年中的大部分时间水面都是明亮如镜，未结冰时，一阵风就会带起层层碎纹，闪动着潋滟的波光。这里是泛舟水上、渔舟唱晚的天然乐土，是如入画中、情不思归的幸福归宿，这里与危险无缘、与犯罪无关。

水与岸上的一切是互为镜像的。透过秋日下荡漾的碧波追溯过往，恍惚中我仿佛看到了刘亚斌所在的公安群体。然而人们总是常常忽略这条河流和他们之间的命运联系，就像祖国大地上的每座山峰、每条河流，都与他们有着千丝万缕的命运联系。

一

追溯一名公安民警的职业生涯，恰如探寻一个个体生命的成长。结果都是已知晓的，这也让我们可以带着终点的心态去审视最初的起点。职业的起点如同一段生命的开始，虽然看似寻常，可一旦将它与后面发生的事情联系起来，竟是那般奇异瑰丽。

就是那一段看似寻常的历程，蕴含着它的主人对这个职业的全部理解。透过它，我们也可以清晰地看到它的主人对这份职业及背后职责的真实态度，纵使沧海桑田，也改变不了这段时光的真实模样。透过它，我们看到的就是他真正的初心。

培训结束后，沧州市公安局对新招录的民警进行统一分配。根据工作经历，负责分配的领导曾打算将包括刘亚斌在内的四人留在机关，但在问询他们的意见时，刘亚斌坚持要去基层，去离群众最近的单位。经过组织考量，他被分到了运河公安分局市场派出所。此时，他不再是一名普通的群众了，他所承担的角色，是离人民、离生活最近的基层执法者。

分局的名字来自它所在的运河区，而运河区的名字则来源于贯穿沧州全境的大运河，这也是全国唯一以运河命名的城区。"夜半不知行近远，一船明月过沧州。"九曲十八弯的运河牵连了祖国南北，孕育了沧州的独特气质，一河碧波之中，岁月乘船悠悠荡荡、绵延不尽。

大运河有多长？长到只有摊开一张中国地图，才能完整看到它的全部轮廓。刘亚斌真正的从警生涯，开始于运河公安分局市场派出所——在这张地图上，一个比芝麻粒还要小的地方。

市场派出所又在哪儿？与一般人印象中不同，这个派出所并不是位于城市主干道一侧，它的位置称得上得天独厚——首先要找到沧州市的地标建筑清风楼，清风楼临大运河而立、托名晋代沧州清风楼兴建，每到夜幕四合，一楼灯光倒映河水之中，引得众多游人纷纷拍照打卡，构成运河西畔一道独特的风景线；而在众人忽略的运河东畔，沿堤顶路顺河流北行一里余，有一个全市最早的住宅小区。步行进入小区内，要拐好几个弯，路边到处是停放的车辆。早些年小区还算宽敞，随着近些年私家车越来越多，开车进入小区要愈加小心。在这众多的住宅楼之间有一座不起眼的四层小楼，如果不是它蓝白相间的建筑风格，很难让人们把它和公安联系在一起。

这里就是刘亚斌从警的第一站——市场派出所。这座小小的建筑，也被后来人誉为"刘亚斌精神"的发源地。

一座被群众住宅环抱的派出所，恰如刘亚斌一生的写照，永远置身于群众之中。他最令人感动的照片，恰恰定格了他在一群孩子中宣传反诈知识的身影。

刘亚斌报到时已近立秋时节。路上，他首先注意到的是那条运河。秋风之中，碧波荡漾间泛着片片粼光。又是一条大河，虽然在中学读书和学院教书时也是在运河区，但离这条河太远。也是在这时他才知道，这次要去的地方，与童年和大学时一样，是一个位于河畔的单位。在他的生命中，黄河流淌了十一年，滹沱河流淌了四年，而这条大运河，将流过他以后所有的人生。

说来奇怪，在提及刘亚斌最初从警经历的诸多报道中，很少找到一篇完全符合事实的。可能的原因主要有以下几个：第一，时间太久远，许多领导和同事已经履新或退休，对十几年前旧事的记忆业已模糊，再加上那时的档案关系和记录的更新转送相对滞后，不少人是工作一段时间后档案才跟转更改的；第二，是刘亚斌在他第一个公安岗位的时间太短，严格来说，除了当时与他一个值班班组的同事，其他部门的人还没来得及熟悉他，他就离开了，有些人甚至没察觉到和刘亚斌之间存在过交集；第三，也是最重要的原因，就是刘亚斌作为一名刑警的形象太过于深入人心了，即使后来他被调到网安的岗位上，在人们的记忆中，他依然是一名刑警——人们也更愿意相信他干了一辈子刑侦。

刘亚斌到所的具体时间，同事们实在记不清了，大概是2005年8月1日，也或许是再早几天的一个下午，当时市场所的所长将新来的刘亚斌领到了巡防队队长那里。巡防队队长名叫唐国利，这是一位将一生都奉献给基层工作的公安老前辈，如今虽已赋闲在家，同事们提及他时，仍是满怀敬意。

"老唐，给你个新人，大学生啊，还当过老师。"所长嘱咐了几句就离开了。

大学生，这在当时以大中专毕业生居多的公安队伍里，算是很高的学历了。坐在办公桌后的唐国利抬头看了看眼前的年轻人，心里有点儿不以为然。作为一名资格老警，他对于警察的全部印象来自身边的同事。在他看来，警察就该是一群不顾小节、做事带冲劲的率直汉子，也只有这样，他们才能镇得住歹徒、破得了大案。

可再看看眼前的新人，相貌清秀、腼腆文静，身材略显单薄，说话时言语之中还带着几分羞涩，哪里与势如破竹、雷厉风行扯得上关系？他觉得这样的人当不好一个警察，至少当不好一个基层民警。局里也不知怎么想的，把一个大学生分到巡防队。或许不久他就会调去做内勤吧，或者被调到机关去写文件，总之待不久。

那时沧州市区内的行政派出所实行三队一室建制，包括刑警队、社区队、巡防队、信息室，各有分工、各负其责。刑警队负责打击处理违法犯罪，社区队负责管理社区，信息室负责所内各类材料和数据处理，巡防队的职责更好理解了——巡逻防控和接警。相较于其他三个岗位，这项工作简单却繁重。

带着内心的疑问，唐国利忍不住问了一句："当老师挺好的，为什么要当警察？"

"就是想当警察。"刘亚斌干脆利落地回答。

"当警察可比老师辛苦，你吃得了苦吗？"

"我不怕！"

"行啊，那你就试试吧。"唐国利说。他之前见过太多扬言不怕苦的新人，但几天之后，他们连嘴都硬不起来了。这个瘦小伙儿还能不一样？

他想不到，这个小伙子和其他人还真的不一样。

和刘亚斌在一个班的几名老辅警回忆："他对公安职业的热爱让人惊讶，工作起来仿佛永不知疲倦。"

刘亚斌刚上班时不太懂公安业务，可就是愿意盯在值班室。巡防队不用处理复杂案子，其他人巡逻回来，待在单位就是休息闲聊，刘亚斌闲不住，他每天都是第一个到，到了就把值班室打扫一遍，然后自己找公安资料看。很多辅警犯懒，笤帚都忘了怎么拿了，在他的带动下，也开始抢着打扫卫生了。

那个阶段巡防队主要就是两项任务：巡逻和蹲守。所里只有一辆老式警用面包车，刑警队外出抓人全靠它，巡防队只剩下了两条腿。刘亚斌就带着几个队员每天在辖区内步巡。都是二十几岁的小伙子，转一圈就累得够呛，再看看带队的刘亚斌，始终精神抖擞；市场所辖区正是市内最繁华的地域，有好几个大型商场，经常发生骑自行车抢夺的案件，刘亚斌就带队蹲守，一蹲就是一整天。

这些还是小事。真正让唐国利对刘亚斌刮目相看的是一次出警。那是半夜时分，他们前往南湖广场出警，一名外籍男子受伤。处理案件对唐国利来说轻而易举，可外籍男子满嘴的英语让他犯了难，根本听不懂对方说的是什么。没办法，只能联系分局外事科（现出入境管理大队），请他们派个翻译过来。

没想到，刘亚斌直接上前和外籍男子交谈起来。唐国利虽然听不懂，但他能明显听出两人在毫无障碍地交流。这也正是刘亚斌上大学时学习的成果，为考英语六级，他没事就组织几个同学找间空教室练习口语。

一番交谈，刘亚斌明白了外籍男子的诉求，翻译给了唐国利，之后也是他陪着去的医院。这一下分局上下都知道了刘亚斌英语好，后来各派出所传唤外国人、同事自学考试都来向他求助。

这次接警后，唐国利考虑了一夜。巡防队本就人手紧张，好不容易来了一个新人，如果送走了，不知道什么时候还能再补充一个进来。纵使如此，第二天唐国利还是直接找到了分局领导，果断地亮明了自己的态度："这孩子是个人才，留在我这儿太浪费了，让他去刑警队吧。"

就是他的保荐，让刘亚斌第一次接触到刑侦岗位，也才有了之后的一切。可以说，是唐国利助力刘亚斌走上了刑侦之路。

## 二

南环派出所刑警队，这是刘亚斌从警后的第二个岗位，也是很多同事对他记忆的开始。彼时的刑警队实行派出所和分局刑警大队双重领导，虽然在人事关系上看，刘亚斌是派出所的一员，但他所负责的工作与之后的刑侦工作基本无异了。

运河刑警是一支久负盛名、素质过硬的公安队伍。2003年，一部名为

《燕赵刑警》的电视剧在各地热播，剧情取材于河北省15个大案，最大的特色在于，剧中警察多由参与破案的公安民警扮演，其中的"1·27"奸杀焚尸案，便是运河分局刑警大队主力侦办的。此刻，那些刘亚斌只能在电视上看到的人物，成为了他办公室里的同事、训练场上的教练、执行任务时的前辈和战友。

位于主干道的南环派出所离刘亚斌居住的小区很近，只有800米左右，和市场派出所一样，它的办公楼也是一座低调平实的四层建筑。如今的南环派出所已经搬到新址，办公区里完全找不到刘亚斌的半点儿痕迹，但我们依然发现了他曾"到过"的证据，不是在屋内，而是在人身上。

警队里一向有"传帮带"的优良传统，这是一种智慧，更是一种传承。所谓"传帮带"，即团队中"以老带新"、"以师带徒"开展工作，在言传身教中传递经验。南环派出所的"传帮带"有着自己的特点，它的"以老带新"不局限于年龄和资历，更看重有无实效。凡是有利于开展工作的，大家就一起学，并且要教给后来人。

在南环派出所采访时，让人印象最深刻的就是每个人的笔记，不管是在所多年的老民警，还是刚分配到所的新警，每个人的笔记都详细且整洁。他们都在忙着，但这丝毫不影响他们打开笔记本时的认真与专注。一位新民警解释道，他刚来时就是随便在笔记本上写几句主要的，字迹也潦草，直到他看到师傅的笔记，简直和印的一样。他以为是师傅的个人习惯，又看了几本其他同事的，才知道整个单位都是这样。再看看自己写的，瞬间知道了什么叫不好意思。现在他做笔记比上学时还认真。

这名新警也问过，但没人知道这个习惯是从什么时候开始的。全市公安机关开展学习宣传刘亚斌先进事迹活动后，当他读到"29个厚厚的笔记本"的故事时，他仿佛明白了什么。

29个厚厚的笔记本，是刘亚斌留下的遗物之一，保存在他生前单位办公室的档案柜里，每一本里都清清楚楚地记载着当天工作、案情分析、嫌疑人信息、受害人情况、办案心得体会等。一般人的笔记本都是越用越薄——时间久了，总会无意中撕掉几页，但他却是越用越厚，因为每发生一起案子，与之相关的监控画面复印件、网页截图和一些与案情有关的资料做成的小卡片，都会被他贴在本上保存下来。从刚开始工作时抓小偷，到后来侦破各种各样的重特大案件，都能在上面找到详细的记录。这是他一生从警的记录,也是他一生奉献的证明。

翻开刘亚斌在南环所期间的笔记本,还可以找到他记录下的解救传销人员的内容,其中人员、居住地、公司等信息依旧清晰。而当时的同事大都是找一张纸随手记下,下次再想找,根本想不起放在哪儿了。有了刘亚斌的笔记,孩子再误入传销,可以很快找到被窝藏的地点,他们据此先后解救出近千人,实现了从"以人找人"向"以地找人"的转变。刘亚斌调离派出所后,还有人找他查询和传销有关的情况。这足以解释,虽然刘亚斌只在南环所待了一年多,但他做笔记的习惯却以这种特殊方式永远留在了那儿。

没有人能真正做到对刑侦这项复杂且系统的工作无师自通,天才也不可能。养成记笔记的习惯并不难,可怎么做笔记就需要学习了。这里不得不提到刘亚斌的老领导徐杰——现任沧州市公安局交警支队副支队长。这是一位以魄力和干劲闻名的老公安,先后担任派出所刑警队队长、刑警中队指导员、刑警中队中队长、巡警支队法制科科长、治巡支队执法大队大队长、治巡支队副支队长等职务,在全市公安机关的众多队长中,素以严谨和冷峻著称,他对部下永远是挑剔的。就是这样一位公安前辈,再提起刘亚斌时,神情却骤然落寞下来。良久,他叹息一声:"缅邈岁月,缱绻平生……再没见过第二个和他一样的警察。"

因为唐国利的推荐,分局也经过充分考量,最终把刘亚斌分派到南环所的刑警队。只要看一下队伍构成就能明白其中的良苦用心:初见刘亚斌时,徐杰二十九岁,意气风发、处事认真,跟他一起工作过的人都知道,他对工作要求极为严格,最基本的就是"人要精神、物要整洁";其他的队员也都是二十几岁的小伙子,思维活跃、斗志旺盛,经过长时间的磨合,队员之间有一种特殊的默契,比如在抓捕时,一个眼神就知道队友想让你控制哪个部位,套用一句表彰材料里常见的话,"这是一支出成绩的队伍",这也是一支最适合培养新人的队伍。

徐杰说,认学认干、循规蹈矩是刘亚斌最明显的特点。他外表看似安静温和,可有自己的想法,他可能不是队上最优秀的,但工作热情绝对无人能比,这是最难得的。一切警务技能都可以在后天学习中习得,最怕的就是年轻人没有工作热情。

刘亚斌只去了几天,就让徐杰看到他从来不缺乏热情。当时人少案子多，经常整周回不了家，只要单位加班，刘亚斌肯定在，即使单位离家也就几百米，他也从没有过回家吃一顿饭再回单位的时候。那时基层的办公条件都不好，刘亚斌去时正是隆冬，办公室里没有暖气，物业电费也贵，冬天舍不得用电暖气，在屋里冻得手直发抖，他却没有抱怨过一句、说过一句苦。

刘亚斌刚去南环派出所时没有办大案的经验，也不会独立办案，但从来没让自己闲着。那时候，有些小区特别乱，许多租户中就有职业小偷，他们白天睡觉，天黑了就在小区或附近的市场行窃。了解情况后，只要一有时间，刘亚斌就拽着同事去小区和市场转，那时候他的口头禅就是"走，咱们捉贼去"。是"捉"而不是"抓"，不是欣然而往，绝对说不出这样的字眼。这样的工作热情，同事们不服不行。

这种热情来自哪里？徐杰也有过疑问。起初他以为是年轻人喜欢刺激，可后来他发现远不止于此。新世纪初的南环辖区没有现在这么繁华，还有诸多城中村，不少传销组织隐匿其中，需要定期检查。对发现的人员，其他队员就是驱散了事，刘亚斌则不然，他看着这些和他以前的学生年纪差不多的孩子，每次都会耐心地挨个儿给他们讲道理，劝他们回家好好生活。即使不一定有成效，但他依然乐此不疲。因为他这种耐心，那段时间他被同事们称为"刘老师"。"刘老师"帮了不少被传销害苦的人，2008年时，他和战友们打掉了一个传销团伙，有一名来自四川的男子被骗得身无分文，得知其不想回家，刘亚斌自掏腰包给他救急，不久，帮他在沧州一家餐具厂找了份工作。

这里插一句题外话。从接触传销开始，刘亚斌就始终没有放下过。同事回忆，2010年前后传销活动正猖獗时，一次偶遇刘亚斌，他还要了一些打击传销的数据，说想写一篇以打击传销为主题的论文。从中我们可以看出，对刘亚斌来说，公安工作从来不只是一项项具体的任务，也是一个个亟待研究的问题。就像他的毕生追求，就是当这样一位实践与理论相结合的行家里手。

他有热情不是因为喜欢惊险刺激，而是对群众发自心底的关心。在一起故意伤害案件后，徐杰对此更笃定了。受害人住在医院，和嫌疑人家属通电话商量赔偿的事，不知怎么就说呛了，嫌疑人家属气愤地说一分不赔了，站在一边的刘亚斌抢过电话说，你家人把人家给伤了，你们不赔合适吗？按说公安民警是不宜介入赔偿事宜的，贸然为一方说话，很容易被抓住把柄，陷入被动。但刘亚斌依然说了。他也许太冲动了，但他的正义感、人情味让战友们十分敬佩。

## 三

小伙子越来越成熟了。这是徐杰，也是刘亚斌身边每个人的感受。

随着接触时间越来越多，徐杰发现刘亚斌不仅热爱公安工作，而且真的很适合从事这个职业。南环辖区一栋六层高的楼宇内发生命案，一名妇女在房间里被强奸杀害，现场被凶手处理得十分干净。办案民警到达后，首先要进行的就是现场勘查。只有保证现场勘查，才能进行"现场重建"。所谓"现场重建"，简言之，就是根据现场勘查中采集的证据，复原嫌疑人实施犯罪行为的过程，并根据其行为特点分析其犯罪动机与目的，从而确定侦查方向。

在初步现场勘查后，对于凶手如何潜入，刑警大队技术中队和派出所刑警队发生了分歧。技术中队认为，案件发生在六楼，一梯只有两户人家，凶手应该是利用技术开锁进入屋内；徐杰等则觉得技术开锁需要时间，且在居民楼内，容易引起别人注意，应该是尾随进入。就在双方僵持不下时，刘亚斌在封闭的阳台上发现了一枚新鲜的树叶，他眼前一亮，阳台是关着的，怎么会有树叶进来？他马上和众人顺着这个关键线索倒查，最终确认凶手是在顶楼缒绳跳窗而入的。根据这个结论，他们很快在顶楼发现了更多痕迹，最终顺利抓到凶手。

这只是个例。但公安民警与犯罪分子较量的最初战场就是案发现场，对现场的把握和认知，能很好反映出侦查人员的素质。即使刘亚斌后来成为信息化破案的专家，可以通过几帧画面或者一段代码破案，但他还是坚持"永远不能离开现场"，每有大案，出现在案发现场的身影中总有他。

徐杰给部下们立规矩，每个探组自设一个打击处理疑难表，每天晨会讨论一次，既防止案子太多有疏漏，也互相交流一下工作心得。那时的南环辖区内案子不少，故意杀人、持枪抢劫、伤害致死……一起起恶性案件考验着刑警队员的智慧和勇气，但谁也没有退缩，反而越战越强，工作氛围和队伍配合达到了峰值。有一次他们组织抓捕一个伤害致死的嫌疑人，那人躲在屋子里，对外喊着："我知道人死了！我也不活了！我找好枪了！不怕死的来吧！"抓捕队伍里只有徐杰带着一把手枪，当时大家并不知道嫌疑人只是在虚张声势，他让队员们留在外面，只身一人翻墙跳到了院子里。刚落地，就听到身后有动静，回头一看，原来是刘亚斌和几个队员拿着棍子、砖头跟着翻墙跳了进来。徐杰说本来他也紧张，但看到身后的战友，心里只剩下欣慰了。

成长的帮助是相互的，就是这样亲如兄弟的关系，让大家一起进步。刘亚斌虽然年纪小来得晚，底子最薄，一份简单的笔录也要写很长时间，但他最认学也最好学，平时不多说话，就喜欢抱着一部部法律书看，遇到不懂的一定要问清楚。不光是自己探组的案子，还抽时间到别的组，看他们的疑难案件如何处理。采访时，同事们都说那时不记得刘亚斌有多么突出，但记得他爱学习，也就是这样日复一日的学习，让刘亚斌在看似平常的一天天里慢慢积攒下巨大的能量。

刘亚斌一生都保持着这种学习习惯。他后来对法律、程序、罪名都研究得越来越深，直到成为分局里数得上的法律人才。在他去世前，有一次和同事一起吃饭，天南海北聊到了国家发展上，刘亚斌马上就推荐了一个微信公众号，说其中对有关政策解读得很到位，有空可以学习一下；某单位新配置了一套系统，系统中有可以配合其他警种办案的版块，只是听同事无意间提起，就立刻引起了刘亚斌的兴趣，详细询问系统可以实现的功能并讨论可以应用到哪些案件中。

南环所的笔记是出了名的，而刘亚斌记笔记的功夫就是跟着徐杰一步步练出来的。当然，徐杰的业务素质也是练出来的。刚工作时，他也像刘亚斌一样，自己抱着案卷啃，不懂的就向办案骨干请教，而这些骨干比徐杰还认真，那时呈请拘留、呈请延期、呈请逮捕等文件都是手写，他们看到错误就让徐杰再抄一遍。后来这些人都走上了领导岗位，而他们当初的用心，就以这样一种"传帮带"的特殊方式流传到现在，正如一条生生不息的血脉。

徐杰教刘亚斌时，也是这样手把手。只要是和工作有关的材料，涉及法律的哪条哪款哪项，他改好后就让刘亚斌重新誊写，写的时间长了，就都刻在了脑子里。如果说唐国利是刘亚斌从警路上的指路人，那徐杰则是刘亚斌从警生涯里的引路人。

通过不断的学习，逐渐地，从发现线索到立案侦查，从勘验检查到移交起诉、笔录制作、人员抓捕，刘亚斌都有了清晰的思路。跟徐杰学习过的人不少，但能做到像刘亚斌一样认真的人真不多。有时徐杰都觉得自己有些苛刻了，没想到刘亚斌对自己要求更严。每天下班后，他都会把一天的工作总结成笔记。同时，他开始考虑如何更有效优化其中的每个步骤，这种结合了宝贵实践经验的思考，为有关部门改进工作方案提供了第一手参考资料。

在徐杰的组织下，刑警队每周一例会、每日一晨会，各项工作都开会碰一下。好多次，主持晨会的徐杰看到刘亚斌两眼通红，晨会开完就拿着一摞笔记送到自己面前。

看着前一天自己改正的内容已在几页之前，徐杰问："又是熬到半夜吧？"

"没有没有。"刘亚斌摇头否认。

"那就又是一整夜……"徐杰叹口气，心里发了酸，"我和你说过，不能总这么熬，老这么熬，时间长了，身体肯定受不了。"

"这不是晚上睡不着嘛，想着多学点儿。"刘亚斌嘿嘿笑着。

再回忆起这些事，徐杰心酸得更厉害了。他不断叹息："那个时候都以为他只是年轻有冲劲，过几年就知道累了，知道要好好休息了，想不到……认识他十五六年了，他是一点儿没变。"

一点儿没变，这也是很多同事对刘亚斌从警十几年的总结。

随着经验和经历的积累，刘亚斌也从开始的接到任务再干变为主动找任务去干，不需要等到接指令，他自己就对自己发出指令了。即使后来他走上了基层领导岗位，很多事依然是自己动手，当然这并不是因为他不善于指挥，而是他多年养成的一个习惯，既保证了工作的完成，也给新生一代作出了表率。

刘亚斌在南环派出所一年多，那时候他年纪还不大，却已经对成长和人生有了很多特殊的感受。第一次采访时，他这样评价那段时光："也有人劝我，时间还长，你也年轻，什么事情都可以慢慢来、慢慢学，不要太拼命，你学了不一定能用得上，只是浪费时间和精力。可刚工作的头几年，还是不要太关心得失，最应该也是最关键的是多干一些工作，找出自己感觉最有兴趣和认为最有价值的工作，这样才能更好地思考如何承担人生和社会中的责任。基础很重要，能力也很重要，但更重要的还是看自己有没有信心，能不能赢得别人的信任，这份信心和信任，就是看你干得怎么样，这也将直接决定未来的命运和方向。"

这些独到的见解，没有十分深刻的感受是说不出来的。我刚听到他说这一番肺腑之言时，也正是走向社会的最初几年，与刘亚斌在南环时一样大的年纪。同样的年纪，却远没有他想得丰富、想得长远。直到几年磨炼后，我才逐渐悟到了其中的深意：这个年纪，正好是大多数人人生的断乳期，角色和定位正在发生着深刻的转变，也可以说是人生的定型期。这几年的处境和选择将直接影响未来的人生道路，甚至找到他们一生的归宿。

那刘亚斌找到他的归宿了吗？我曾以为刘亚斌就是在南环派出所刑警队的学习中找到了他的答案，但后来我发现自己错了，早在童年或者更早的某个时刻，他就认准了自己的一生追求。也许是在秦岭山脚，又或者是在太行山下，总之在这条名为"奉献"的人生起跑线上，他从一开始就在冲刺。

# 第六章　眼中有光

刘亚斌记录受害人相关情况的笔记（沧州市公安局运河分局供图）

刘亚斌（左一）早年参加反拐宣传（沧州市公安局运河分局供图）

**刘亚斌夜查娱乐场所（沧州市公安局运河分局供图）**

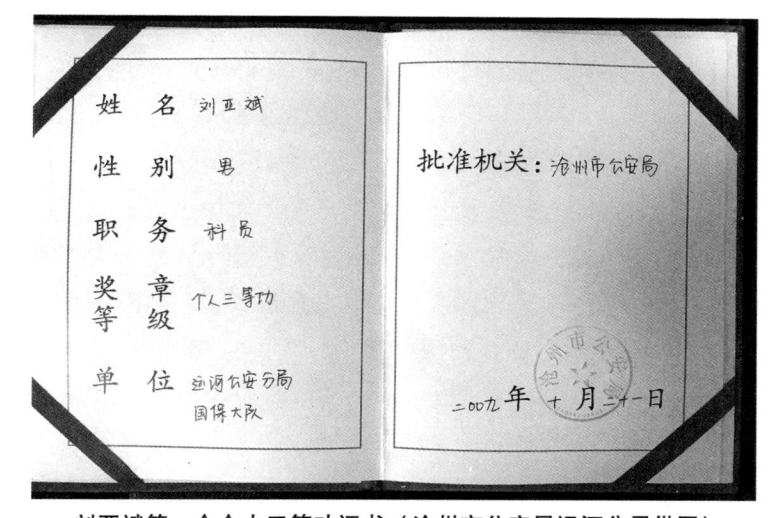

**刘亚斌第一个个人三等功证书（沧州市公安局运河分局供图）**

国际社会普遍认为中国是世界上最安全的国家之一。

谁都知道，生活并不是只有定数的，而安全，这个看似寻常的词语背后更是充满变数。这注定了人民公安这一平安建设主力军肩上职责的特殊性和复杂性，这样一项艰巨的使命和一个庞大的工程，从来不是一代人就可以完成的，更不可能毕其功于一役。

命案发案率最低的国家之一、刑事犯罪率最低的国家之一、枪爆案件最少的国家之一……当走出第一步，还会有第二步、第三步。看似简单的一步，却可能是一代人民警察的努力；多少人民警察倾尽一生，可能只是这个庞大工程中一次齿轮的转动。

但那又怎样？只要眼中有光，心中有希望，就可以一直走向前方。

## 一

2007年7月，为进一步加强刑侦力量，运河公安分局将分散各个派出所的刑警队整合为三个责任区中队，也就是后来的市场刑警中队、小王庄刑警中队、西环刑警中队。

徐杰调任市场刑警中队指导员，他特地挑选了两名表现突出的年轻人一起去新单位，刘亚斌就是其中之一。经过在派出所一年多的学习积累，刘亚斌的抓捕、讯问、取证等警务技能已经十分熟练，打下坚实基础的他成长速度超过了身边人的预期，很多工作走在了其他人前面，当别人还在跟着师父跑腿时，他已经成为可以独当一面的办案骨干。

徐杰没有看错人，刘亚斌的侦查能力很快就显现出来了。到市场刑警中队不久，他们就遇到了一起系列盗窃案，盗窃范围覆盖市区众多小区，嫌疑人都是使用自制的工具技术开锁，进入现场后换上房间内的拖鞋，并且只盗窃体积小但价值巨大的物品，如现金、购物卡、红酒等，离开前还会还原房间内的布置，这也导致很多受害者都是等了一段时间才发现家中被盗。运河公安分局专门抽调精干力量侦办此案。那时监控摄像头不多，嫌疑人在进出小区时还遮挡了面部，有价值的线索十分有限。

案件无处着手。刘亚斌和同事们就不断走访询问，终于得知一户人家被盗的购物卡是连号的，他们立即与商家联系，寻找消费该批购物卡的人，很快落实了购物人的面部特征。他们没有急着实施抓捕，从初步侦查看，购物的是一对夫妻，而盗窃案件覆盖众多小区，很可能还有其他同伙没被发现。他们分成几组进行追踪，刘亚斌更是骑着电动车连续追踪了一个月之久，终于确定只有他们二人。就在准备实施抓捕时，正赶上二人送孩子上学，刘亚斌和同事们商量了一下，决定在他们送完孩子后再动手，既避免了误伤孩子，也不致给幼小的心灵留下阴影。

从跟踪到抓捕，连轴转一个多月，"夫妻大盗"案成功告破，刘亚斌发挥了不可替代的重要作用。他因为出色的外线侦查能力，和另一名以组卷仔细著称的同事，被并称为刑警队的两大"认真人儿"。

还有另一起案件也让同事们啧啧称奇。市场刑警中队曾打击过一个聋哑人扒窃团伙，他们以特殊的方式编发短信，将想表达的内容以类似加密的方式传递给同伙，就算外人看到了，也不明白是什么意思。案件本身并不复杂，破解密码才是关键。就在众人为难之时，刘亚斌连夜研究，竟然发现了短信的编辑规律，为后期定罪提供了重要依据。我刚听说这起案件时，立马联想到歇洛克·福尔摩斯破获"跳舞小人"的故事，遗憾的是，关于那些密码，并未留下详细的资料，我们无法窥见其中精彩的推理过程。

比起之前的南环派出所刑警队，市场刑警中队的业务更纯粹，也更繁重。虽然只负责刑事案件，但管辖的范围和人口是之前的好几倍，个人负责的刑事案件数量增多，处理难度也有所增加，特别是扒窃案件。

市场刑警中队的辖区很大部分与刘亚斌刚从警时所在的市场派出所重合，市内几个最繁华的商业区都坐落其中，店铺林立、商家众多，车辆川流不息、行人络绎不绝，有着数不清的商场、饭馆、银行、各类店铺和小吃摊等，吸引了顾客，也引来了扒手，单干的、组团的，新手、老手……扒窃案件屡禁不止，刚刚说过的聋哑人扒窃团伙就是其中之一。

那个时候，市场刑警中队的一项重要任务就是反扒。如何更好地防范扒窃犯罪？分局和中队都心知肚明，最主要的就是充分发挥每名民警的主观能动性，从"坐等报案"变为"主动破案"。那时的刑警队长就提出一项期望："民警们不能只是'办'案子，而是要学会'搞'案子。"看似差不多，其实有很大区别。所谓"办案子"，就是接到报警后，按照流程走访、调查、取证、抓人；"搞案子"就是把工作做到前面，主动去找线索、主动去破案。

"主动出击"的道理每个人都懂，可干起来就是另外一回事了。和刘亚斌一起被徐杰带到市场刑警中队的另一个民警回忆，那时辖区里经常发生小偷扒窃顾客搭在椅背上的衣服口袋的案件，他通过监控很快锁定了三个嫌疑人，每天在附近转悠，可就是抓不到。没办法，只好叫上刘亚斌一起去。本以为刘亚斌也不一定行，不料他很快就确定了符合特征的三个目标，直接抓获归案。没有刘亚斌这样的基础功夫，主动出击也很难有战果。

那个同事后来跟别人说："刘亚斌眼中有不一样的光，记人特征很准。"可能刘亚斌本人都没意识到，他常常自谦说自己最不擅长看人，还有点儿脸盲，就把嫌疑人的特征都记在本上，没事就翻出来看看。

这也是他那 29 本笔记中的经典内容。那几年他只要抓到嫌疑人，不仅记录相貌特征、作案手法、活动范围，还写下不少心得体会，再有类似案件发生，他都可以迅速帮助同事并案侦查，锁定目标。刘亚斌那时不会想到，就是自己在工作中的这个习惯，成为日后他能胜任信息化作战的重要基础，让同事们为之由衷赞叹。而最先发现他不一般的，就是他当时在刑警中队的领导。这一路走来，刘亚斌仿佛总有"贵人相助"，这并不奇怪，一名对工作认真负责的领导，肯定也会注意到认真负责的属下。

看到刘亚斌详细记录着各种信息资源的笔记本，刑警中队长不禁拍案叫绝："这不就是典型的'阵地控制'嘛！"

阵地控制，是一项基础性的侦查工作，公安民警采用公开和秘密的手段，掌握犯罪嫌疑人经常活动的地区、场所和从事的行业等，及时发现犯罪线索，预防犯罪并破获刑事案件。在某些法律或侦查专业的研究生备考资料中，侦查工作的三大基础——阵地控制、刑嫌调控和犯罪情报，都是必考点。那时刑警队把这三项内容视为工作中的"三大法宝"。在对"三大法宝"的应用上，刘亚斌早就有一套成熟的经验和做法，他曾与某制造业服务员互留联系方式，叮嘱一旦有不三不四的人过去捣乱，马上联系他。这项现在看似普通的做法，在十几年前就是阵地控制的范例。

中队长拿着刘亚斌的笔记本找到了刑警大队的教导员，教导员也被笔记内容惊到了。在几天后的大队周例会上，教导员拿着刘亚斌的笔记本向全体参会人员展示，要大家都学学这个年轻人。在众多参会人员中，另一名中队长一下子记住了刘亚斌。

他叫胡伟，当时的重案中队中队长，也是刘亚斌从警生涯中另一位关键领导，是在"指路人"、"引路人"后的第三位重要人物——刘亚斌的"领路人"。

胡伟是全市公安系统中闻名遐迩的老刑侦，从普通侦查员干起，历任探长、刑警中队长、刑警大队教导员、刑警大队长，目前担任分管刑侦的分局副局长，他办理的许多案件成为其他单位争相学习的典型案例。胡伟戴着眼镜，但感觉不到一丝一毫的书生气，相反，多年的刑警生涯在他身上沉淀为一种稳重冷静的气质，很多人只是看一眼，就能隐约猜出他的警察身份。

就是这样一个人，和刘亚斌一起工作了15年，给予刘亚斌最多的指导和帮助。刘亚斌离开后，胡伟作为"刘亚斌先进事迹报告团"的成员，参加了多场宣讲活动；2023年底，公安部在全国多省举办"弘扬英烈精神 凝聚奋进力量"公安英烈先进事迹巡回报告会，还是他，将刘亚斌的故事分享给了全国各地的战友。

只是一本笔记，还不足以让胡伟感动。刑侦工作不仅需要民警具备缜密的心思，更需要十足的勇气和干劲儿。胡伟之前没有和刘亚斌共事过，对他并不了解，但几个月后的一次偶遇，让他对刘亚斌有了进一步认识。那天，胡伟和几位领导开完会驾车回单位，车水马龙中，他的余光不经意地一瞥，就看到路边一个小伙子正在拼命追赶前面的人，一边跑一边大喊："别跑，站住！"仔细一看，追得上气不接下气的小伙子不正是刘亚斌吗？他忙让司机开车追上去，同时向车上的几位领导解释："那就是咱们市场中队的刘亚斌，肯定是抓贼呢！"几人一起下车，合力帮助刘亚斌控制住嫌疑人，刘亚斌这才喘着粗气向几位道谢。

等刘亚斌带着嫌疑人离开，胡伟才意识到，这段路并不是市场刑警中队的辖区，他估摸着辖区到这儿的距离，心里不禁赞叹："好小子，为了追贼一路赶到这儿，有股子冲劲儿！"

## 二

与一般人的想象不同，扒窃并不等同于一般的盗窃。扒窃，在司法实践中一般理解为在公共场所或公共交通工具上窃取他人随身携带财物的行为，属于行为犯罪，即实施了扒窃行为就构成犯罪，不论财物多少。主要具备两个特点：一是扒窃地点性特征，即扒窃行为发生在公共场所或公共交通工具上；二是扒窃对象特征，须是受害人随身携带的财物，如放在口袋中，包括带在身边，如放在餐桌上的手机、挂在椅背上的衣服等，如果受害人暂时离开座位或将财物放在非贴身位置时被盗，一般认定为普通盗窃行为而非扒窃。

相较于普通盗窃，扒窃是在公共场所偷盗贴身财物，这就说明扒手比一般"顺手牵羊"的小偷要更仔细，他们掌握的技术更复杂、心思更细密、行为也更大胆，有些专门用刀片割开背包等偷取财物的扒手更是随身带着利器，被抓捕时可能持刀伤人。相应的，破获这样的案件也就更危险。

刘亚斌的反扒工作，或一般人认为的"抓小偷"的经历，总是被人们津津乐道，以下是一则被报道得最多的事迹——

"刘亚斌刚刚调到刑警队时，总是接到钱包失窃的报警，受害人有本地的居民，也有来此求医的病人，常常是医院还没进去，手里的救命钱就被偷走了，受害人无助绝望的泪水深深刺激了刘亚斌的心。他上班处理日常工作，下班后就去人群密集、盗窃高发的地段寻找行窃的小偷。那时没有便携的录像设备，刘亚斌便自费买了摄像机进行拍摄。反扒就是个辛苦活，下班的高峰期，大多数人在回家的路上，他在公交站牌旁边站着盯跟车的小偷，周六日别人在家陪媳妇孩子的时候，他在商城附近拿摄像机隐蔽拍摄取证。公交站台、医院走廊、小吃门店……他的足迹遍布辖区内外大大小小的场所。沧州的老贼不管是吃商场的还是扒公交的，不管是玩刀片的还是直接拎包的，基本上都被他抓过，许多贼都记住了他的样子，只要他出现的地方，都会自动逃得远远的。在他的努力下，盗窃案发案率有了明显下降……"

只看寥寥几行字，就能感受到其中的艰辛和不易，而真实的情况更辛苦，也更危险。

一般情况下，被当场抓获的扒手，讯问后就会被带到现场去指认同伙。起初确实有所收获，因为扒手都是低头看东西，都在忙着找适合下手的目标，很少抬头看人。可随着越来越多的扒手落网，以及带贼指认次数的增加，未落网的同伙就记住了警察的相貌，而那些被打击处理过又干回"老本行"的贼，见到眼熟的面孔更是躲得远远的，扒手越来越难抓了。

那刘亚斌该怎么应对这种情况呢？两个小伙子一起上街肯定会引起扒手的注意，所以刘亚斌每次都是一个人上街。别人下班休息或者节假日出去玩，他就一个人在公交站、超市、小吃街等地方观察、蹲守、跟踪、抓捕，并且将他掌握的所有扒手信息一一记录下来，他们的相貌特征和作案特点都被刘亚斌装进了笔记本里。只要再有人被偷，他就拿出笔记本，根据受害人的描述一一对上号，直接抓人追赃。

后来，扒手们也开始小心这种爱观察人的小伙子了，但刘亚斌还有办法，干脆叫上妻子赵晨光打掩护。回忆起那段经历，赵晨光仍然很激动。扒手们怎么也想不到，本以为是准备下手的对象，竟然成了张网以待的警察。有了妻子的帮助，刘亚斌又陆续抓获了一些嫌疑人。被抓的扒手都说，对这样的警察又服又怕，一盯就是好几天，真没人能熬得过他！

刘亚斌的一个高中同学回忆说："刘亚斌那是真敬业尽责啊，带着媳妇逛街时还在抓小偷，我就亲眼看到过两次。"他应该是搞混了因果，刘亚斌不是在逛街时抓到了小偷，而是为了抓小偷才带着妻子去逛街的。

又过了一段时间，刘亚斌也遇到了被扒手记住面容的情况，他也逐渐意识到，很多扒手都是团伙作案，过早抓住其中一个，很容易打草惊蛇。而且如果不是抓到现行，扒手还会狡辩这是自己捡到的东西，根本无法定罪。

为打破这一困境，刘亚斌自费购买了摄像机。现在智能手机普及，随时录像不足为奇，但在那时，刘亚斌是队上首个想到使用摄像机的人。可摄像机体积太大，直接拿着它走进人群，肯定会引起注意，那就只能躲在暗处取证。在一条扒窃案高发的小吃街上，刘亚斌在一家速食店的二楼找到一个靠窗的位置，可以清晰拍摄到扒手的面部特征和作案过程，等掌握了足够的证据后，再叫上同事一起收网。

我去过那条小吃街。如今，街边的商厦已经拆除，不如当年繁华，但那家速食店还在，从速食店到小吃街与马路的交叉点，直线距离至少500米，我不禁感叹刘亚斌心思的精巧。而且那是2008年，能在这样远的距离清晰拍摄到人脸的摄像机，至少8000元，而那时一名普通民警的月薪不过2000元左右。也就是说，为了抓贼，刘亚斌花了四个月工资才买下那台摄像机，而这种花费肯定是无法报销的。

这台摄像机发挥了巨大作用。当时其他中队的辖区发现了一种新的扒窃手法，正在研究时，刘亚斌直接用摄像机把扒手作案的画面放了出来，原来，刘亚斌早就注意到了，而且完成了取证。那是市内一家重点医院附近，对面是公园，公园门口的空地上有小吃摊，陪床的病人家属经常去买饭，也把扒手们吸引过去了。

让同事们奇怪的是，那里不是刘亚斌所在中队的辖区，他怎么会想到去那儿呢？后来才知道，刘亚斌研究刑警大队的日报时，注意到那里发案多、群众反映强烈，他跟谁也没说，自己就过去取证了。其中的辛苦，只有刑警同事才能体会到——要拍到有效证据，刘亚斌每天去得比摆摊的摊贩都早，等到收摊了再离开。那附近也没有合适隐蔽拍摄的地方，他就躲在广告牌后面，一站就是几小时。即便如此，他在单位的工作一点儿没耽误，直到他把拍到的内容放出来，大家才知道他竟然"偷偷"干了这样一件大事。

这段时间，刘亚斌"偷偷"干的事还有很多。西环刑警中队的同事回忆，刘亚斌发现了一个制作信号放大器、干扰器、屏蔽器的团伙，谁也不清楚他是怎么摸排出来的，他也没吱声，直到捣毁团伙窝点时他请兄弟中队支援。因为有结果，大家才知道有这么回事，可以想见，还有多少没有结果的案子，同样要耗费刘亚斌大量的时间和精力。

我第一次采访刘亚斌时，他还提到了反扒工作的后续——市公安局曾计划组建一支专门的反扒队伍，想邀请刘亚斌加入，可他婉拒了。他解释说："一旦被人记住面貌，反扒工作就不好开展了，我抓过太多的扒手，模样早被他们记住了。"面对调到市局的机会，刘亚斌优先考虑的是对公安工作有什么好处，而不是自己的"前途"。

几年后，刘亚斌的办案能力和水平在全市乃至全省崭露头角，但他依然在公安分局工作，直到牺牲。这期间，公安部、省厅、市局等各级单位都或直接或间接地向他抛出过橄榄枝，刘亚斌一一婉拒。就像大学毕业后他毅然选择回到家乡，对刘亚斌而言，只要能作为一名警察为人民服务，在什么单位都是一样的。

他热爱警察这个职业，炙热的初心从未改变。他用自己的实际行动告诉我们：最重要的并不是所在的平台，而是努力的方向。

再次打开刘亚斌的朋友圈，他的个性签名依然未变：何须论得丧？才子词人，自是白衣卿相。

这是宋代词人柳永《鹤冲天·黄金榜上》中的一句。千年前，词作者以此勉励自己，不要将浮名放在心上，我自有存在的价值和意义。我并没有当面询问过刘亚斌把这句话作为签名的本意，如果让我猜，这应该是他的自勉吧——不必太过计较人生得失，要在生命中绽放出属于自己的光芒。

## 三

在众多关于刘亚斌的报道里,接下来这段时间的工作并没有见诸报端。在撰写本书大纲时,我也曾想将这些内容一笔带过,但思虑良久,还是决定记录下来,否则,对刘亚斌的还原就不算完整。

2008年某月,运河公安分局国保大队进行人员调整,本就紧张的警力更加捉襟见肘。面对日益繁重的任务,已调任大队长的唐国利苦于无人可用,万般无奈,他想到了刘亚斌。当然,还要征求刘亚斌的意见。

国保是公安工作中很特殊的一种,其起源可以追溯到1927年南昌起义,革命委员会与起义军指挥部曾设置政治保卫处;而之后诞生于1927年11月的上海中央特科,1931年11月成立的中华苏维埃共和国临时中央政府国家政治保卫局,1937年10月成立的陕甘宁边区保卫处……这些新中国公安机关的前身,主要职责是保卫党的中央机构和领导人的安全,这也意味着,人民公安诞生伊始,其第一要务就是维护政治安全。

新中国成立后,中央人民政府政务院下设公安部,主管全国公安工作,公安部设政治保卫局。1998年,公安部政治保卫局更名为国内安全保卫局,地方公安机关政治保卫机构相继更名。2019年,按照中央批准的公安部机构改革方案,国内安全保卫局更名为政治安全保卫局。

这是一项不为大众了解的工作,因为工作的涉密性和隐蔽性,这条特殊战线从来不在宣传之列。选择从事此项工作,就注定要耐得住寂寞,而随着国际国内安全形势日益复杂,国保工作也面临着更多严峻的挑战。

屡破案件的刘亚斌可以说在刑侦工作上有了很大收获,调去新岗位,首先需要面对完全陌生的领域和全新的工作内容,其次是已有的成绩要完全放下,最后,就是做一名无名英雄。面临人生重大选择时,刘亚斌的回答和父亲刘发芝一样:"一切听从组织安排!"

对于那段岁月,可查阅的资料非常有限,多位曾与刘亚斌在国保战线共事的战友也闭口不谈。但我们可以肯定的是,在这一年多的时间里,刘亚斌的表现相当出色,鉴于他在相关行动中的突出贡献,运河公安分局党委为其申报了个人三等功,这是他从警后荣立的第一个三等功。有关立功材料摘录如下——

"刘亚斌，男，29 岁，大学文化，现任运河分局国保大队民警……时时处处严格要求自己，充分发挥模范带头作用，身先士卒，率先垂范。尤其是在今年的……行动中，刘亚斌同志……主动请缨要求对案犯进行 24 小时不间断蹲坑守候。将案犯抓获后……时刻发挥一名刑事侦查员的优势，为案件侦破提供可靠的依据。"

可以看出，在新岗位上，刘亚斌仍然一马当先，并且充分发挥刑警特长，在破案过程中起到了关键性作用；这段文字中没有体现出来的是，刘亚斌参与侦破的案件，每起办理时间都在六个月左右，可以说，在国保大队工作期间，他难得有休息的机会。

除此之外，能写的再无其他。

在北京西山无名英雄纪念广场上，花岗岩的墙面上留出了大片空格，因为本该刻在上面的烈士名字至今无从考究，只得留待后人随时考证填补。广场显著位置摆放着精制铜版，上面按不同主题设置了不同的铭文，其中"光影"为题的铭文中有这样一句——"你的名字无人知晓，你的功勋永垂不朽。"

谨以上面的文字，向刘亚斌的国保岁月，及每位奋战在公安国保战线的战友致以最崇高的敬意。

# 第七章　孤闯蛇形山

刘亚斌接受采访视频截图（沧州市公安局政治部供图）

刘亚斌骑摩托车进行侦查（沧州市公安局运河分局供图）

刘亚斌在宾馆分析犯罪团伙架构（沧州市公安局运河分局供图）

刘亚斌讲解利用先期介入法破案过程（沧州市公安局运河分局供图）

"先期介入法"，即通过对作案区域、作案手法、作案特点进行前瞻式预测、研判，模拟其可能作案的人员组织、方式方法，达到预防、打击犯罪的目的和效果，对于保护人民生命财产安全、维护社会稳定，具有重要意义。

犯罪过程大体可以分为犯罪的预备阶段、犯罪的实施阶段和犯罪终止阶段。犯罪预备是指为犯罪准备工具、创造条件。大多数犯罪在具体实施前都经过预备阶段，例如准备实施盗窃的嫌疑人在实施盗窃前要在案发地"踩点"，准备实施诈骗的嫌疑人在实施诈骗前要"设局"。大多数犯罪都有固定的套路，先期介入法就是在透彻了解各种常见犯罪手法的基础上，在该种犯罪的预备阶段提前介入，发现案件线索，而不是在案发后再着手进行侦查的方法。

——摘自《刘亚斌技战法》

## 一

早在南环派出所工作时，刘亚斌就遇到过这样的警情：一名在沧州求学的大学生到颐和庄园附近跳湖。他们赶到后得知，这名大学生遭遇了电信诈骗，一年的生活费打了水漂。为挽救这名大学生，刘亚斌说了句善意的谎言，告诉她被骗的钱警方已经冻结了，之后，又和她谈了两个多小时，终于把人救下。也就是这件事后，刘亚斌和同事讨论时多次说，电信诈骗犯罪将成为未来主要的违法犯罪类型之一。

他的这种预测，被之后的事实印证。

历史车轮滚滚向前，其中的变化，会深刻作用在每个人身上。因此，我们也能在每个人的身上，观察到时代的变迁和社会的进步。公安工作对象发生的深刻变化也是同样可观察到的。三十年前，询问一名普通群众警察是干什么的，很多人的第一回答就是"抓小偷的"，而现在再问，他们的回答可能是"反诈的"。正如1991年春晚上关于警察的小品是《警察与小偷》，而2012年春晚小品《天网恢恢》讲述的已是警察卧底抓获诈骗团伙的故事了。

在国保大队取得优秀成绩后，运河公安分局领导层研究认为，刘亚斌是刑侦的好苗子，在刑侦工作中将会大有作为。于是，又将他调到西环刑警中队。

刚回到刑侦岗位不久，刘亚斌就遇到了一起新型的诈骗案。说是"遇到"，不如说是"发现"。

那只是一个普普通通的清晨，刘亚斌在上班路上看到很多学生在发二手车交易的小卡片。那时大街小巷经常有发小卡片的，大部分路过的人看都懒得看一眼。但二手车的交易引起了刘亚斌的警觉，因为销售价格远低于市场价，根本没有盈利的可能，其中很可能隐藏着什么不可告人的秘密。这得益于刘亚斌平时就爱细心观察、认真思考的习惯，他本人就特别注重线索细节，擅长从细节深挖扩大战果，他牺牲前一天在笔记本上写的最后一句也正是："要在工作中发现线索。"

刘亚斌照着小卡片上的联系方式打去电话，当他问到价格为什么这么便宜时，接电话的人含糊地说，有一些是走私车，缺手续的……刘亚斌认定，这就是一个诈骗团伙。再问那些发卡片的人，得知都是附近学校的大学生，学生们告诉他，前两天有人在学校门口张贴了招人发传单的广告，雇人的是一名南方女子，并向刘亚斌提供了该女子的手机号。

刘亚斌一刻不敢耽误，立即对嫌疑人的手机号码进行分析，发现该女子与南方某省某地区的多部手机和固定电话联系，而该地区以销售二手车为名进行诈骗的违法犯罪人员较多。刘亚斌随即又查出该女子在火车站附近住宿，尽管该地区旅馆众多，客流量巨大，他还是从全市海量的流动人口信息中筛选出了户籍相符的十几人，经学生辨认，锁定了该女子的真实身份。

对于如今能够熟练运用信息化作战的公安民警来说，这是很简单的一次分析，但在 2010 年以前，这种分析研判还是新鲜事。2011 年，刑警大队情报中队曾侦办一起利用迷信消灾的诈骗案，办案民警最初的思路是带着受害人模拟当时的情形，确定犯罪过程中的各个关键节点，再根据这些节点进行查询，工作量非常大；而此刻刚刚开展工作，刘亚斌就已经确定了嫌疑人，他的思路正是根据嫌疑人的地域性特点，首先确定高危区域，再根据案发时间查询市内宾馆的入住情况，结合户籍、年龄、性别等列出符合条件的人员，让受害人辨认，迅速锁定嫌疑人，给其他办案民警上了一课。

由于嫌疑人一次性携带数万张、上百斤重的卡片来到沧州，刘亚斌估计该女子肯定有同行人员，否则无法携带如此大量的卡片。很快，他通过走访发现了与该女子同旅馆的另一名嫌疑人，二人曾抬着一编织袋的卡片一起住宿，并一同外出。询问服务员得知，二人是姐妹。

刘亚斌正准备继续跟进，这对姐妹突然离开沧州。由于这期间没有诈骗案发生，无法对其采取强制措施。但刘亚斌没有放松，他利用网络资源对二人的手机号进行搜索，发现了大量贩卖毒品、二手车的帖子上留有相同号码。

一星期没到，西环刑警中队就接到报警，受害人被骗 3 万余元，所持的卡片正是两名女子雇人发放的。据受害人回忆，他看着便宜的二手车动了心，打电话说订购一辆，可对方说车的来路不正，需要另找一人在银行等候，交车后立即打款。嫌疑人和受害人商议好价格后，一直保持电话畅通。嫌疑人不断向受害人通报自己的位置，让他放心。嫌疑人告诉受害人，自己就要下高速了，担心被人发现，要改变交易地点。受害人没起疑心，被嫌疑人指挥着跑了市内的好几个地方。正当他的耐心即将耗尽时，电话突然挂断，再也联系不上了。受害人察觉不对，连忙给在银行等候的朋友打电话，朋友却反问："不是你让把钱打过去的吗？"受害人这才意识到被骗了。事后查明，根本没有什么二手车，嫌疑人对着网络地图蒙骗受害人，他们一边通着电话，一边利用换号软件冒充受害人，让等在银行里的朋友打钱。那时人们普遍防诈骗意识不强，更不知道还有换号软件的存在，朋友直接把钱打过去，钱一到账，对方立刻切断了联系。

如果没有刘亚斌的前期侦查，这起诈骗案唯一可以利用的线索就只有小卡片上的一个手机号码，嫌疑人在诈骗得手后肯定会停用这个号码，那线索也就无从查起了。可如今关键的信息线索都已掌握在刘亚斌手中。事后同事感慨，如果没有刘亚斌，这个案子根本破不了。

嫌疑人的取款地远在山东，刘亚斌通过调取银行取款监控，发现一个取款人正是其中一名女子的丈夫。随后，他又查明了多个用于行骗的银行卡号，根据这些银行卡号，发现了另一个取款人，也就是另一名女子的丈夫。利用已知的银行卡号和手机号，刘亚斌在全国范围内进行核查，陆续发现了其他案件的受害人，根据他们反馈的新电话号码、新银行卡号再次进行核查，又发现了新的受害者……这样的核查工作一直持续到全案告破，共发现了60余起相似案件。

结合通话记录、住宿、银行取款等信息，刘亚斌逐渐摸清了该团伙的组织结构：两名女子专门负责发卡片招揽生意，二人的丈夫负责取款，而负责行骗的号码一直位于最初确定的那个高危区域。大约一个月后，所有关联号码都漫游到该地，意味着所有嫌疑人都返回了同一地区。

下一步就是抓捕了。

## 二

兵贵神速，已是刑警大队教导员的胡伟立即带着刘亚斌等人南下，直奔该地区。

嫌疑人已明确，组织架构已摸清，只要到了地方，协调当地公安机关进行抓捕就可以了。包括胡伟在内，大家都是这么想的，可等到了地方后他们才意识到，抓捕成了最难的一步。

　　生活工作在北方平原地区的侦查员们被这里的天气和地理环境震惊了。他们赶到该地区时，正是南方梅雨季节，湿度大、气温高，下不停的大雨一场接着一场，就算待在屋内，衣服也好像能拧出水来。而其中两名嫌疑人躲在县城，其余的嫌疑人都躲在镇上。说是镇，其实就是一片连绵看不到头的山，崇山叠岭、滩河峻激，房屋依山而建，基本上都没有院子，且大多数村子只有一条路。外地车辆特别是陌生面孔一出现，马上就会被传到无人不知。

　　山叫"蛇形山"。蛇形山得名不是因为蛇，而是山道崎岖难行，宛如蛇爬的形状。"山峦叠嶂、曲径通幽，树影摇曳处有几间闲居小筑，峰回路转时有几处寻常人家。"这是人们对游山的美好印象，可在这里却是"草莽幽深、林壑蜿蜒"，群山隐匿在云雾漫卷之间，只有几条弯弯曲曲的山路通往山林深处，当地老人说，深夜还能听到从山中传来的虎啸。那个地方还生动地诠释着"十里不同音，百里不同俗"的含义，隔着一座山头说话都听不懂。

　　侦查员们本想寻求当地公安机关的协助，但一番交流后，他们意识到那完全没什么用。这里民风彪悍，本地人早就熟悉了本地公安人员的相貌，本地公安机关组织多次抓捕都是无功而返，一旦犯罪嫌疑人发现有任何风吹草动，肯定直接作鸟兽散。这些品行卑劣却心思缜密的电诈分子，作案得手后立即躲回老家，隐匿踪迹、藏进深山，利用南方梅雨天气和复杂地形跟公安机关对抗，就像蜥蜴会在危险时刻断掉尾巴，他们也肯定做好了随时潜逃的准备。

　　同行的有一个叫孙福明（化名）的老刑警，这是个骨子里有一股韧劲的硬汉子，一副强壮敦实的身板，板寸短发间已白发参差，眼神中却看不出一点儿衰老的痕迹。他回忆说，胡伟曾带人先期勘查路线，他们准备登上离得最近的一座山峰峰顶看看周围环境。可是，就在行进途中，远眺了一眼，不禁倒吸了一口冷气。只见远处群峰连绵、密林如浪，脚下这条路延伸到前面的山脚下就消失不见了，像是流进沙漠的一条细流，瞬间被吞噬。而随着山势越来越高，他们下意识抬头仰望，密布阴云的天空裹挟着狰狞的悬崖倒扣而下，仿佛随时会坍塌。

　　这不是夸张。就在这条路的不远处，到处是山石崩落的痕迹，特别是这种连绵的阴雨天，就连当地居民也多待在家里，躲避落石和滑坡。当地公安也提醒他们，山路难走，很多急弯都没有安装转弯镜和警示标志。

进山，要想抓人就必须进山，可是怎么进？出发时，谁也没有预料到抓捕条件居然如此复杂，同行的只有五六个人，还要负责县城、小镇和村里多处的摸排。经过反复研究，侦查员们提出了三种进山方案：

第一种是开车摸排。这一方案的优势是侦查距离最远，车上可以多乘几人同时观察并集中商议，但陌生车辆目标太大，很容易让嫌疑人起疑，并且不熟悉山中道路，一旦走错方向，那几人一车的一整天也就全浪费了。

第二种是步行摸排。这一方案局限性也很大，进山的道路只有一条，山中却到处是岔道，必须往返侦查多次才能摸清哪条路最近最适合；即便找到合适的路，仅靠步行根本走不了多远的距离，摸排起来太耽误时间；还有一点，一旦被嫌疑人察觉，很难及时转移。

那么，是否还有更好的方案呢？经过几番比较，他们还是决定选择第三种方案——骑着租来的摩托车上山。摩托车机动性强、目标小、行程远，山里骑摩托的村民也多，不容易引起怀疑。在三种方案中，这个成本最低、收效最大。

既然第三种是最优方案，那为什么一开始不选它呢？胡伟解释说，问题就在于这种方案的危险。大雨连绵，山路又多陡坡急弯，一个不小心就很容易发生事故。为保证同志们的安全，他不愿意启用这种冒险的方式，可眼下也别无选择。

决定使用摩托车后，接下来就是确定骑摩托的人选。胡伟没有询问大家，而是继续部署其他任务，部署完毕，说一句："行了，各自准备吧。"

各自准备？围在一起的几个人瞅着他，终于有人发问："胡哥，谁骑摩托？"

"哦，我去吧。"胡伟的语气很平静。

"那怎么行？我去吧。"

"还是我去吧……"

都知道骑摩托车最危险最辛苦，但大家都争着去。

"别争了，就我去吧。"胡伟制止众人。

"那不行，"沉默许久的孙福明开了口，"你带队，需要你坐镇后方指挥，再说和本地兄弟单位的联系也少不了你，还是我去吧。"

"你也不合适……"刘亚斌冒出一句。

"小孩子别插嘴。"孙福明白了他一眼。

"还是让我去吧，我最合适。"刘亚斌坚持，"各类信息的汇总分析离不了你。"

"你的侦查经验还少，复杂情况你应付不了。"胡伟说。

"又不是马上抓人，不是摸情况吗？我小时候就住在大山下面，这里的山再险，还能险过华山？再说了，危险算什么？当警察不就是这样吗？就让我去吧。"

胡伟被他说服了："明天可能有大雨，等天气好些再去。"

"不等了，机会稍纵即逝，说不定下雨还是掩护呢！"

多年后，孙福明回忆送刘亚斌外出侦查的情景——胡伟站在路边，借着从浓厚云层中透过的几缕光线，目送刘亚斌远行，不一会儿，摩托车就消失在视线尽头。不消片刻，雨下了起来，逐渐变大的雨幕很快遮挡了视线，但胡伟仍凝神注视着刘亚斌身影消失的方向，默默无语，直到同事催促他回去和当地公安对接工作，他才回过神来。

这是一段让人鼻头发酸的回忆，共患难的公安战友之间的感情，大抵就是如此。每次想起这样的场景，让人内心不免戚戚。

有人问过胡伟当时在想什么。胡伟摇摇头："我在想，那孩子才二十九岁啊……"他没有说而别人也没意识到的是，当时胡伟也只有三十一岁。在生理年龄上，这两人只相差了两岁，但那时胡伟已经从警九年，而刘亚斌只有三年。这其间的差距不是简单的减法，作为一名警察，一年中遇到的突发情况可能是其他职业的几倍之多，更何况六年？就是这个原因，让胡伟一直觉得刘亚斌还是个孩子。这感觉，一直没有变过。

多年之后，也是在这样一个烟雨蒙蒙的天气，胡伟也是这样站在路边，目送着运送那个孩子遗体的灵车消失在视线尽头。

动辄生离，转身死别，公安之殇，概莫如是。都是从生死险关并肩闯过来的同志，不需要眼泪互诉衷肠，只需要一句临行保重和一眼凝望送别，便已然对得起这么多年的惺惺相惜。

## 三

　　南方梅雨中，二十九岁的刘亚斌为摸清犯罪嫌疑人的藏身处，孤身闯进了陌生的大山；在他听过的红色故事里，六十多年前有一位名叫杨子荣的侦察英雄，为活捉匪首孤身冒雪闯进林海，那位英雄也是二十九岁。六十年，一甲子；一甲子，一轮回。

　　刘亚斌出发后，其他同事也分头行动，踏查另外几个嫌疑人可能的落脚点。其中有多次，他们都曾与嫌疑人迎面相遇，但为了保证一网打尽，每次他们都忍住了没有动手。

　　胡伟想得最多的还是刘亚斌。山里信号不稳定，手机通话随时可能中断，刘亚斌每天早上一出门就可能联系不上了。在所有的侦查组中，他总是回来最晚的，每次回到宾馆时，满脸都是泥土，他简单换洗后，马上整理当天的侦查情况。有那么一次，他们在路上偶遇，在车中的胡伟看见刘亚斌在大雨中疾驰，高速行驶中，雨披起不到任何挡雨的作用，还会遮挡视线，刘亚斌干脆把雨披挂在车上，就穿着那身被浇透的衣服往返穿行了一整天。

　　让大家忘不掉的是之后的一个夜晚，那天，大雨从下午3点一直下到深夜。胡伟放下手里的通讯录，摘掉眼镜揉了下眼睛，再看表才发现已经是晚上10点半了。

　　"亚斌回来没有？"胡伟抬头问了一句。

　　往日有问立答的孙福明却没有回应，胡伟这才注意到，屋里只剩下他一个人了。他急忙出门查看，其余几个房间也是空的。好不容易遇到一个侦查员，对方说："胡队，孙哥他们出去了，让我留下。"

　　"出去干吗？"胡伟问。他已经有了一丝不祥的预感。

　　"吃饭……"对方支吾。

　　这样的回答显然是糊弄不了胡伟的。虽然有出差补助，但同志们一向节俭，有时连包方便面都要分着吃，怎么可能跑出去吃夜宵，还冒着这么大的雨？撒谎肯定是为了掩饰什么，什么事不能让自己知道？难道……想到这儿，胡伟声色俱厉："说实话！"

　　"亚斌还没回来……孙哥带人出去找了。"

"什么？"胡伟只觉脑袋嗡的一声，他最担心的事还是发生了。来不及多想，他抄起一件雨披就冲了出去。

刚走出宾馆大门，正好看到那几个侦查员推着摩托车往回走，孙福明背着刘亚斌跟在后面，每个人都已然湿透。来不及多说什么，胡伟快步迎上去，帮着孙福明把刘亚斌背回了房间。借着房间里的灯光，胡伟这才看清，刘亚斌脸上没有一点儿血色，浑身发抖，身上的湿衣服到处是泥。

"这么大雨，带人出去不说一声，还有没有组织性纪律性！万一出点儿什么事，你让我怎么跟领导交代？"

"都9点半了，亚斌还没回来，电话打不通，我们得出去找找啊。"孙福明解释。

"那怎么不告诉我？"

"告诉你也得找啊，是我不让告诉你的，有什么事我担着。"

看着眼前湿透的几个人，胡伟的火也发不出来了，他转身看向刘亚斌："出了什么事？"

"不知道。我们沿着路找过去，就看见亚斌推着摩托车往回走。摩托打不着了，估计这孩子舍不得扔，自己推回来了。"

"身上怎么这么多泥？"刘亚斌身上没有血迹，胡伟悬着的心放下了一点儿。

稍微缓过来的刘亚斌开口了："没事，胡哥，路滑摔了一下，就是摩托好像摔坏了。"

"傻孩子，摩托坏了就别要了，人先回来啊！"

"不行，那是咱租的，得还啊……"

这句话让胡伟记了好多年。

胡伟本想着让别人接替刘亚斌的侦查工作，但他还是坚持自己去，休息一晚后，他换了一辆摩托车，又出发了。

每天冒雨骑行近百公里，前后一共26天。侦查员们终于摸清了全部犯罪嫌疑人的活动规律、落脚地点，并绘出了团伙的组织架构图。

收网的时刻到了。刘亚斌担任向导，负责将抓捕小组依次安排到抓捕对象的周边。

几人挤在一辆车上，乘车前往抓捕地点。经过一处坡道时，坡度有些陡，但路面状况还好，驾车的民警加大了油门。坐在副驾的刘亚斌连忙阻止:"减速减速,前面是急转!"

听到这话,驾驶员连忙松开油门。果然,陡坡尽头的警告标志脱落,防护栏也破旧不堪,后面就是十余米的深崖,不熟悉路况的人,车速稍微快一点儿都有一头冲下去的可能。

"我把这个地方记下来了,回去和他们交警大队沟通一下,太危险了。"刘亚斌说。

"停车!"后座的孙福明突然喊道。

车还没停稳,他就跳了下来,仔细查看地面。地上的刹车痕不少,其中最显眼的两道近四米,从脚下一直延伸到旁边的菜地。这两条痕迹与其他痕迹粗细不同,不是四轮车辆造成的,应该是摩托车。

"你就是在这儿摔倒的?"孙福明回头问刘亚斌。

"没事没事,那天有点儿着急,开得快了点儿。"刘亚斌躲闪着众人的目光。

"三十里……"孙福明估算了一下此处和他们在那个雨夜找到刘亚斌的地方之间的距离。"然后你冒着雨从这儿把摩托车推回去的?"

那晚的事,此刻才完全展现在众人面前。那一夜,不对……说不定是下午,刘亚斌骑着摩托爬坡,突然发现前面的悬崖,刹车距离肯定不够了,他只有转向,万幸的是,旁边是菜地。菜地比路面低了一米多,里面还有不少细碎的石子砖块,他摔下去后,可能躺了几十分钟或几小时才缓过来。摩托车摔坏了,他冒雨推行了三十里,才遇到了来寻找他的孙福明等人。

"抓捕要紧,快走吧。"刘亚斌没有正面回应。

得益于扎实的前期工作,各抓捕组相继传来好消息,该家族式诈骗团伙被一网打尽,受害人被骗的资金也全额追回。此案成为沧州历史上第一起全链条打击的电信诈骗案件。案件破获后,刘亚斌及时总结经验,最终将其提炼并命名为"先期介入法"。

"这是第一次接触到能更改手机号的网络软件……"刘亚斌把侦破案件的心得整理在笔记本上。

2012年,刘亚斌应邀到秦皇岛参加全国刑侦工作会议,讲述了这个电诈案例的侦破过程。当然,他一人冒雨进山的情节被省略了。仅仅是案件的分析过程,就赢得了与会者的一致认可,一向以严谨专业著称的公安部刑侦专家说："这个案件办得非常完美，堪称典型，挑不出问题，我没什么好点评的。"

刘亚斌孤身进山侦查，有人作诗赞曰：

> 孤闯蛇形山，只身赴龙潭。
> 涧风如浪涌，峰林引云灌。
> 安危崖边挂，铁胆震凶顽。
> 千里破匪穴，流名秋芳间。

# 第八章　守琢涵寸心

刘亚斌（左一）参加刑警大队政治学习（沧州市公安局运河分局供图）

刘亚斌在小学开展"我和家长一起学"活动（沧州市公安局运河分局供图）

刘亚斌在反诈讲座上授课（沧州市公安局运河分局供图）

刘亚斌在反诈讲座上授课（沧州市公安局运河分局供图）

刘亚斌为同学们讲解反诈知识（沧州市公安局运河分局供图）

刘亚斌在出差候车间隙分析案情（沧州市公安局运河分局供图）

　　刘亚斌在世时，我们曾设想举行一场荣誉表彰晚会。其中有个环节是总结出一句话，依次介绍全市公安机关中获得最高荣誉的四位民警。比如，在介绍一位帮助过几百名流浪乞讨人员的英模时，总结语为"揽渤澥之霁月，共苍黎之衷肠"，在介绍全市首位联合国维和勋章获得者时，总结语为"饮马赴难营绝域，翼翼趋危行"。在总结刘亚斌的工作时，我反复斟酌，最终选定一句"剑琴炳壮志，守琢涵寸心"。

　　剑胆琴心是对从警壮志的最好诠释，而胡伟曾以"工匠精神"形容刘亚斌的工作态度，一个精益求精的工匠，不断雕琢自己的作品，不断提升自己的技艺，一凿一刻、一笔一画，在磨砺中追求更高的境界。这应该是对刘亚斌工作的最好总结。

一

　　连续多起诈骗案的成功侦办并没有让刘亚斌高兴太久。跟老民警相比，刘亚斌缺少阅历和经验，而他自认为天赋有限，他的成绩更多源于后天的努力。

　　刘亚斌并不是一上来就对刑侦工作驾轻就熟的，也出过纰漏，也犯过"想当然"的错误。比如刚发现犯罪线索时，他立即主张开展全面侦查，没有考虑是否需要深度经营；比如在抓捕某些嫌疑人时，忽略了对方拼死逃亡的决心，没有及时部署，险些导致嫌疑人跳楼脱逃；又比如办案时只盯着自己职责内的事，没有通盘考虑……

有些人一旦遇到问题和麻烦，就会变得一蹶不振，而有些人则会吸取教训，变得更加严谨认真，直到完全超越过去的自己，刘亚斌无疑就是后者。出错了，肯定的，没关系，不要气馁。他本就舍得下功夫，很快就在一次次挫折中成长为一名优秀拔尖的刑侦民警。

2009年底，刘亚斌从西环刑警中队调到小王庄刑警中队，并因工作表现突出，被任命为副中队长。三个刑警中队都见证了他的成长，虽然他在一些岗位上工作时间不长，但每次都能给同事留下深刻印象。在这期间，刘亚斌被同事们取了不少绰号，看他有用不完的冲劲儿，有的同事叫他"小钢炮"；看他把全部心思都放在钻研业务上，生活上的事倒是经常丢三落四，又有人叫他"小迷糊"。

2009年前后，正是基层公安新旧交替之时。这里所说的交替不是指人员或装备，而是指原本基于指纹、足迹的传统破案方式到利用信息化侦查办案的转变。刘亚斌早就意识到，信息化是未来侦查破案的方向，大数据是侦查破案的利器，他很早就开始潜心研究信息化侦查理论，探索信息化破案手段。

很多人以为信息化办案就是待在办公室里敲键盘、看监控，其实不然，信息化作战比传统作战复杂辛苦得多。所谓公安信息化，说穿了，就是信息技术在公安工作不同领域的深度融合与实践应用。以现代信息技术引领和管理公安工作，最主要的就是将信息作为资源进行积累、开发并利用。信息资源，也就是社会资源，涉及生活的方方面面，积累更多资源、打破信息壁垒，也就能更好掌握信息化办案的优势和主动权。

其实，不管是在南环所收集涉传销人员的身份信息，还是在市场刑警中队记录下每个扒手的外貌特征，抑或收集嫌疑人散发的小卡片，这些都是信息的原始积累。每个人其实都在做，只是都没有刘亚斌做得认真仔细，还能做到有所悟。

在不同刑警中队的磨炼，让刘亚斌摸索出更多更严谨的侦查方法。在市场刑警中队时，他就想设计一个架构图，根据嫌疑人的人生经历对其量化分析，摸索出一套属于自己的讯问技巧；在小王庄刑警中队时，他将抓扒手的笔记内容再行扩展，制作了一本在沧州市区有盗窃自行车、电动车等前科人员的档案，每一页都标注了姓名、身份证号等信息，只要发生类似案件可随时翻阅。

2010年10月，刘亚斌调到刑警大队综合中队任指导员。综合中队，职责类似于刑警大队的办公室，主要负责整理各单位工作情况、制作图表材料，从而为上层决策提供参考。这也让刘亚斌了解了不同刑侦部门的工作情况，得以及时有效地协助各单位工作的开展。刘亚斌主动对接上级单位，请求开通高一层的查询权限，上级知道他认真负责，同意了他的申请。自此，刘亚斌每天下班就研究各个系统，他以后能成为整个分局各部门的最强助力，就是在这时打下的基础。

在综合中队一般是不需要办案的，但刘亚斌就是闲不住，工作不忙时，还会到处去找案破案。他把户籍地在沧州的网上逃犯信息全都贴在笔记本上，只要发现线索，就会带同事去摸排。有一天下班后，他直接带着同事去了新华区，同事还问他，这里不是运河辖区啊？他说，对啊，咱就是来看看。就是这么一"看"，抓住了一名在外省作案潜逃回沧州的嫌疑人。有一段时期电动车被盗案频发，就像他以前自费购买摄像机一样，刘亚斌自费购买了小型定位系统，并将安装了定位系统的电动车放到案件高发地区。同事们心里都没底，不知道这样的办法行不行，后来真的顺着被盗车辆发现了窝赃的窝点，不仅抓获了嫌疑人，还收缴了不少被盗车辆，为群众挽回了损失。

刘亚斌还时刻关注网上的各类线索。他的笔记本上清楚地记着，"2011年2月17日凌晨，在沧州吧上有几名八中学生殴打一名学生的视频，向胡教汇报"。8月份，刘亚斌在贴吧里看到一名网友的留言，表达了对公安机关处理案件久拖不决的不满，他马上用QQ联系该网友，详细了解事情原委。原来，这名网友被人殴打造成轻伤，办案单位始终没有抓到嫌疑人。刘亚斌立即将情况上报，大队随即加大追捕力度，成功将嫌疑人抓获归案。嫌疑人落网后，网友激动地给他留言："和你聊了几句就解决了我的大难题，你真是为民服务的好警察啊！"

为了解民情民意，刘亚斌在多个网站开通了"运河刑侦微博"，建立了"警民一家亲"QQ群，在各类贴吧和论坛认证了账号，并置顶预警信息和协查辨认信息。对于粉丝和网友的留言或请求，他都在第一时间进行处置和反馈，关注迅速增长到几万人。通过这种方式，先后获取了300多条有价值的线索，据此破获了50多起案件，从此，侦查工作从线下发展到了线上。

为增强群众的防骗意识，刘亚斌还联系运河区26所小学，与2.5万余名学生开展"我与家长一起学"小手拉大手活动，通过发放《致全体学生及家长的一封信》、播放防范电信诈骗犯罪宣传片、微课堂等多种形式，让每个学生都成为防范电信诈骗犯罪的宣传员，由他们向父母、家中老人讲解电信诈骗防范知识。其中《致全体学生及家长的一封信》更像一张贺卡，是刘亚斌自己设计并协调沟通邮政公司印制的，上面详细阐述了利用QQ冒充熟人诈骗、冒充公检法诈骗、网络交易异常诈骗、"入会"服务、虚假中奖等常见的电信诈骗类型及防范措施，许多学生和家长都是第一次见到如此新奇的宣传方式。他开展的这项活动也入选省公安厅"我做的群众最满意的一件事"优秀事例。

## 二

长期以来，政法工作的优良传统就是专群结合，就好像一个稳定的"三角结构"。党委政府在顶角领导，下端一角是专业侦查力量，一角是广大人民群众。

扎根人民、依靠群众，这是刘亚斌工作的方法，也是他处世的方式。他不是社区民警，不负责到家中走访或调解纠纷等工作，但他也不缺少与群众的直接接触。

为了让更多的群众增强自身的防范意识，积极为公安机关提供线索，2009年以来，刘亚斌深入各类大中专院校和社区，为群众讲解预防电信诈骗、禁毒等方面的知识。一开始是刑警大队主动联系，后来是各学校和社区都来邀请。他人长得帅气，为人也亲和，又有当教师的经验，对法律政策各方面更是都了解，每次去讲课时，还会根据听课群众的不同制作不同的展示课件。可每次几乎都用不上，因为他讲课从来都不按照准备好的课件枯燥地说教，比如社区的中老年听众比较多，他就讲解大量鲜活的事例；面对学校的孩子们，他则会将知识点与趣味相结合，做到寓教于乐。

曾经当过老师的民警不止刘亚斌一个。其他人之所以改行，不少都是因为感觉自己不适合教育工作，他们都提到过一句话——"对课堂的掌控力"。掌控好的，教学效果也好，掌控不好，教学效果则是一塌糊涂。而刘亚斌，无疑是掌控最好的。别人进社区讲课，听众多是大爷大妈，坐一会儿就昏昏欲睡，或者干脆直接起身走人；可一到刘亚斌讲课，每个听众都精神奕奕，原定二十分钟，往往延长一倍时间还结束不了。他下了讲台，老人们总是围着他问东问西，还觉得不过瘾。在各小学，孩子们更是喜欢将他围在中间，各种各样的问题问不够。

刘亚斌放弃了教师职业，可他留下最多的影像和照片还是他在讲台上讲课的样子。有时只是看他讲课的录像，也会情不自禁被吸引。

刘亚斌讲过多少课，多少人听过，我们只能估算个百余场的大概，但他讲课时的风采，不需要太多的笔墨，却已足够清晰地印在每个听课人的心里。知道刘亚斌弃教从警的同事们都说，"三尺讲台困不住他"。而他，就是在这三尺见方的讲台上，让一名公安民警的征途与足迹在无数人的心中延伸。也许，他讲课的内容会过时，但他每次讲课时付出的真情，在听众的记忆中永远灿若星辰。

## 三

"主动请缨"，是这段时间里描述刘亚斌最多的一个词。本可置身事外、做好支撑的他，却一次次选择参与其中。单凭这四个字，很多人并不能想象出这背后意味着什么。

在众多公安工作中，最常见也是最需要时间和精力的一项就是出差。随着非接触式的犯罪逐渐增多，去一个遥远的完全陌生的地方进行调查、取证和抓捕的任务也越来越多。

2012年3月3日，刑警大队接到报案，受害人在几天前接到一条短信，称其涉嫌洗钱，要将家中存款打到安全账户。受害人心慌意乱，赶紧打电话询问，被告知对方是银行工作人员，说起来头头是道。受害人没有多想，将20余万存款分8次汇入所谓的安全账户，几天后才察觉可能被骗，立即打电话报了警。

接案后，刘亚斌主动参与侦办，他从账户和嫌疑人电话两方面入手：通过查询，发现嫌疑人10余张银行卡涉及的多张不同的身份证，又通过这些身份证发现了更多的关联银行卡，初步确定嫌疑人远在福建，并涉嫌多起相似案件。如果想进一步获取更多的信息，就需要到当地走访核实，并取得当地公安机关的配合支持。经上级批准，刘亚斌和同事们收拾行装远赴福建。

出发的时候，沧州正是乍暖还寒的早春天气，可福建的天气是又闷又热又潮，民警们极不适应。根据查询到的账户明细，嫌疑人的取款地点分布在多个地级市的多家银行。为不漏掉一人，他们依次前往每家银行调取取款监控。结合取款监控等信息，刘亚斌很快确定了其余多名嫌疑人，但这些人所在市县都不同，分工也不一样，更为麻烦的是，尚不明确在他们身后又可以关联出多少人。如果不能做到同时收网，肯定会引起其他同伙的警觉。

刘亚斌确定自己的分析没问题，沿街一个个找，把嫌疑人可能藏身的地方都翻了一遍。比起在信息系统的查询，最为辛苦的还是接下来的排查。随着城市的不断发展，可以藏身的地方越来越多，在电脑屏幕上的一个点，现实中可能就是千百人的聚集区。而犯罪嫌疑人早就做好了潜藏与潜逃的准备。敌暗我明、人地两生，这些都是跨省抓捕难以忽略的客观困难。

抛开这些不谈，有时只是单纯的天气，就足以让每名抓捕民警吃尽苦头。后来胡伟在追授刘亚斌"燕赵楷模"荣誉称号的仪式上回忆，当时已经是4月，日头毒得要命，太阳底下根本站不住人，车跑得冒烟了，空调也罢工了，车内温度比室外温度还高。为不暴露身份，众人不能开窗，不敢下车，衣服都湿透了，汗珠吧嗒吧嗒往下掉……冒着这样的高温，车上的几人一转就到天黑。

可天有不测风云，等摸清楚组织架构、抓捕时机成熟后，天气又起了变化，原本晒得睁不开眼的太阳不见了，转眼乌云密布、电闪雷鸣，大雨倾盆而下。车上的雨刮器起不到任何作用，完全看不清路面，整车人仿佛与外面的世界隔绝了。本该是苦恼的时候，众人却一个个跃跃欲试，好机会！马上抓捕——这么大的雨，嫌疑人不可能外出。几人立即下车，蹚着过膝的积水，连雨披也没穿，冒雨摸进了嫌疑人的藏身点，于凌晨3时一举抓获多名嫌疑人。随后，刘亚斌又通过追踪定位，确定了其他嫌疑人在江西南昌、九江等地的位置。他们连夜赶赴江西，将嫌疑人全部抓获，追回了全部损失。

历时 45 天，接连不断地走访、排查、抓捕，刘亚斌和同事们的足迹遍布大半个福建省，后期更是再赴江西，行程共计两万余公里。

在公安机关内部，每个案件都有一个代号，如"9·18"大案，一般都是以案发时间命名；一线的办案民警却有一个习惯，对于需要到外地取证或者抓捕的案件，往往是以出差地点相称，这个习惯可以帮助民警回忆案件的相关内容与细节。但提到这起案件时，因涉及的地方太多，包括刘亚斌在内的办案民警，谁都说不全自己去了哪些地方，无奈，只能按规矩称此案为"3·03"电信诈骗案。

刘亚斌本以为这是自己走得最远的一次，没想到这只是个开始，未来他要走的路，更远、更长、更艰辛。

连续数日不眠不休，众人已经是眼睛肿胀通红、嗓子干涩嘶哑。等他们回到沧州，人人都瘦了一圈，赵晨光差点儿没认出自己的丈夫。

"出差不是有补助吗？就不能吃点儿好的？"她心疼地嗔怪。

"出去一次不知道要多久，越出差越要节省。"刘亚斌如是回答。

还有一次去南方某地办理一起电诈案件，抓捕嫌疑人后却买不到回程的票，只能开车回沧州。歇人不歇车，几个人轮流开了三十多个小时才回到家。很想找到一个可以详细讲述其中细节的人，然而，就是那些曾经全程参与的公安民警，也从来没把这个行程几万公里的案件特地记在心上，因为一次奔波几千公里，不过是日常工作中简单的一部分。唯一能想起来的，是刘亚斌提前准备好了水和饼干，他车技不好，他那辆车的车况也不好，别人开车时他也不闲着，就安抚嫌疑人的情绪。

没有导航之前，开车出差是一件辛苦事。一位老民警曾给我看过他珍藏的地图，上面各种颜色的笔迹标注得密密麻麻，一张张泛黄的地图，就是他们出门在外最好的向导。现在有导航了，终于不用担心迷路了，但出差在外可能遇到的冷暖骤变、水土不服、突发意外、劳累失眠，依旧还要继续面对。

时过境迁，刘亚斌那些辛苦奔波的时光逐渐模糊。我们可以从他经手的案卷中找到他曾抵达的每个地方，新疆、海南、四川、福建……沈阳、南京、广州、武汉……随州、金华、娄底、六盘水……遍布大江南北的足迹构成了刘亚斌一生的坐标。几个字就是一方水土，这些地方对普通人，是诗歌、是远方、是理想，但对刘亚斌和他的战友们来说，则是一场场以千里计的远征和数不尽的难眠之夜。

我很想写出他们远征归来的豪情与气魄，就像在一次攻坚战中将旗帜插入敌方的阵地，又或者是在一场遭遇战中纵马斩下敌酋首级。可对他们来说，胜利的欢呼只是停留在那一刻和屏幕文字上，他们更关心的，是下一次又要奔赴何方！

一路的风景如画，他们在漫漫长路上却无暇欣赏；走过大半个中国，他们没有为自己停下一次脚步。几个字的地名，字字刻骨，当我们游山玩水感慨祖国的山河壮丽时，他们的心中装着的却是那山脚河畔的人民。

如果不了解警察这个群体，很难相信这个世界上真的有这样的人，在为他人拼命这件事上，他们执着坚韧，不犹豫、不躲避。他们热情似火，又平淡如水，艰辛和困难不过是伴奏和点缀，是必须付出的代价。

在他们心中，显然有高于这种代价的东西。

# 第九章 从"0"到"1"

刘亚斌（左二）参加运河分局汽车租赁企业会议（沧州市公安局运河分局供图）

刘亚斌（左一）主持召开汽车租赁业会议（沧州市公安局运河分局供图）

**汽车租赁行业管理协议书**

协议双方当事人：
管理方（甲方）：
汽车租赁企业（乙方）：

　　为加强对汽车租赁行业的管理，最大限度的减少涉及该行业犯罪案件的发生，甲、乙双方在自愿的基础上，经协商一致，订立本协议。

甲方义务：
1、对乙方提供的承租人信息进行核查备案服务。
2、乙方车辆因承租人从事违法犯罪活动而被甲方扣押，在确定乙方无责任的情况下，车辆及时返还。
3、乙方车辆遭受不法侵害后，甲方为乙方提供司法援助。
4、甲方免费提供汽车租赁行业管理系统软件并负责维护。
5、甲方对各公司经营情况予以保密。

乙方义务：
1、及时、准确、全面的录入车辆信息、承租人信息、起租时间、退租时间等（具体栏目见客户端）。
2、提供出租车辆GPS信息。
3、发现可疑人员或违法犯罪线索及时上报。
4、乙方不得将甲方提供核查信息用于非法用途。
5、乙方不得将汽车租赁行业管理系统软件提供给其他单位或人员。

甲方：（公章）　　　乙方：（公章）

　年　月　日　　　　年　月　日

刘亚斌拟定的《沧州市汽车租赁业管理协议》（沧州市公安局运河分局供图）

刘亚斌（中）荣获公安部刑侦局颁发的刑侦改革创新纪念章
（沧州市公安局运河分局供图）

　　1500年以前，每个人都相信地球是宇宙的中心；500年以前，每个人都相信地球是平的；250年以前，每个人都相信人力和畜力是主要的动力来源；150年以前，每个人都相信飞翔要长出翅膀；130年以前，每个人都相信通讯离不开导线；80年以前，每个人都相信信息处理不可能自动完成。直到出现了日心说、地圆说、蒸汽机、飞机、无线电、计算机……就是在这些理论和科技研究的基础上，人类实现了环球航行、工业革命、航空航天、全球通信，而今，走进了数字时代。

　　而这一切，都来自于先行者闪光的思想和深邃的智慧。

## 一

2011年5月26日下午3时，全国公安机关网上追逃专项督察"清网行动"动员部署电视电话会议召开，一场全国大追捕的序幕徐徐拉开。

"清网"，这是一个公安专用名词，与"网上追逃"有着十分密切的联系。我国是从1999年开始网上追捕逃犯的。那时，公安部建有一个"全国在逃人员信息系统"，只有公安机关内部有查询权限，方便各地民警快速发现在逃犯罪嫌疑人；对没有条件的单位，则通过"全国在逃人员信息光盘"进行查询、比对。网上追逃人员的范围，包括司法机关已批准或决定逮捕、刑事拘留和有证据证明已构成犯罪需要追究刑事责任的犯罪嫌疑人逃离居住地、监视地、作案地，经办案机关抓捕未归案的，以及从看守、劳改、劳教场所脱逃的犯罪嫌疑人、罪犯或劳教人员。

"清网行动"的起源，可追溯到2010年底公安部警务督察局对网上逃犯的一次调研，从中梳理出了大量上网但未抓获的逃犯，还包括数量众多的被部、省级通缉的A、B级严重暴力犯罪逃犯。在此之前，公安机关曾开展过多次网上追逃专项行动，并不断利用红头文件对相关工作进行规范，包括1999年7月至9月全国首次网上追逃专项行动，2001年9月至11月全国公安机关为期70天的追逃专项行动；1999年12月7日公安部以公通字（1999）91号文件下发的《关于实行"破案追逃"新机制的通知》，2002年3月6日公安部以公刑（2002）351号文件下发的《关于完善"破案追逃"新机制有关工作的通知》，2005年3月公安部以公刑（2005）403号文件下发的《日常"网上追逃"工作考核评比办法（修订）》等，但逃犯数量仍然居高不下。

其中原因十分复杂，如随着经济的发展，人员流动加剧，逃犯可活动空间一再扩大，反侦查能力与日俱增，而公安机关受限于警力不足、追逃费用有限等，在抓捕逃犯时往往力不从心。而综合多部局意见，单靠一个省份、一个警种开展区域性行动，也是难以有显著效果的，理由十分明显，随着交通、通信的发展，逃犯很容易逃窜到外省甚至境外，也很容易躲避单个警种的侦查。

要想取得明显战果，必须集中时间与力量，开展一场"全国追逃、全警追逃"的全局性行动，才能彻底压缩逃犯的活动空间，将尽可能多的各类在逃人员抓捕归案。经过十余年的发展，公安机关已建有八大信息平台一百多个信息系统，将逃犯信息上网后，从公安部到派出所的每一位民警只要有相关权限，都可以查看逃犯信息并实施抓捕，网上追逃手段已十分成熟。这也正是"清网行动"的背景与前提。

也就是在这期间，运河公安分局组织成立信息合成作战室，专门负责分局信息作战支持，这也可以看作未来合成作战中心的雏形。作战室成立时，首先挑选的就是刘亚斌。而他也很早就发现，那时的公安信息系统建设并不算完善，系统之间都是独立的，比如这个系统只能查车牌号，那个系统只能查身份信息，因而每天只要完成工作，刘亚斌就坐在电脑前，使劲钻研各个系统，并做了大量笔记，就是在研究网上追逃系统时，刘亚斌有了一个意外的发现。

八大信息平台、一百多个信息系统，在未完全完善前就像一把双刃剑。信息系统不断细化区分，监管、勘查、接警、车管、刑侦……不同的警种业务都设有各自专属的信息系统，既保证了工作信息的保密性，也优化了系统操作流程，确实很好地提升了不同警种部门的工作效能；但也正因区分越来越细，不同系统间也出现了更多的信息不通、系统不兼容等问题。比如，公安机关主要使用的执法办案管理系统，从接警、勘查、侦查、立案到审查起诉、执行结案等环节实现全过程系统化管理，但那时它与其他信息系统并不是互通的，而且省和省之间的系统也存在信息壁垒，开通权限可以互查，但如果权限不够，是无法查看其他系统或外省信息的。

问题就是在这时出现的。简言之，当办案民警在执法办案系统输入涉案人员的相关身份信息后，并不会出现预警或提示，如果想要确认其信息是否已登记在其他系统中，必须登录其他系统。再有，因为各省信息互查需要权限，不进行特殊查询就无法查悉外省在逃人员情况。比如某人在 A 省抢劫，被上网追逃后潜逃至 B 省，又因为在当地盗窃被当地公安机关抓获，如果嫌疑人不交代在 A 省抢劫的犯罪事实，而 B 省公安机关也未查到他在 A 省的追逃信息，自然就无法知晓他在 A 省的犯罪情况，无法做出有效处理。

现在每天上网的我们，觉得登录其他系统或开通权限是一件理所当然的事，但那时候互联网远不如现在发达。刘亚斌曾在系统里查询到一名网逃的信息，确认后联系其家人，准备劝说其自首投案，但其家人反映，该人已在外地某监狱服刑。他马上联系相关人员通过监管信息系统查询，确认其确实已是在押状态。

已经在外地服刑的犯人，网上居然依然显示在逃？就是这一偶然发现，让刘亚斌产生了新的想法。经过多年实践，公安机关对在逃人员的上网与撤网程序已经有了比较完善的流程。首先，对符合上网条件的在逃人员，由立案单位填写《在逃人员信息登记/撤销表》，经负责人审批同意并加盖公章后，连同拘留证或逮捕证等在逃人员法律文书原件移交同级刑侦部门，最后由刑侦部门录入"全国在逃人员信息系统"。撤网程序也差不多，由立案单位填写《在逃人员信息登记/撤销表》，经负责人审批同意、加盖公章后，交给同级刑侦部门，由刑侦部门将在逃人员信息从系统中撤销。这个需要由立案单位上网和撤网的程序没问题，但如果抓捕单位没有与立案单位进行沟通确认，逃犯的信息就会一直挂在网上，始终显示在逃。

这些系统信息不互通的问题如果得不到有效处理，影响是无法估量的。首先，追逃本就是难事，如果某公安机关通过查询系统，筛选出准备抓捕的对象，并安排警力进行排查，可该人其实已经在外地被取保或在押，那排查工作就是无效的，造成了资源的浪费。其次，如果被外地公安机关抓捕的逃犯，不如实交代自己之前的犯罪行为，抓捕其的公安机关也未查询，余罪无法处理就成为一大难题。最严重的，就像之前的例子，抢劫犯因为盗窃再次被抓，一个重罪的犯人因为轻罪被捕了，却没有查出之前的重罪，对办案单位来说，无异于失职……

意识到这些，刘亚斌心中一紧，马上对各个信息系统进行交叉对比，发现了不少嫌疑人被多地上网追逃或在取保候审期间被其他单位上网追逃的情况。他不敢耽搁，和两名同事利用监管、刑专等不同系统比对在逃人员信息。没日没夜忙活了好几天，竟比对出3000多名在押或取保的逃犯，这些逃犯虽已落网，却依然被其他地方的公安机关网上追逃。这样一来，等同于一次性抓获了3000名在逃人员，远远超过了一个刑警中队三十年抓获违法犯罪人员的数量。如果不是权限限制，他们还能比对出更多……

刘亚斌把这个情况写成报告报至省公安厅，引起了省公安厅刑侦总队的高度重视，在认真研究后，立即组织全省公安机关刑侦部门开展了在逃人员专项比对行动，将刘亚斌的方法推广应用，据此抓获大量逃犯，为"清网行动"做出重要贡献。省公安厅也将此行动常态化，定期对在逃人员进行比对。正是刘亚斌的这个发现，一定程度上推动了有关公安信息系统的建设完善，很快就解决了信息隔阂、系统不兼容等问题。

## 二

2012年，全国公安刑侦信息化工作座谈会在上海召开，"刑侦基础工作要充分利用社会信息化的海量资源，充分利用公安信息化建设和应用的丰硕成果"的要求被提上日程。结合辖区实际情况，刘亚斌将目光对准了当时欠缺法律法规监管的汽车租赁业。

1998年，国家曾出台《汽车租赁业管理暂行规定》，明确了交通主管部门是汽车租赁行业的管理部门，但2004年《行政许可法》实施后，原本主管汽车租赁行业的运管部门失去了行政管理权。2007年底，《汽车租赁业管理暂行规定》也被废除，汽车租赁行业也就成了没有专门法律法规约束的行业。

某些不法分子发现了这一"真空地带"，利用租车犯罪的手段不断翻新，汽车租赁业成为诈骗犯罪高发行业。主要表现为以下几种：一是租赁车辆后直接低价转卖，如自2010年至刘亚斌研发出"汽车租赁业管理信息系统"为止，运河公安分局共受理租赁公司报案50余起，被骗车辆90余辆；二是将租赁的车辆再次抵押或低价出租他人，广西某地警方曾破获以抵押租赁汽车套现的特大诈骗案，涉案车辆500多辆，涉案金额过亿；三是利用租赁的汽车开展犯罪活动，汽车是贵重商品，无法频繁更换，驾驶自己的车辆作案很容易被公安机关发现，而且涉案车辆会被查扣和没收，因而租车作案就成为不法分子的首选。刘亚斌办理的多起经典案例中，嫌疑人作案使用的车辆大多来自租赁公司。刘亚斌相信，加强汽车租赁业管理对未来刑侦工作的开展有着重要作用。

那么，在监管法律法规不健全的情况下，怎样才能加强管理呢？刘亚斌谋划的就是科技引领、信息主导。在后来的一次成果展示汇报中，他对建立汽车租赁业信息管理系统可以达到的效果作了如下解释：首先，通过对承租人的管理，公安机关可以分析频繁租车的承租人是否属于高危人群，实现提前预警，防止诈骗案件发生；其次，已有的出租车辆都安装了GPS定位系统，如果有租车进行的犯罪活动发生，通过查询租赁车辆的GPS轨迹，结合查询监控、受害人辨认等，可以直接锁定嫌疑人，甚至根据GPS定位进行抓捕；三是通过对多数租车人员的统计发现，租车人中有不少是网上追逃人员，如果租赁公司审查把关严格，登记信息详细真实，对追逃工作也有一定作用。

  运河公安分局领导研究了刘亚斌的方案后认为，这是一个值得一试的好想法，授命他负责该项目。刘亚斌在笔记中写道，是分局给了他全力的支持，让他得以集中精力，专心研发系统。也正是有了全队乃至全局做支撑，让他有了最坚强的后盾。

  万事开头难。看来简单明晰的设计思路，操作起来却是难度巨大。加强管理首先要明确具体的管理对象，那就要获取租赁公司的准确信息。与南方经济发达地区多采取政府主导将汽车租赁业纳入特行管理不同，那时沧州尚未把汽车租赁业纳入特行管理，而且汽车租赁门槛低，只要办理了营业执照和税务登记就可以营业，很多租赁公司只有一小间办公室用来签合同，大部分车辆都是闲置的私家车。为收集市区租赁公司情况，刘亚斌想了不少办法，通过查询工商或税务登记，或干脆通过互联网检索获取，但最直接最有效也是最费力的办法，就是一家一家开展走访。

  那段时间，刘亚斌和同事们一有时间就实地走访，风雨无阻。租赁公司经营风险大，隔不久就有公司倒闭，转眼又有新公司成立，他们只有不断加大走访力度和频率。通过直接走访和面对面接触，他们更深刻更全面地了解到各公司对建立汽车租赁业管理系统的看法。很多公司都有车辆被骗的经历，涉案车辆被扣留后难以取回，他们也迫切希望公安机关加强管理，并积极要求参与其中。

  在充分了解掌握相关情况后，刘亚斌趁热打铁，汇总多方意见，终于制定出一套完整的管理运行系统。

  刘亚斌草拟了《沧州市汽车租赁业管理协议》，对公安机关和租赁公司的各自职责做出明文规定。鉴于沧州的汽车租赁公司规模小、不属于特行、无法进行强制管理这一现实情况，刘亚斌本着少花钱、多办事的原则，创设"沧州汽车租赁业管理信息系统"。该系统由三部分组成：汽车租赁业管理软件、沧州汽车租赁业 QQ 群、承租人数据库。由分局免费提供管理软件，租赁公司使用软件管理车辆，并定期将承租人情况整理成 Excel 表格，通过 QQ 群报送给刘亚斌，由刘亚斌将相关数据导入数据库进行分析。

讲到这里我们可以看出，说是信息系统，实则更像是一些基础软件的配合使用。就是这些看似简单的组合，与刘亚斌的笔记本质上一样，都是对信息的收集、分析与再利用，属于典型的信息化作战。

2012 年 8 月 24 日，运河公安分局召开了有市区 24 家租赁公司参加的汽车租赁业会议，正式推广汽车租赁业管理信息系统。

看似简单的系统，发挥出巨大作用，两种制度很快建立起来。一种是"黑名单制度"。刘亚斌等人通过走访，收集各公司成立以来有关骗车、拖欠费用的人员情况，制成"黑名单"下发，有效杜绝了重复诈骗的发生；另一种就是"重复租车预警制度"。信息系统也成为各公司之间沟通的桥梁，如果出现一人重复租赁多辆车的情况，公安机关就可以及时对公司发出预警，及时收回车辆。

汽车租赁业管理系统运行后，运河公安分局借此先后破获了不少案件，其中有一些堪称典型。2012 年 9 月 26 日 8 时许，运河公安分局接到报案，报案人称，当日早晨 7 时许发现其门市内 8 个木雕工艺品被盗，价值达 20 余万元。接案后，刘亚斌首先通过公安网系统进行查询，发现廊坊市大城县在 2012 年 9 月 22 日也发生了一起类似案件。他马上与廊坊大城县公安局办案单位取得联系，通过调取案发现场及周边的视频监控，确定作案嫌疑车辆为某品牌商务车，但车牌号不详，在案发后向沧州方向逃逸。

通过分析两起案件的作案手法、作案时间、侵害对象等特征，刘亚斌认为这极有可能是同一个犯罪团伙所为，其他办案民警立即对案发时间段进入沧州的车辆进行查询，但没有任何发现。

刘亚斌分析，商务车空间大，乘坐舒适，但耗油量大，多为企事业单位使用，家用较少，据此，他大胆推测作案车辆很可能就是从沧州的租赁公司租用的。刘亚斌立即通过汽车租赁业管理信息系统对沧州各租赁公司同品牌的商务车信息进行了梳理，找到同款车 6 辆。再查询各车 GPS 轨迹，果真有一辆在 9 月 22 日和 9 月 26 日到过两起案件的案发现场附近。

毫无疑问，租车人有重大作案嫌疑。

通过该车租赁信息查明，该车承租人有三人，其中一人有盗窃前科并被处理过。刘亚斌立即将查询情况反馈给大城县公安局，对方告知，保定警方之前抓获了三名盗窃红木家具的嫌疑人，其中有一对姓闫的兄弟，但未找到被盗赃物，闫氏兄弟矢口否认盗窃事实，两人最终被取保候审。

面对如此狡猾的盗窃犯罪嫌疑人，刘亚斌决定抓现行。他利用出租车辆的 GPS 系统，实时进行秘密跟踪，几人的一举一动都在掌握之中。结合之前作案的移动轨迹，他发现每次嫌疑人作案后均前往市内某小区某号楼，停留一小时后再离开，他据此认定，几人藏匿赃物的地点应该在该小区内。

随后刘亚斌又发现，2012 年 11 月 2 日、3 日，闫氏兄弟连续两天前往衡水武邑。武邑县是仿古家具的集散地，他们所去的位置有一家非常大的仿古家具店。次日，闫氏兄弟再次租用商务车并前往一汽修厂，民警秘密赶过去，发现他们正在拆卸车内座椅。看来，几人极有可能前往武邑作案，分局领导决定立即实施抓捕。

刘亚斌和同事们兵分两路，一路在电脑前监控作案车辆的实时轨迹，另一路在藏赃小区严密布控。11 月 5 日凌晨 5 时许，闫氏兄弟驾驶商务车回到小区，两人刚下车，就被等待多时的民警抓获，面对满车赃物，两人只能低头认罪，成功破解了盗窃嫌疑人零口供难定罪的困局。另一名同伙在当日下午被抓获归案。

2021 年，廊坊市大城县公安局的同行来运河公安分局办事，还和胡伟等人聊起这起案子。当时闫某还交代了其他案件，他们找到受害人时，受害人还一脸懵，直到民警把赃物归还，才知道自己被盗了。

此案破获后不久，2013 年 1 月 1 日，运河区公安分局接到报案，一车库内 2 万元现金、30 多箱烟酒和其他生活用品被盗。各路监控没有拍到清晰的车牌照，但可以确定是一辆商务车。同样的思路，刘亚斌再次利用汽车租赁管理系统进行分析，将整个盗窃团伙的构成摸排清楚。这次主犯更有心计，他找到四个同伙，每次仅选择其中一人共同作案，四名从犯互相不认识。经过四个多月的经营，这个盗窃团伙被一网打尽，查获的赃物堆满了会议室。后来公安部派人来沧州调研，该案作为典型案例由刘亚斌进行了汇报。巧合的是，这期间还发生了一起雇凶伤害案，嫌疑人租用的依然是商务车，刘亚斌根据 GPS 轨迹分析，很快锁定了目标。

这些落网的家伙永远不会明白，"凡先处战地而待敌者佚，后处战地而趋战者劳。故善战者，致人而不致于人。"自己的一举一动都被公安机关掌握，哪有什么逃脱的可能？

## 三

"ICCID"，是集成电路卡识别码的英文缩写，即 SIM 卡的卡号，相当于手机卡的身份证。实话实说，我是通过采访刘亚斌有关事迹才第一次接触到这个概念。

2013 年 6 月 24 日，某银行员工何某报案，6 月初时，她通过手机交友软件认识了一名自称"孙某"的男子，两人迅速发展成恋人关系并在何某租房处同居。6 月 23 日，孙某称可以帮何某拉存款，但需要一些"好处费"，何某没有多想，于当晚拿出 5 万现金。第二天一早，孙某手机关机失联。

这是一起典型的诈骗案。刘亚斌了解情况后，根据受害人提供的资料，迅速查到嫌疑人的两个手机号、微信号和交友软件账号，并确认"孙某"已离开沧州，6 月 24 日后再未使用过这些号码或账号。根据通话记录核查发现，"孙某"的一个手机号仅使用过一天，通话 20 余次，多是联系租房中介，初步判断为其在沧州租房使用，可时间过去将近一月，其联系过的中介对此早已没印象，租出去的房屋又没有登记，无法确认其租住地点。

刘亚斌又将侦查方向转向受害人。据受害人反映，同居期间，"孙某"经常打车送其上班。受害人上班时间较早，商场和娱乐场所都不开门，刘亚斌判断嫌疑人应该是直接打车回居住地，于是试着通过新启用的沧州出租车 GPS 定位系统找到他的住址。但出租车的 GPS 系统都是某广告公司投资建设，未考虑到公安机关需要，为节省流量，每 30 秒钟才上传一次位置，而上下出租车最多需要 10 秒钟，从轨迹中根本看不出出租车在哪儿停车。通过出租车轨迹寻找嫌疑人落脚点的希望也落空了。

好在受害人提供了另一重要线索，嫌疑人曾开一辆蓝色商务车去接受害人和同事吃饭，声称商务车是自己单位的，车牌尾号有好几个 8。刘亚斌通过汽车租赁管理系统查询到有一辆符合特征的车,调取该车轨迹,确定该车就是嫌疑人当晚使用车辆。租赁公司反映,嫌疑人是打电话直接带司机租赁,由租赁公司派驾驶员,因此没有登记租车人情况,但开车的司机记得,嫌疑人是从某胡同里出来的。刘亚斌前往实地勘查,将嫌疑人的租住地点缩小到几栋楼的范围内。经过细致摸排,终于找到了嫌疑人租住的房屋,并在现场发现了废弃的租房协议。通过查询协议上的手机号,又关联到山东省的一起诈骗案,但作案者的身份信息是冒用他人的。

结合前期侦查获得的线索,刘亚斌发现该嫌疑人跨省流窜作案,每到一地就换卡换手机,伪造身份进行诈骗。此人反侦查意识极强,遇有监控视频就有意避开,更不和受害人合影,公安机关难以掌握其确切的外貌特征。

至此,常规侦查模式走到了尽头。

面对眼前这道看似不可逾越的难关,刘亚斌转念一想,这何尝不是一次寻求新突破的机遇?既然靠现有的线索无法破案,那就重新寻找一个全新的突破点!

不知道经过多少次尝试,刘亚斌终于找到了那个闪光点!嫌疑人冒充有钱人进行诈骗,穿的戴的都是高档货,手机也是苹果的。苹果手机在刷机时需要手机卡重新激活,手机卡中的ICCID会上传到服务器。有了这个ICCID,就可以通过运营商解析号码,锁定手机位置。很多丢失苹果手机的人都是通过这个方法找回手机的,网上更是有不少查询ICCID的服务。

刘亚斌时刻关注着嫌疑人在沧州使用的苹果手机,终于在一个月后发现该手机有了刷机动作。他立即查询到刷机的手机号,但该手机号使用已超过5年,排除嫌疑人持机的可能。联系手机机主得知,此手机是在石家庄某地购买,卖家的外貌特征与嫌疑人完全相符,使用的仍是一部苹果手机。就是他!刘亚斌从手机机主处获取了嫌疑人现在使用的手机号,断开的线索连上了!

虽然此时嫌疑人已离开石家庄,在租房处没什么收获,但已证明此方法是可行的。刘亚斌继续查询嫌疑人在石家庄所用苹果手机的刷机情况,不到半月后,发现其又有了刷机动作!还是同样的套路,嫌疑人再次卖掉了使用过的手机。这次在查询到嫌疑人的手机号后,刘亚斌马上联系了当地警方,在一家酒店内成功将嫌疑人抓获。

据嫌疑人交代，他始终冒用他人身份租房居住，不论路途远近均包车流窜，诈骗成功后就迅速更换手机和手机号，他始终想不明白警方是如何找到自己的。

这起案件中使用的方法被刘亚斌形象总结为"苹果手机 ICCID 反查追踪法"，和"先期介入法"一样成为其典型技战法之一。而该系列流窜诈骗案例，作为沧州市唯一的信息战案例入选省厅典型案例，并作为全省5个优秀案例在全国精选评比中进入前15名。

刘亚斌的网上作战新方法，形成了独树一帜的侦查思路，进一步提升了打击治理新型违法犯罪的实战能力。他本人也先后入选河北省公安厅"情报专家人才库"、"信息战专家人才库"、"反电诈专家人才库"，被公安部评为全国刑侦情报研判能手，成为众人的学习标杆和真正的行业尖兵。更难得的是，他多次前往石家庄、保定、邢台等地传授破案经验，没有半点儿保留，每次都是倾囊相授，令众多同行既赞赏又钦佩。

尽管本章追溯的是刘亚斌创新的新方法，但现在回头看，别说以专业刑侦专家的眼光，就是对业余的刑侦爱好者来说，也过时了。随着时代的发展，这些十年前的新方法已经失去了实用价值，如今，信息系统得到完善、汽车租赁行业监管得到增强，而犯罪分子也学会了使用不记名的SIM卡刷机……但这丝毫不影响我们探讨这种创新精神的意义。

三国时期，蜀汉武乡侯发明诸葛连弩，可以"一弩连发十矢"。明朝时期，为应对铁甲骑兵的威胁，曾有将领专门设计出一种名为偏厢车的半封闭战车，外覆装甲防骑兵马刀劈砍，车厢上设有火铳孔，底部装轮可移动，具备了早期装甲车的功能。以上两种武器可以说是最早的系统集成，虽然偏厢车与诸葛连弩并未发挥出真正的装甲车和自动武器的威力，但它们为后世相关的研究与应用实践提供了一种新思路，其意义远超在当时发挥的作用。

刘亚斌那些看似过时的创新方法也是如此。创新一种技战法，不仅需要敢于突破的勇气，更需要独到的认识和深厚的积累。一方面，发现他人未注意的突破点，打破已有的思维惯性和经验定势，表明刘亚斌对公安科技的应用已经从经验认识的层次上升到理论认识的境界；另一方面，细细品读上面那几个故事，哪怕是在多年之后，依然可以感受到刘亚斌从"0"到"1"的创新精神，它告诉我们，"原来不仅可以这样干，还可以那样干",这也为将来更大的革新打下了基础。

　　也许有人认为,这些做法算不上多高明,更精妙的想法有的是。但就在这些人还停留在想法上时,刘亚斌已经一步步将想法运用到了实践中。不用实践检验,不迈出从"0"到"1"的第一步,再天才的想法也只是空想。

　　刘亚斌以此证明,前人止步的终点,无疑是后来人出发的最好起点。

# 第十章 "再多一秒"

央视《新闻联播》报道刘亚斌转移爆炸物视频截图

刘亚斌转移爆炸物时驾驶的皮卡车（沧州市公安局运河分局供图）

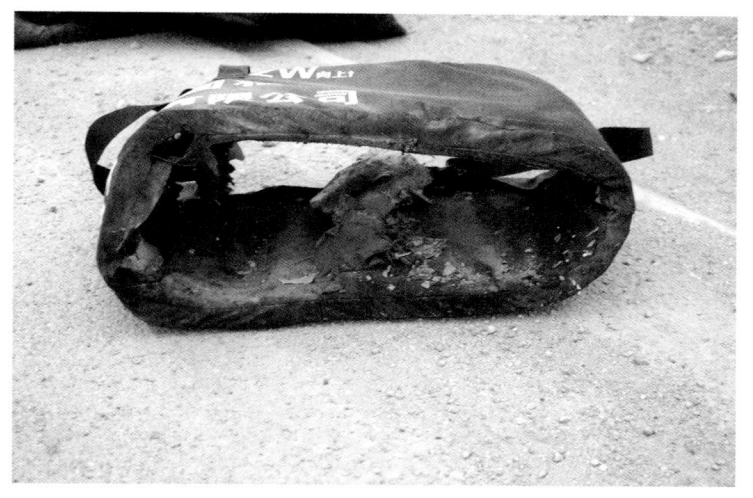

被炸烂的防爆围栏（沧州市公安局运河分局供图）

爆炸物爆炸后留下的深坑（沧州市公安局运河分局供图）

高中时期，曾学过《战国策》中的一篇文章，名为《荆轲刺秦王》。在文中的后半段，秦王宫中，图穷匕见，一众人物中除了"环柱而走"的秦王、"逐秦王走"的荆轲、"尽失其度"的群臣，还有一个容易被忽略的人——荆轲的副手秦舞阳。"年十二，杀人，人不敢与忤视"的"燕国勇士"，到了秦王面前就露了怯，"色变振恐"，引起群臣警觉，在后面的刺杀行动中更是伏地不起、引颈待戮。

明明是千挑万选出的刺客，却在刺杀目标面前连举起武器都不敢。这也引起了后人的无数猜测和疑问，为什么同一个人，前后会有这样的反差？

从事公安工作多年之后，我找到了一个可能最接近真相的解释：曾见过身上背着四条人命的抢劫杀人犯在被围捕时哭得像个三岁的小孩子，在黑洞洞的枪口之下跪着哀求饶命；也曾见过二十几岁的新同事学习摩托驾驶时被吓得面无血色，却敢在隆冬时节跳进冰面破裂的河里救人。

真正的勇者，从来都是看他在真正面临生死的时刻能做什么。

## 一

在所有的警种中，有一种最专业也最危险。他们的工作要求他们时刻与死神为伍、与危险相伴，70斤的防爆服、15斤的头盔，训练搜爆犬、遥控机器人……他们就是"排爆警"，被誉为"刀尖上的舞者"。

不论什么地方，只要出现疑似爆炸物，在所有人都撤离时，只有他们逆行而上，以血肉之躯与死神博弈。因为每次出征都是生死未卜，他们每次行动前都会留下遗书，这样的付出，怎么能让人不感动？

可我们在感动的同时是否曾经想过，在没有排爆警察的地方怎么办？在排爆警察组建前，又该怎么办？

时间回到2013年，沧州公安史上第一支搜排爆专业队伍组建前，运河公安分局刑警大队接到指挥中心指令，在沧州市某商厦发现疑似爆炸物，要立即出警处置。时间紧迫，刑警大队在单位的民警马上赶了过去。和刘亚斌一齐前去的同事中，有一个名叫王辉，是当时技术中队的负责人，现任沧州市公安局刑警大队大队长。

和胡伟一样，王辉也是刑警里少数戴着眼镜的，应该是长期伏案研究各类物证所致。我们初见面时，他的神情里时刻自带一种冷静特质，常年从事刑侦技术研究的经历让他很好地控制着自己的情绪。

王辉回忆："2013年时，还没有专业的排爆人员，一旦发现疑似爆炸物，都是谁在单位谁去。"

后来的侦查取证证实，这次的爆炸物是由案犯自制而成，这名案犯身患残疾，为了报复社会引发关注，多次自制爆炸物邮寄、投放。

王辉和刘亚斌等人赶到商城后，直奔保安办公室，进门就看到一群人围在桌子前，桌子上摆放着一个黑色塑料袋。

看到进来的几人，一个貌似经理的人刚要上前，刘亚斌连忙大声喊道："围着干什么？快让开，快出去！"听到他这么说，屋里人才急匆匆躲了出去。

在房间外，他们初步了解了情况：爆炸物是一名保安在楼上发现的，以金属罐包裹，外面连着一块手机电池和一个小闹钟，放在一个40多厘米高的汽油桶上。保安们怕顾客看到引起恐慌，就分开拿到办公室来了。

"谁让你们乱动的？这多危险啊！"王辉责备经理。经理无言以对，只能沉默着退到一边。

"没事，没人受伤就好。"刘亚斌安慰众人。

其实王辉也知道，这事不能怪保安。他们转移爆炸物的行为确实危险，但也是为了商场里顾客的安全考虑；而且假冒爆炸物的恶作剧也时有发生，他们可能以为这次也是这种情况。

疏散众人后，王辉和刘亚斌又进了办公室。缓缓靠近办公桌，轻轻揭开了盖在上面的塑料袋，他们的心一下子提了起来。不像假的，只见塑料袋下，是一个长约15厘米的圆柱，塑料胶带横七竖八地缠了好几十层，将原本细长的金属饮料罐裹成了一个如水杯般粗细的金属柱，在灯光的照射下，泛着晃眼的黄绿色的光。被缠在一起的是一个粉色的小闹钟和一块黑色手机电池，电池正好盖住闹钟的表盘，只能看到不断转圈的秒针头上的一段。小闹钟滴滴答答地走着，那声音是那么刺耳。本是代表可爱的少女粉色，却散发着危险的气息。

不过也有好消息，王辉在胶带周围看到了黑色的粉末，还有淡淡的木炭味，应该是含硫黑火药——黄色炸药（TNT）爆炸威力更大，但没有气味。总之，不是就好。

现实和影视剧不同，犯罪分子不会那么好心把爆炸时间设计到倒计时结束。虽然绑着一个闹钟，但这只起到引爆作用，上面的时间没有任何意义，也许五分钟，也许一分钟，也许下一秒，它就会激发电池冒出火花，直接引爆金属罐内的火药。

爆炸物是犯罪嫌疑人遗留在现场最直接的证据，能拆除保留最好。可眼前这情况，贸然拆开是不现实的，几十层胶带根本不是短时间内可以剪完的，而且完全推测不出里面有什么设计。现在首要的就是转移，有条件再进行拆除销毁。

不敢有丝毫耽搁，王辉请示上级后决定，立即转移爆炸物！

支援的同事很快拿来了防爆毯和防爆围栏，那是用高强度防弹纤维材料制作的防爆器材，顾名思义，防爆毯就是一块1.6米见方的毯子，防爆围栏更像是一只矮粗的水盆。使用时，用防爆围栏将可疑爆炸物罩住，再用防爆毯盖上。这次因为要转移爆炸物，需要反过来使用，先将爆炸物放进防爆围栏，用防爆毯盖住后再抬起来转移。担心远程引爆，一起运来的还有一个信号屏蔽装置，如同一个银色行李箱，由两人跟在旁边屏蔽电信号。

最危险的就是徒手将爆炸物放进去。王辉本想把其他人赶出去自己拿，但说了几句也没人听，只得把几次冲到前面的刘亚斌挡在了身后。"亚斌没抢过我，我岁数比亚斌大，经验比他丰富，职务也比他高，我来更合适。"王辉说。

还好有惊无险，他顺利盖上了防爆毯，下一步就是转移了。"必须要轻。"王辉再次嘱咐着上来抬防爆毯的几个人，同时尽量让他们放松，"小物件，这人一看就是个新手，缠这么多胶布，肯定没什么威力了，炸了咱们也就被烟熏一下。也说不准就是个假的，做出来吓唬人的，哈哈。"

王辉嘴上笑着，额头却渗出了汗水。他撒了谎，如果只是一堆没有包裹的黑火药，被引燃后它会迅速燃烧，从固体变成气体；可如果放在金属罐里，那燃烧产生的能量就会转化成冲击波。

可他没办法，越是了解爆炸的后果，心理压力就越大。这是他想出的最好的说辞了。

一般的防爆毯可以防护70克TNT的爆炸当量，人员在1米之外不受伤害，但为了抬得更稳，需要紧贴着防爆围栏。防爆毯的重量约15至20公斤，一个成年男子可以随手拎起来，就算是为了保持稳定，两个人也足够。但这次转移，一共用了四个人。后来刘亚斌参加颁奖仪式时，在领奖台上讲述了当时的情况。他说他们随时做好了一旦爆炸，就立即把爆炸物压在身下的准备。其实，现实中根本没有那样的反应速度，他们是一开始就打算用血肉之躯挡住爆炸的。

王辉冲对面的刘亚斌笑了笑，看着刘亚斌也回笑了一下。年轻人，不了解更好。他这么想。他那时并不知道刘亚斌的过去，更不知道刘亚斌可能才是他们之中最了解爆炸威力的人。王辉从警后在一次次培训和实际处置中学习到不少爆炸物的知识，可刘亚斌却是看着火炮试验长大的。

刘亚斌很清楚王辉善意的谎言，而且他知道得比王辉更多。一枚普通手雷里的炸药有 80 克，杀伤半径 15 米；一枚 155 毫米榴弹炮的炮弹有 50 公斤重，可以轻松炸出一个直径 5 米的弹坑。而他们身边这枚一旦爆炸，金属罐体会立即被高压气体冲碎，破碎的金属片的飞行速度接近子弹，金属片撕裂防爆毯后，能保护他们的就只有身上这件警服了。

即使知道这些，刘亚斌还是抢着抱起了防爆毯。

"没事，稳住，一、二、三，起……"

## 二

同事们拦下了一辆皮卡。周围聚集了不少群众，他们只能把警戒的范围不断扩大。

四个人小心翼翼地把防爆围栏放在了皮卡的后斗上，一起放上去的还有那个银色的信号屏蔽装置，在太阳下反射着刺眼的光。危险并没有解除，现在唯一适合转移的地方是位于郊外的市公安局警犬基地，但那在 20 公里外，至少 40 分钟的车程。

刘亚斌抢到了车门把手，但他没抢过王辉。王辉一把把他从车门前推开："你车技不好，让我来！"话还没说完就跳进了驾驶室，向着目的地疾驰而去。

刘亚斌没有作丝毫停留，赶紧跑进了开道的警车里，跟着皮卡夺路狂奔。

警车很快开到了皮卡的前面，警灯闪烁、警笛不断，刘亚斌在副驾驶位用扩音器发出警示，让路上的车辆躲避让行。王辉谨慎地驾驶着皮卡，担心剧烈的摇晃会提前引爆爆炸物，他不敢开得太快。正值中午，出行的车辆太多，他还要注意保持车距，生怕一旦爆炸波及他人。

还好一切顺利，两车顺利开出市区，开上了通向警犬基地的国道。手机响了，王辉一手扶住方向盘，一手按下了手机接听键，只听到里面传来刘亚斌焦急的声音："辉哥，电话打得通啊……"

电话通了？王辉猛然醒悟，信号屏蔽仪不起作用！如果这是个可以遥控引爆的爆炸物，那他们现在就是被人卡住了脖子。

王辉来不及回复刘亚斌，加速冲进基地院内，几个早已等候的同事手忙脚乱把防爆围栏搬下车，皮卡和人员撤到安全距离。终于安全了！现在只要等专家来处理就好了。众人都松了一口气，就算此刻这枚炸弹真的爆炸，也不会伤到任何人了。

刚在生死之间走一遭的王辉和刘亚斌悬着的心终于放下来，他们喘了口气，一起挤上了警车。回去的路上，身边没有了随时可能爆炸的威胁，王辉第一次感觉这么轻松。但他没有放松，危险排除了，可现场还要勘查，寻找任何可能的证据。不管爆炸物是真是假，一定不能让投放它的人溜掉。他想着下一步的工作，调监控、询问目击证人……警车行驶得很平稳，很快就转到了商城所在的大街上。

正准备和刘亚斌讨论勘查细节，王辉的手机又响了。是商城的同事，应该是询问进展的吧？他摁下接通键，同事说的话让他的汗毛都竖了起来，他尽量控制住情绪，可还是没忍住，从牙缝里挤出一句话，让一旁的刘亚斌听了个真切。

那句话是："怎么还有一个！"

这次发现爆炸物的地方正好是之前那座商城的对面，是一座人流量更大的商城。警车还没停稳，王辉和刘亚斌就下车急匆匆赶往楼上。正值商城购物高峰期，络绎不绝的顾客正在民警和商场工作人员的引导下陆续下楼。"临时检查，请尽快离场"的广播声在越来越空的商城内回荡。

逆人群而上的两人赶到四楼时，只看到一条新的警戒线已经拉开。同事向他们说明情况，对面商城刚拉起警戒线，这边的好几个商户都跟着看热闹，等爆炸物被拉走后才回到店里，其中一个商户看见立柱边上放着一个编织袋，打开一看，里面是一个粗如水杯的金属罐，而且是放在一大桶汽油上。

后面赶到的同事拿着防爆毯和防爆围栏上来了，想上前查看情况时被刘亚斌拦住了。王辉明白他的意思，商城里的人还没疏散完，他们不能在众目睽睽下使用防爆围栏，否则可能引起恐慌甚至导致践踏，后果不堪设想！

只能等，等群众全部撤离。可怎么等得及？每一秒就如同一年，王辉和刘亚斌他们就在这样的煎熬中等待。

人群疏散完毕，王辉一步迈到编织袋旁。里面的爆炸物竟然和刚刚抬走的一模一样！同样的胶带缠着的金属罐，同样的手机电池，同样的闹钟，闹钟的颜色和款式都完全一样！还有闹钟的嘀嗒声……

王辉也看到了汽油桶，闻到了刺鼻的汽油味，看那桶的大小，足有10公斤！这不可能是做出来吓唬人的，也不会有人那么无聊，制作两个一模一样的假爆炸物，更不会把10公斤的汽油搬到四楼只为吓唬人！王辉只感觉呼吸急促，胃里有什么东西在翻滚着，他甚至可以清楚听到自己的心跳声。

现在的情况比刚才更危险，因为时间更紧迫。必须马上把爆炸物搬走！可供调配的人手不多了，除了警戒的同事，就是转移爆炸物回来的他们几个人，其他人都被安排去搜索了，谁知道会不会藏着第三个、第四个……

王辉清楚地记得，依然是刘亚斌最先冲到了前面。和刚才完全一样的流程，把爆炸物装进防爆围栏，再盖上防爆毯，从四楼搬下来。但王辉没像上次那样安慰大家，一门心思赶紧把这瘟神送走。要是有一套防爆服就好了，他想。

之前的皮卡已经归还，这次是同事打电话找来的。司机停下车才知道发生了什么，急忙下车躲到了一边。

再次把防爆围栏放在后车斗里，王辉又来到车门前。一旁的刘亚斌突然拉住他问道："辉哥，是不是屏蔽仪还没搬上去？"

王辉一愣，回头一看车斗，对啊，光急着搬爆炸物了，屏蔽仪还没上去呢。不对！屏蔽仪不是不管用吗？搬上去有什么用？

就在王辉一愣神的工夫，刘亚斌已钻进了驾驶室。只听一声轰响，皮卡车直接蹿了出去！那个车技不好的刘亚斌，早就在脑海中重复了无数次这个起步加速的动作。

"他知道屏蔽仪不管用了，他知道爆炸物可能会被遥控引爆……他早就想好了和我抢着开那辆车。"讲述这段经历的时候，王辉红着眼睛，"他是准备替我去挡那次爆炸的！"

王辉这话，对，也不对。从现场情况来看，刘亚斌确实开走了皮卡，如果真有什么应该发生在王辉身上的事，确实会发生在他身上。可是，说是"替他"并不准确，因为从一开始就没有确定谁一定该去，那时没有明文规定排爆属于哪个部门哪个警种的职责。王辉，或者刘亚斌，他们去搬爆炸物，开车转移，都是他们主动去做的。他们知道其中的危险，可他们还是去了。何止是他们，疏散人群的治安警，一旁警戒的巡警，同样处于危险之中。后来有人想起，负责带队的现场指挥长安排搬运时，第一反应是先撸起了袖子，只是现场必须有人协调指挥，才留在了后面。采访其他人时，有人说，那天本来该他值班，临时出去取证，没有赶到现场。他们的说法几乎一模一样："刘亚斌和王辉他们是替我去搬爆炸物的。"

不只是王辉和刘亚斌，这支队伍里的任何一个人，都抢着干最危险的任务。

看着皮卡车飞速驶出，王辉这才回过神来，他也跳上一旁的警车，打开警灯向皮卡车消失的方向冲去。

## 三

"亚斌啊，你可千万不能有事！"警车上的王辉无比懊悔，一个劲儿埋怨自己为什么没有抢到那辆车。

前半程依然顺利。王辉很快驾车追上了皮卡开道，刘亚斌还是不太习惯开快车，所以车身有些摇摇晃晃的，车速也不太稳定。王辉现在可没心思去思考那些，他只想着赶紧跑完这一段。

很快他们就出了市区，重新走上了直通警犬基地的国道。王辉拿出扩音器，准备提示前面车辆避让，手机再次响起！

是留在警犬基地处理前一枚爆炸物的同事。现在最不应该打电话的就是他们，可为什么偏偏是他们？

就在摁下接听键的同时，王辉听到后面"轰"的一声，就像在身后响起的炸雷。他在后视镜中惊讶地看到，后面的皮卡车突然像踩了油门般冲了一下，后斗上陡然升起一道冲天的烟柱。那枚爆炸物，炸了！被锁在金属罐里的火药终于冲破了阻碍，瞬间激起漫天的烟尘，就像一场幻景，显得那么不真实，却又是让人无法忽略的存在。

王辉猛地踩下刹车，手机里断断续续传来同事的呼喊："炸了！辉哥！基地这儿炸了！"那是两枚被设定在同一时间引爆的爆炸物，相差不超过5秒。

就是这个时间点，两人的回忆出现了偏差。

第一次采访刘亚斌时,他也回忆过此事,他说那时他只想着开车往基地赶,因为车技不好,再加上精神紧张,他最担心的就是半道上熄火。他把全部注意力都放在开车上,反而忽略了背后的爆炸物。就在他开到国道上不久,就听到车后一声巨响,好像小时候第一次听到重型榴弹的试爆一样,只觉得被一股巨大的力量猛推了一下,整个人直接扑在了方向盘上。他的第一反应是后面有辆重型卡车和他开的皮卡车追尾了。他知道,这种时候应该保持冷静,他紧握住方向盘,尽力控制着车,稳稳停在路边。下车后他才发现后斗升起的烟柱,同时注意到周围不少车辆停下来,甚至有人上来围观。这时,在前面开道的王辉也下车跑了过来。刘亚斌连忙大声制止:"别过来,这里危险。有没有人受伤?有没有人受伤!"他都没想过刚才爆炸时,他才是离爆炸中心最近的那个人。他还在庆幸,幸好是在国道旁炸的,要是早些时候在商场或市区炸开,那造成的损失就无法估量了。

　　以上出自刘亚斌的回忆,和王辉说的完全是两回事。据王辉后来回忆,他听到爆炸后马上下了车,只见皮卡一个急刹,撞到路缘石才勉强停了下来。他赶紧向皮卡跑去。车门打开,刘亚斌直挺挺地倒了出来。就在他要彻底躺倒在地上时,又挣扎着抓着车门站了起来,向两边使劲挥动着双手。他喊的是什么,王辉没听清,起初他怀疑是自己的耳朵被震聋了,直到身边一辆汽车呼啸而过,才意识到是刘亚斌什么都没能喊出来。

　　结合当时的情况看,王辉的回忆应该更准确些。爆炸物的威力远超人们的估计,在警犬基地空地上那一枚,炸飞了脸盆大小的一块地皮;在皮卡车上爆炸的那一枚,直接炸烂了盖在上面的防爆毯,隔着防爆围栏将皮卡车后斗炸出了一个直径 10 厘米左右的大坑。

　　距离炸点那么近的刘亚斌不可能安然无恙,出现暂时性耳聋十分正常。人的耳朵中有一个重要的结构,名为"前庭",是一个可以感受自身位置改变的器官,其中的半规管内含淋巴液,主要作用就是感受旋转运动时的位置变化。王辉记忆中刘亚斌的摔倒,可能就是巨大的爆炸声直接冲击了刘亚斌耳中半规管的液体,导致大脑错误地认为身体正在运动,让他失去了平衡。

　　多年后采访刘亚斌时,他已经记不清当时的细节了,或者说,他根本就没太当回事。如此一件关乎性命的事,在刘亚斌以详细著称的笔记本上，只是轻描淡写地记着：

×年×月×日，周×，阴转雪
1. 上午外提陈××。
2. 中午在郑大队带领下，在辖区商城排爆，与宋、王、魏将爆炸物送到刑警支队警犬基地。

除此之外，再无其他。

没有记录他们徒手搬运爆炸物，没有记录他抢过皮卡车转移爆炸物，也没有记录爆炸发生时距离他不到两米，更没有记下因为他们，这次爆炸没有造成任何人员伤亡。在他的笔记中，那一天，就好像他们只是去了一次现场，好像他们搬运的不过是模拟爆炸物。总之，无关紧要。

也正是刘亚斌对这件"无关紧要"的事的态度，在第一次采访他时，他没有谈论更多细节。也许，在他看来，自己的安危根本不重要，只要群众无碍，一切都好。

刘亚斌和同事们稍作休息后，立即开始了后续的侦查工作。不知道是不是案犯太过得意，在放置爆炸物后给警方打电话，询问商城是不是着火了。他们很快锁定了案犯身份，根据掌握的线索，连夜奔赴江苏省某市，成功将案犯抓获。

所有危险的事，家里人都是最后才知道的。刘亚斌和同事们不顾安危转移爆炸物被电视报道后，家人才从看到新闻的亲戚那里得知。他们也嗔怪刘亚斌，这么大的事，为什么一句不和家里说，可这又怎么说呢？那样的危险，即便是全身而退后的心有余悸都能把普通人吓哭。得知此事后，母亲一声不吭躲回了屋里，父亲也是坐着半天没有说话，只有妻子赵晨光哭了。他们后怕，怕再也见不到这个至亲之人。可最后，他们也都在心底默默接受了。

这起爆炸案破获后，沧州市公安局着力培养排爆的专业力量，于2014年4月组建沧州市公安特警支队搜排爆大队，承担重要领导人和重要来宾住地、活动场所及大型活动、重要会议现场的搜爆安检任务，其中一项很明确，"负责涉爆案（事）件中非制式爆炸物的处置、排除和运输销毁任务"。简言之，就是刘亚斌和同事们曾以血肉之躯干的事。

与其他排爆队伍的思想教育课不同，这支队伍的第一课是一个叫刘亚斌的非专业战友用亲身经历教给他们的；搜排爆中最重要的从来不是防爆服、防爆头盔或者搜爆犬、机器人，而是搜排爆的人，心里要始终装着人民。只有心里始终装着人民的人，才是真正的勇者。

　　那次采访最后，我问刘亚斌："转运爆炸物时想得最多的是什么？"

　　他想了想，笑笑说："再多一秒吧。"

　　我说："也是，再多一秒你才有可能撤得远一点儿。"

　　"不，再多一秒，就能离群众再远点儿。"

# 第十一章　涉案资金1.3亿

刘亚斌查阅相关资料（沧州市公安局运河分局供图）

刘亚斌分析案件数据（沧州市公安局运河分局供图）

刘亚斌分析案情（沧州市公安局运河分局供图）

刘亚斌深夜下班（沧州市公安局运河分局供图）

2018年，全国开展扫黑除恶专项斗争，对黑恶势力发动凌厉攻势。黑恶势力对人民群众生命财产安全的危害也逐渐转为"软暴力"为主。"软暴力"，是相较于传统暴力而言，这是一种随着时代逐步发展演变的恶性犯罪手段。它其实一直都存在，只是在早期没有被规范性法律文件明文规定。2009年12月印发的《办理黑社会性质组织犯罪案件座谈会纪要》规定了黑社会性质组织可能实施的一些非暴力手段，比如谈判、调解等，即"软暴力"的雏形；2013年4月发布的《关于依法惩处侵害公民个人信息犯罪活动的通知》中出现了"滋扰型软暴力"术语，将"软暴力"摆到了台面上；2018年1月颁布了《关于办理黑恶势力犯罪案件若干问题的指导意见》，对"软暴力"的表现形式、所涉罪名进行了详细规定；2021年

12月,十三届全国人大常委会第三十二次会议表决通过《中华人民共和国反有组织犯罪法》,将"软暴力"正式纳入刑事法律条文中。至此,终于实现了对"软暴力"犯罪行为认定的有法可依。

相对于犯罪行为而言,法律是有滞后性的,这是从它诞生那天起就决定的。对于破案技术来说,同样如此。社会的发展不断加速,但法律的完善和技术的推广必然需要一定的时间与进程。这种滞后性,对法律工作者特别是执法者是一种严峻的考验。

一

随着信息化的普及,越来越多的新型犯罪如雨后春笋般冒了出来,犯罪团伙、受害群众、涉案金额、取证难度都以肉眼可见的速度扩张着。幸运的是,在这看不见的战场之上,从来不缺少与罪恶之手搏杀的坚定身影。

能抓住狐狸的只能是比狐狸更高明的猎人,而他们的抓捕也从来不是毫无代价。

2014年1月份以来,安徽、重庆、浙江等地先后发现新型网络投资诈骗犯罪团伙。以南方某市为例,该地多个公安局陆续接到报案,内容大同小异,无外乎骗子公司利用QQ等社交平台取得受害人信任,声称可以通过农产品交易赚钱,还推荐"老师"指导。当事人获得少量收益后,会被再次"洗脑"加大投入,结果赔得血本无归,直到再联系不上所谓的公司和"老师"后,才意识到上当被骗。

当地警方在侦办过程中,发现了一大批以现货、期货交易为名实施诈骗的电子商务公司及贸易公司,其诈骗模式即使放在当下仍不过时。犯罪嫌疑人依托网络软件公司非法开发电子交易平台软件,用挂靠合法第三方支付平台的方式掩人耳目,设立虚假交易平台,以高额回报为诱饵吸引投资;待投资人资金到位后,肆意操作后台程序左右交易活动,以达到骗取钱财的目的。其实,这些公司从来没有取得交易资质,简言之,他们所谓的交易行为根本不存在,纯粹是利用假交易平台欺骗投资人,操纵所谓的交易价格,让投资人误认为是自己投资失误,掩盖其诈骗犯罪的事实。

犯罪嫌疑人在设立公司之初,以高额回报为诱饵、吸引多方投资,待有人上钩之后,以一部分诈骗所得返还投资人的初始投资资金,用以扩大影响，发展下线代理公司，吸引更多人参与投资，诈骗得手后，立即卷钱跑路。其中受害最严重的就是后期被诈骗的普通群众，南方某市的一家商务公司就曾诈骗受害群众1100余人，非法获利4500余万元。

警方侦查发现，嫌疑人多使用本地有相关业务的公司作为第三方支付平台，第三方支付平台记录着每一笔交易数据。警方在调取数据后，立刻将有关情况上报。这些情况引起了公安部的高度关注，3月，公安部专门召集发生类似案件省份的公安机关进行会商分析，确定了以公司所在地为主侦地的方针，并组织各省公安厅派员参加培训。根据会议时间，此案被命名为"3·20"网络投资诈骗专案。

5月，河北省公安厅召开"3·20"网络投资诈骗专案侦查部署会，通报了全国网络投资诈骗的概况及各市有关公司涉嫌网络投资诈骗的情况，还组织了涉案地市公安局办案人员的培训。河北省共有五家相关的公司涉嫌这起案件，其中一家位于沧州市运河区，刘亚斌等人被派去参加学习并负责案件的侦办。

刚接到任务时，刘亚斌和同事们都感到非常大的压力，毕竟他们之前并未接触过类似的案件，对现货、期货等专业知识更是一窍不通，如何开始、从何处入手、如何推进，最重要的，如何固定证据……这一切，对他们来说完全就是一片空白。

可任务摆在面前，又怎能临阵逃脱？"没事，咱们一起学，一起干。"刘亚斌鼓舞身边的同事，他自信、沉着、坚定的眼神坚定了大家的信心。

"对！一块儿干！"

位于运河区的涉嫌企业也是一家交易公司，有着自己的网页和平台。因为不知道如何着手，刘亚斌等人也只能根据以往的经验，从工商登记、外围摸排、网站检查等方面开始。近两周的调查，他们并没发现什么问题。该公司有着十分雄厚的注册资本，之前也从来没接到过关于该公司的报案。有的同事直接到该公司进行咨询，偶然听到职工之间的对话，夹杂着太多的专业术语，基本听不懂他们在说什么。特别是该公司的股东有一家资产超十亿的公司，一旦办案有误，肯定会造成恶劣影响。

刘亚斌起初准备按照培训的流程，先通过第三方支付平台进行数据分析，查找亏损比较多的客户，联系其进行取证，并据此抓捕嫌疑人。可他们在联系了几名亏损比较大的客户后，却发现这根本行不通，因为客户根本不相信自己是被诈骗的。一名亏损几十万的客户更是在电话里说："愿赌服输，不能因为投资赔了钱就说人家有问题。"这也是多数客户的共同心理，他们都觉得是自己投资不慎出现了亏损，从来没想过是被骗了，取证更是无从谈起。

受害人的不理解让刘亚斌担心了很久。他怕案件侦办难有进展，更怕越来越多的无辜群众上当受骗。也是这次经历，让刘亚斌发现学习培训的内容并不适用所有情况。比如，一些受害人不相信自己被骗了，或者不知道自己是怎么被骗的，而且很多交易使用了两个以上的第三方支付平台，核查不到位肯定会有遗漏，非但受害人的损失不能悉数追回，诈骗团伙的犯罪行为也得不到有效查处。

## 二

为后续侦查得以顺利开展，办案民警们开始恶补各种现货期货市场的相关知识，刘亚斌是他们中学得最快最好的。他本就保持着学习的习惯，如今不过是把学习法律换为学习金融知识，在大学学到的市场营销知识也给了他一定的启发，那些在别人看来晦涩难懂的数据和用语，很快成为他海量知识储备中的一部分。

随着对案件研究的深入，刘亚斌确定了一种全新的办案思路。他认为"要确定嫌疑人有罪，首先就要弄明白他们是怎么实施诈骗的"，诈骗的形式看似不同，但有一个共同特征，就是隐瞒了背后操纵价格的事实。正常的现货期货投资，其价格都是市场行情决定的，而诈骗不同，那些隐藏在幕后的黑手，依仗了解后台数据的优势，以频繁交易为手段，不断操纵价格的变化，从而诈取客户的钱财。

只要有交易，肯定就会有数据留痕！而每笔交易，都是在嫌疑人非法开发的电子交易平台上进行的，平台又是依托网络软件公司制作的。只要提取服务器的数据，分析出异常操纵的账号，说不定就可以挖出那些隐藏在背后的黑手！

利用服务器数据来破获案件，让天书一般的服务器数据成为获取犯罪证据的关键，既关乎定罪，也关乎量刑。刘亚斌的这一新思路，算是迈出了破案的第一步，可接下来的路该怎么走？走得通吗？还是那句话，对我们来说，这些已经发生的事早已不是什么悬念，一切只是讲述。但对于当时的刘亚斌来说，面前的一切都是未知……

刘亚斌的新思路得到了同事们的充分认可，他们将目光对准了提取服务器数据上。服务器数据主要有三种存放方式，有的服务器存放在嫌疑人公司，或托管在软件提供商的机房，有的数据则存放在软件提供商的后台。根据存放方式不同，刘亚斌制定了不同的提取方式。之前有过教训，其他单位办理案件时，嫌疑人用锤子砸烂了服务器，因此，对服务器存放在嫌疑人公司的，他就要求首先控制机房与网络，防止嫌疑人直接或远程删改数据；对服务器托管的，他就想办法先获取账号和密码，提取相关数据；对数据存放在软件提供商后台的，取证时一定要注意程序规范和手续完整。

刘亚斌调查的那家公司的服务器数据存放在河南某地，他立即动身前往，到了才发现，服务器数据量超出了所有人的想象。该交易公司足有5台服务器，相关数据存在20多块专用的高速硬盘内。如果全部拷贝走，需要大量的时间不说，读取其中的数据还要搭建特殊的运行环境。没办法，刘亚斌只能先期拷贝走一部分进行研究。

原本堆满各种案卷的办公室，现在放满了各种市场知识方面的参考书。在书堆后，刘亚斌就用那台有些陈旧的电脑，分析那些陌生的数据。随着研究的深入，他意识到，如果其中的犯罪行为得到确认，至少有上万名受害人，取证难度也会很大。

这是一场艰难的战役，每一步都是战斗，每一天都是考验。不仅仅考验着刘亚斌的体力和精力，更考验着他的精神力和意志力。

公安工作的每个环节，从来不是有人盯着，而是有事盯着，一环扣一环。案件侦办、审计等程序都是有期限的，停不下来也慢不下来。那一个多月的时间里，刘亚斌吃住在单位，每日大海捞针般分析数据。那些日子，他可以说是对分析数据着了迷，没日没夜研究那些看似杂乱无章的代码群，经常在电脑前一坐就是一天；哪怕走在路上，也是低着头若有所思；有时才站起来接好了一杯热水，刚坐下就往嘴里送，结果就烫到了嘴——他已经完全忘记那是一杯滚烫的开水。

他在想什么呢？我们很快就知道了答案。他是在填补一段空白，那是属于公安信息化作战史上的一页。那些屏幕上不断闪烁的代码和字符，很多人都看不懂，却在他的手里变成了一份份无懈可击的证据。这起新型案件不仅是一个要圆满完成的任务，更是一项亟待研究的新课题。

多少个不眠之夜的分析后，刘亚斌手头的数据分析得差不多了，他再次前往存放服务器数据的地点。同事们跟不上他的分析思路，但知道那段时间他总是在出差，比以往好几年加起来的次数都多。管理数据后台的工作人员也看不懂刘亚斌在研究什么，每次就是帮他拷贝数据。漫长而频繁的奔波未曾浇灭刘亚斌内心的热情，反而让他的斗志越来越旺盛。

"终于"，是刘亚斌在办理这起案件时说得最多的一个词。夜色深沉，他抬起疲惫的眼皮，看着对面同样疲惫的同事，苦笑着吐出一个词："终于……"一夜接着一夜，一个"终于"接着一个"终于"，这是在一场艰苦战斗后苦心等待的结果，但也只是暂时告一段落。他们吐出一个"终于"，然后又投身到另一个"终于"中。

不知多少次的解析和多少遍的检验后，已确定的关键数据就有10多个G。它们在刘亚斌眼里隐藏着无数秘密，其中最关键的就是破获案件的密钥。

根据交易笔数排序，有十个交易席位号的交易频繁程度远高于正常值，第一位的交易次数更是第十一位的几百倍，高达600余万次，而他们所交纳的手续费居然都是0！毫无疑问，这十个交易席位有重大的操纵交易嫌疑！刘亚斌很快查清，这十个交易席位号的IP分别位于呼和浩特、西安、南京、天津四个地方！

## 三

2014年6月，专案组兵分五路，前往四个不同的地方进行现场调查，第五路负责沧州——总公司所在地。

作为案件主办人，刘亚斌负责五个组之间的协调指挥，各类关键信息被发往全国各地专案组，刘亚斌再通过电话一一协调。他一边解析数据，一边接着全国各地同行的电话，为每个专案组答疑解惑。因为之前有客户通风报信，导致嫌疑人有所警觉，他们也通过各种关系打听消息，相互之间通话也非常小心。即便如此，专案组还是通过跟踪、调取银行取款记录等方式逐一确定了嫌疑人的住处、驾驶的车辆以及日常活动轨迹。

各项工作准备完毕，随着一声令下，专案组在多地同时收网，共抓获75名犯罪嫌疑人，预捕对象无一漏网。由于刘亚斌前期工作扎实仔细，抓捕的同时就对涉案资金进行了查扣冻结，沧州警方共冻结涉案资金8700余万元，全国其他130个办案单位冻结4300万元，总共冻结资金1.3亿元，也就是说，沧州警方冻结的资金超过了其他单位一倍还多，最大程度上保护了受害人的权益。此案告破后，省公安厅专门发来贺电，省厅刑侦局领导还专门前往公安部刑侦局作了专题汇报。

被抓捕的犯罪嫌疑人始终不敢相信自己落网的事实，在他们看来，后台的数据非常复杂，警方不可能从繁多的数据中找到破案线索，让他们没想到的是，一位三十出头的警察，成功锁定了操纵交易的账号，获取了犯罪证据。

本案共有受害人1.7万余人，遍布全国各地，仅受害人材料就订了56本（卷），所有有关研究分析成果俨然一部侦办电信诈骗案件的教科书。

抓捕工作结束后，该公司现货平台随即被关闭，这在受害人中引起了轩然大波，他们纷纷提出了返还资金、赔偿损失等请求。

部分受害人对公安机关表现出极度不信任，多次聚在一起前往公安局要求返还资金，部分嫌疑人也要求办案单位返还资金，妄图以此干扰办案进程。刘亚斌所在单位扣押资金最多，承受的压力也最大，为尽快安抚受害人情绪，运河分局开通了三部热线及时答复受害人咨询，但仍不能满足受害人需求，还是不断有人要求给说法。面对这种情况，刘亚斌实名进入受害人的网络联络群，及时解答受害人提出的各种问题，他还公开了自己的手机号，表示会24小时解答群众的疑问。

一开始，很多人都以为刘亚斌是在敷衍，就频繁给他打电话，可不管什么时候、怎么问，刘亚斌总是第一时间给出回复，每次都是详细解释相关进展。看到办案民警如此认真负责，本来还激动不已的受害人一下子放心了，陆续表示会耐心等待公安机关的处理结果。

2015年4月起，运河公安分局开始返还被骗资金。刘亚斌最早开始案件的侦查，也最后完成了工作的收尾。

此案之后，再提到刘亚斌时，"刑侦专家"的称呼已是名副其实。再也没有人质疑他刑侦能力的专业性，这不是一个单位的褒誉，而是来自全国各地同行的认可。

在后来近 6 年的时间里，刘亚斌相继撰写、发表 10 多万字的案件侦破心得体会和研究文章，破获各类电信诈骗案件 100 余起，多起典型案例被收录到河北省公安厅《刑侦信息战典型案例精选》。

正如胡伟在不久前的一次采访中所说：刘亚斌此时的工作方法，已经超出了刑侦技术的范畴，完全可以称为"刑侦的艺术"了！

# 第十二章　　伤痕与勋章

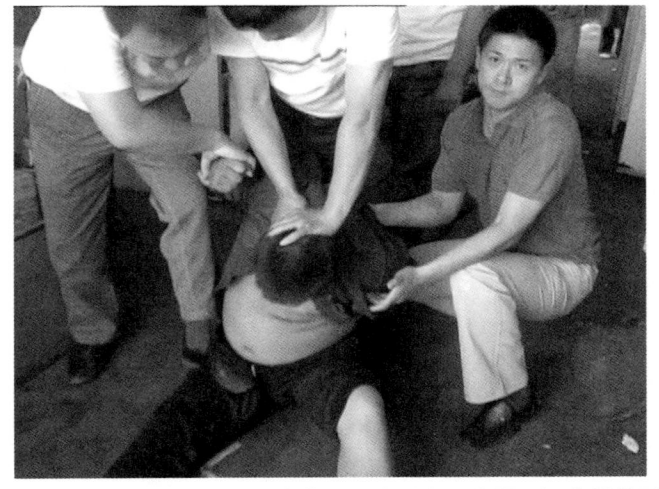

刘亚斌与同事抓捕嫌疑人录像截图（沧州市公安局运河分局供图）

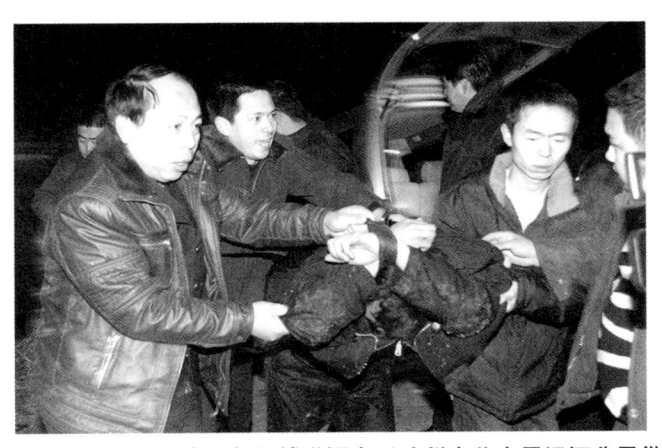

刘亚斌（左二）与同事一起抓捕嫌疑人（沧州市公安局运河分局供图）

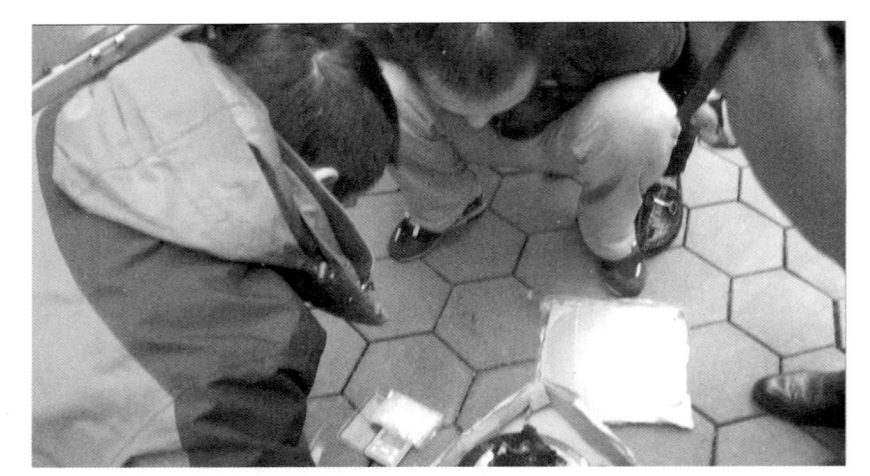

刘亚斌（左一）在抓捕现场进行毒品称重录像截图（沧州市公安局运河分局供图）

刘亚斌（右一）指导同事进行毒品检测（沧州市公安局运河分局供图）

作为公安民警，与负隅顽抗的亡命之徒搏斗是很正常的一件事，因此留在身上的一道道伤痕，被誉为一枚枚摘不下的"勋章"。

很多影视剧里，主角们正如展示勋章般说着自己伤疤的故事，但现实中刘亚斌说起自己的负伤经历时，语气却出奇地平静。类似的负伤，他曾有20多次。在100多次直面各色犯罪嫌疑人的抓捕过程中，他从来都是宁伤不折、悍不畏死，冲在第一个；他这种"冲在最前面"的胆识和勇气，被形象地称为"钢骨铜心铁脊梁"。

## 一

职业与职业是不同的，一些职业以安危决定职责时，另一些职业却是以职责决定安危，比如消防员、军人、人民警察……

刘亚斌记得自己最早的一次负伤，大约是在2008年7月份。他可能也只记住了这一次。

那时他刚参加工作三年，刑警大队接到指令，迅速赶去拦截一辆被盗抢车辆，胡伟和刘亚斌等人立即乘车出发。嫌疑人来自一个专业的犯罪团伙，专门盗抢车辆，开到外地去卖，这一次，他们刚刚盗窃了一辆车，准备从沧州开往黄骅贩卖。

半路上，嫌疑人发现了追击的车辆，立马加速窜上国道。胡伟和刘亚斌等人虽然开着四辆车，但车况远不如被盗车辆，在追击上有些吃力。

当时担任行动指挥的胡伟清楚地记得，车速已经飙到了220迈，只觉得周边的车辆都出现了重影。而这些盗抢车辆的犯罪分子，最擅长的就是开车，超速驾驶更是家常便饭。如果不尽快抓捕，肯定还会造成更大的危害。

在国道上紧追不舍近2个小时，其间路况复杂，大货车较多，嫌疑人几近疯狂，肆无忌惮地横冲直撞，而胡伟和刘亚斌等处处受限，小心翼翼地躲闪着避免发生事故。就在两方渐行渐远时，前方国道正在修路，丧心病狂的嫌疑人直接把车开到了路缘石上，不得不降低了速度，几辆警车提速追上去，准备合围。

千钧一发之际，走投无路的嫌疑人突然转向，直接撞向追击车辆。只听"砰"的一声巨响，刘亚斌所在车被撞得掉了个头，副驾驶车门被撞出直径40厘米的凹陷，几近脱落。为了第一时间冲下车实施抓捕，刘亚斌没有系安全带，胡伟清楚地看到，前面车内的刘亚斌从一边被甩到了另一边。

再提起那段经历，刘亚斌回忆说，第一反应是在身上摸了摸，感觉并没有哪儿疼，只是五脏六腑好像被狠狠扯了一下。

虽然没觉得疼，但未必说明没有受伤。每个公安民警入警之初，一般都会接受急救知识的培训，可以自己处理一些轻伤。刘亚斌知道，交通事故中受到的伤害不仅在身体表面，还包括内脏。刚刚自己重重撞在了车内壁上，现在身体不疼，不等于真的没事。但他丝毫没有耽搁，直接从被撞坏的车上跳下，换了一辆车继续追击，最终和同事成功抓获了嫌疑人。

上午 11 点出发，直到下午 5 点抓获嫌疑人，刘亚斌才去医院进行了检查，发现有十几处软组织损伤。即便如此，他也没有过多休息，第二天照常工作。同事们都说他有一身钢骨。

这样的事情还有很多，每次事后也常有人问刘亚斌怕吗？他从来都是坦然回答：并没有什么怕不怕，但我们不上，总得有人上。

这种淡定，让人震撼而感动。正因有无数像他这样不怕流血牺牲的公安民警，才换来了人们安定的生活。

## 二

除了直接在身体上形成的创伤，还有心理方面的。这包括可能随时受伤的心理恐惧、案件侦办的巨大压力、对人性中最黑暗部分的认知等等，特别是对刑警而言，这种心理负担贯穿于案件的侦查、抓捕、讯问等一系列环节。

刑警面对的，大部分是长期作案的惯犯，普遍有着很强的反侦查意识，甚至很多就是刑满释放人员。一些具有强烈报复心理的犯罪分子，还可能将报复的矛头指向办案民警本人。可以说，每一桩刑事案件的办理都是对刑侦民警的一次大考。如果心理不够强大、信念不够坚定，这样的人干不了刑警工作。

而刘亚斌不仅做好了自己分内的工作，更成为越来越多同事的坚实依靠。在大案、难案、要案的处置现场，同事们最先看到的是他；在最艰巨的重要任务来临时，领导们马上想起的是他；一个个人民群众反映强烈的案件，在他的坚实支撑下被查透查实查结，难啃之案一查告破、蛰伏之徒落网归案。不管案情多么复杂诡谲，只要他在，总有办法解决。

有这样一起案例。2011 年 5 月，刑警大队在办理一起吸食毒品案件时获取了一条重要线索：2011 年以来，王某、刘某、张某三人合伙贩卖毒品，王某出资，另外两人负责联系上线毒源，三人多次前往河南、湖北、四川等地大量购买冰毒，运回沧州后在各县市贩卖获利，其中王某还发展下线。案情并不复杂，麻烦的是该贩毒团伙组织严密、行动隐蔽，侦查起来很困难，并且成员可能持有武器。

大队领导获悉该情况后，立即抽调刘亚斌作为支援力量参与该案件侦办。接到命令后，刘亚斌立即投入工作，先是连夜阅卷，了解有关案情。在初步接触案件后，他很快意识到，摸清该团伙架构和藏匿地点并不难，难的是如何收网。一旦打草惊蛇，团伙成员潜逃，后续抓捕将难上加难。

两个月后，根据市局反馈线索，该团伙骨干成员刘某独自一人驾车离开沧州，目的地可能是南方某省。刘亚斌根据团伙成员的账户变化，马上做出判断，刘某极有可能是去购买冰毒，返回沧州后就会找王某交货。他建议立即收网。

作为分析研判人员，刘亚斌本不需要参与抓捕，其他同事也劝他，对方有枪，太危险，但他仍然申请跟随抓捕组行动。经过周密部署，抓捕组在一个加油站成功将王某等人抓获，当场缴获冰毒 80 余克，并搜出仿六四式手枪 2 把、子弹 14 发，及仿真钢珠气枪 2 支。王某无论如何也没想到，警察来得这么快。

抓获犯罪嫌疑人后，刘亚斌的支援工作其实已经结束了，但他还是参与了另一场苦战——讯问。这是一场面对面的心理战。几名嫌疑人都抱有侥幸心理，拒不交代，但刘亚斌早就掌握了他们的架构与分工，对他们的拖延战术早有准备。经过两星期的较量，嫌疑人的心理防线彻底崩溃，交代了所有犯罪事实。随后，刘亚斌和战友们又根据嫌疑人口供，辗转四川、河南等地，成功挖出上线毒源。

贩毒交易常常是一对一进行，很容易形成孤证。案件进入起诉、审判程序后，嫌疑人一旦翻供，势必会对审理造成巨大障碍。为杜绝这种可能，刘亚斌在抓获全部嫌疑人后，又多次分析研究案情，从监控录像到取款账单，从证人情况到取证效果，从案件线索到适用法律，终于将案件办成铁案，顺利移交起诉。这起特大贩毒案，共抓获犯罪嫌疑人 42 名，逮捕 31 人，一度创下了沧州警方抓获嫌疑人最多、缴获枪支最多的两个"之最"，更是彻底斩断了省外两方毒源，杜绝了其毒品再流向沧州的可能。

结案后，领导为刘亚斌请功，这时才有人意识到，当初刘亚斌只是作为支援力量参与案件侦办的。

有关刘亚斌的宣传稿件中，都报道他"直接侦破和参与侦办刑事案件

500余起"，这是一项刘亚斌生前自己估算的数据。可根据同事推算，他侦办案件的真实数量远远不止于此。不要说运河区，几乎整个沧州地区的公安机关办理案件时，都曾寻求过刘亚斌的帮助，而他往往就成为破案的关键一环。

2020年，一名市局经侦部门的同事找到刘亚斌，请他帮忙分析多个境外逃犯在国内的联系人。分析完了，同事也就以为这事完了，可到了2021年9月，刘亚斌又找到他，说他们案子中一个嫌疑人的家属涉嫌其他案件，他可以帮忙对嫌疑人进行劝返。大家都没想到他居然还记得这事，三个月后，嫌疑人张某回国投案自首，成为2021年沧州公安局经侦部门唯一成功劝返的境外逃犯。当然，刘亚斌从来没认为这是他的成果。

类似的例子还有很多——

> 2011年9月26日，运河公安分局充分运用信息化技战法，成功打掉一特大跨省入室盗窃团伙，抓获该犯罪团伙全部7名成员，破案40余起，涉案价值100余万元；
> 
> 2011年10月29日，运河公安分局成功破获公安部督办的"8·01"制售假烟网络案件，抓获犯罪嫌疑人高某、李某、袁某，破获制售假烟案件14起，涉案金额100余万元；
> 
> 2012年3月11日，沧州市运河区金宝街玉器商店被盗，丢失46件和田玉器，总价值达128万元。接报后，运河公安分局立即调集精干警力赶赴现场展开调查，于3月12日破案，将犯罪嫌疑人杨某抓获，被盗玉器全部追回；
> 
> 2014年10月17日，运河公安分局成功打掉一特大吸贩毒团伙，犯罪嫌疑人徐某等9人落网，缴获冰毒1000余克；
> 
> 2014年12月3日，运河公安分局成功破获"12·03"特大杀人案，涉嫌杀死3人、重伤1人的犯罪嫌疑人徐某被抓获归案。案件侦破后，省公安厅领导批示："指挥有力、破案及时"。
> 
> ……

这些已载入沧州公安大事记的大案要案，每一起都离不开刘亚斌数据分析的支撑。在这一起起案件中，他以坚定的信念和精湛的技术，如同一位娴熟、勇敢的舵手,支撑着每起案件侦办的顺利开展,不断修正方向,使得一艘艘航船驶向成功的前方。

## 三

2013年10月,刘亚斌转任刑警大队情报中队中队长,这也是他任职最长的一个职务。

情报中队主要负责提供信息化支持,兼管追逃、反诈等。因为那时运河公安分局没有专门的禁毒部门,刘亚斌分管的还有一项重要职责——禁毒。如果说之前许多案件他只是作为技术人员,那这时,他就是与涉毒犯罪嫌疑人正面交锋。在此期间,他曾抓捕过多名涉毒嫌疑人,破获多起涉毒案件,多次创下分局缴获毒品最多的纪录。2020年5月,分局正式组建禁毒大队。从某种意义上讲,刘亚斌也曾是一名禁毒警。

提到禁毒警,相信所有人都不会陌生。这是可以出现在镜头前但不能露脸的特殊警种,最让人耳熟能详的就是他们危险的工作日常和极高的伤亡率。这都来自他们的主要对手——毒贩。毒品犯罪和杀人、抢劫等犯罪不同,它有着明确的死刑标准,甚至许多毒贩比抓捕他们的警察都清楚自己会被判处什么刑罚,一旦面临警方的抓捕,往往负隅顽抗。这也是禁毒警伤亡率居高不下的原因所在。有数据显示,禁毒民警的牺牲比率是其他警种的4.9倍,受伤率更是超过10倍。

可能有很多人以为,毒品犯罪离普通人是很遥远的,抓捕毒贩是只有在电影电视中才能看到的情景。其实不然,禁毒警与毒贩的搏斗每天都在发生,发生的地点可能就在每个人的身边,也许是家门前的胡同里,也许是每天路过的小吃店,它并不一定引人注目,但从来不缺少险象环生。

2019年10月的一天,刘亚斌根据情报带队抓捕一名涉毒犯罪嫌疑人。嫌疑人非常狡猾,绝不在一个地方停留过久。众人赶到嫌疑人可能在的地方时,看着密密麻麻的人群犯了难:不找,就意味着错过这次宝贵的抓捕机会,可找的话,他们人手不足,而且两人行动目标太大,容易被嫌疑人注意到。商议后,众人各自单独行动,尽量扩大搜索范围,一旦发现嫌疑人,立即呼叫支援实施抓捕。

刘亚斌搜寻到某医院后巷时,正巧遇到了走向路边出租车的嫌疑人,看样子是准备打车离开。来不及多想，他一个箭步冲上去扑倒了嫌疑人。对方先是一惊，但很快反应过来，两人扭打在一起。刘亚斌刚要拿出手铐，嫌疑人趁他分心，一下掀翻了他，手脚并用往前爬着逃离，刘亚斌再次扑上去将他摁倒在地，并用身体死死压住他。嫌疑人知道，不把这个警察放倒，自己是不可能脱身了，于是逃离变为殴打，他挣脱出一只手，狠狠击打刘亚斌的腰腹两侧。虽然不致命，但是会产生剧痛，他想以这样的打击逼迫对方放手，而刘亚斌一直咬着牙紧紧箍住他。

两人的搏斗很快引来了周围人的围观，刘亚斌喊道："躲远点儿！我是警察，这是毒贩！快报警！"周围人一时分不清他说的是真是假，手足无措地站在原地。正在这时，医院的保安闻讯赶来，合力制服了嫌疑人。

气喘吁吁的刘亚斌这才腾出手呼叫支援，几名同事赶到时，只见他已是灰头土脸、衣衫破烂，整个人瘫在地上，浑身脱力。眼看同事来到近前，几近虚脱的刘亚斌喊道："上铐！"同事们把刘亚斌扶起来都不敢使劲，生怕弄伤他。刘亚斌回家换衣服时，才发现浑身上下满是伤痕。

我们曾实地查看过那次搏斗的地点，就是一个普通的巷子，人来人往，没有人知道这里曾发生过一场生死搏斗。我们也找到了当时赶来帮忙的保安，那是一位头发花白、皮肤黝黑的老汉，满脸都是岁月的沧桑，或许是出于职业的习惯，说话时总是咧嘴笑着，露出上下两排因长久吸烟而有些焦黄的牙齿。我们提起四年前的那次抓捕，他准确指出了那个地点，像是回忆一部动作大片一样兴致勃勃地为我们还原了当时的情景。

"真是危险啊！我就听到后面巷子里有人吵吵，还以为是有人犯病了，赶紧过去，结果就看到两个人抱着滚在地上。那小伙子就叫，我是警察！快报警！周围围了几个人站着看着，我上去一把手就把对面那小子给摁住了，嘿嘿！"说这话时，他不好意思地抿嘴笑了笑。

我问："您没觉得奇怪吗？您怎么知道哪个人是坏人？"

"嘿！"老汉的语气中多了几分得意，"我干保安这么多年，别的本事没有，看人的能耐还有点儿。以前看别人打架，抓脸抠眼的，怎么黑怎么下手，哪像这次？那小子就一直下死手猛打，还想着往看热闹的人群里钻，那警察小伙子就是用力控制他，根本没想着还手，怎么会是打架？我一看就明白过来，这肯定就是警察在抓贼了。"停顿片刻又补充，"后来那小伙子还特地回来感谢了我。"说这话时，他就像是说起一位老朋友，

"哎，谢我干吗啊，他帮我们老百姓抓坏人，应该是我们谢他嘛。"

临别前，我们递上一支烟对老汉表示感谢，他接过去看了看牌子，别在耳朵后。我们刚刚走了几步，他突然想起什么，在后面高声问道："对了，那个小伙子现在怎么样了？这么拼命，是不是当领导了啊?"

身边的同事停了一下，回过头："他……不在了。"

老汉先是愣了一下，继而明白了我们的意思。在医院看过各种生死的保安，太了解"不在了"的含义了。

他摘下别在耳后的香烟，喃喃了一句什么，我没有听清，但根据口型可以判断出来，那也是我们在采访时听到的最多的一句话："好人啊……"

医学研究认为，外伤会影响人的健康以至寿命。即使外伤已经痊愈，并没有任何的不适，但受伤部位的血液循环再也无法恢复到受伤前的状态，留下可能发展为后遗症的隐患；而旧伤影响了身体局部循环，相关器官的功能性失调可能导致器质性病变；身体受伤后，为补充大量折损的健康细胞，会加速细胞分裂，而人体细胞分裂次数是有限的。虽然这种说法并未得到普遍认可，但确实有不少受过严重外伤的公安前辈，在他们步入暮年后遭受着旧伤复发的折磨，并伴随着他们直至离世。

身为一名公安民警，从不缺少对病痛的体会。多少公安战友，就算没有受过外伤，中年后也会出现各种各样的疾患，长时间伏案导致的颈椎病，长时间生活不规律导致的高血压、肠胃病……

世间没有真正的铁人，有的只是一个个血肉之躯，但就是这样一个个血肉之躯，凭借钢铁般的意志，燃烧着自己的生命。他们从未后悔，也从来没有因此觉得自己是什么有功之臣，因为他们深刻地知道，和那些付出宝贵生命的烈士相比，他们拥有得很多，而做得还太少。

刘亚斌也是这样想的。

# 第十三章　"只有他一个人看得懂"

刘亚斌微信朋友圈截图（刘亚斌家属供图）

刘亚斌（中）与同事分析案情（沧州市公安局运河分局供图）

刘亚斌侦办某起案件的部分相关案卷（沧州市公安局运河分局供图）

对关注公安工作的人来说，"部督案件"并不是一个陌生的词语，就是公安部督办的案件；根据督办单位等级的不同，还有"省督案件"，即由省级公安机关督办的案件。这些案件都有一些共同的特征：或案情重大典型，或社会影响巨大。

其实，并没有任何明确的条文规定挂牌督办案件的标准，但每一起挂牌督办案件都不简单，常伴随着沉重的办案压力，一些疑难复杂案件还需要专门工作组或专家组协同作战。每当有挂牌督办案件被公开报道，也往往意味着案件成功告破、完美收官，给了公众一个满意的交代。

一

在追溯本章故事前，我们可以先想象这样一幅场景：这是一个繁乱拥挤的世界，一望无垠的白色延伸到天际，脚下是一片比镜面还要平滑的大地。如果低头，会看到上亿条数据急流，在无数点上交汇、冲撞；抬起头时，会看到数不清的如箭矢般飞行的符号和代码，交织成一张无边无际的天网；再往上面，是遮天蔽日的数据暴雨，一行行运算程序闪电般窜进雨幕……这是一个由数字、符号、公式、逻辑组成的世界，只要一个数据出现错误，整个世界就会在瞬间崩塌。

对于信息化研究，"比喻"从来不是一种准确的描述，但不以比喻相拟，一般人实在难以直观感受到办理这类案件的辛苦，可我们又不得不承认，再贴切的比喻也无法完整描述其中的繁琐与曲折，就好像上述这个想象中的数据世界。而这个世界，就存在于刘亚斌的脑海中。

这是一起刘亚斌为之鏖战了五年之久的部督案件。五年，并不是说案件侦办完毕的时间，而是从开始侦办到他牺牲时，正是五年。也就是说，直到他牺牲，这起案件也没有完全结束。正因为没有结束，也就未曾公开报道。五年来，办理这起案件几乎成为刘亚斌生活的一部分，无关时间、无关地点，他无时无刻不在为这起案件奔忙。

2017年初，一场诈骗重案波及全国。几个月前，南方某地公安局在侦办某公司诈骗案时，冻结了河北某公司的账户资金。2017年1月，沧州市公安机关陆续接到有关的报警，称在投资某公司产品时遭遇诈骗。

起初，这起案件并没有引起刘亚斌等人的特别注意，乍听上去，这些案件和他们在三年前办理的"3·20"专案并没有什么不同，那起案件中，他们一次性抓捕了四个操纵团伙，这次就算再多几个，也不过就是多核查一些数据的问题。就好像现在已经抓住了狼群中的一头，只要再努努力，就可以找到整个狼群的踪迹，只是时间问题。

但他们的这种想法很快就被否定了，初步估算，采取相同模式运营的团伙至少有几十个，受害人至少有几十万，诈骗资金更是天文数字！

除了数值上的巨大差异，这起诈骗案的主犯比"3·20"专案的犯罪嫌疑人更狡猾。"3·20"专案号称是现货交易，但并没有真正的交易物，可他们不同，他们囤积了大量茶叶、画片等价值不高的物品，谎称其具有投资价值。同样的套路，先吸引大额投资，在初步获利后扩大影响，继续吸引更多普通人投入。他们还为每个参与投资的人建立起一个只属于自己的"资金库"，谎称"资金库"内的钱是属于投资人自己的。其实，哪像他们说的那样，犯罪团伙早就将投入库中的钱转移了，受害群众看到的只是数字而已。

大量受害人的资产被套牢、血汗被侵吞，积攒多年的真金白银变成了一个个永远无法逆向变现的数字。其用心之恶毒、思虑之深远、布局之精巧，令人触目惊心！

几十万受害人背后就是几十万支离破碎的家庭，他们多年的积蓄顷刻化为乌有，多少人为此肝肠寸断，更有甚者，失去了活下去的希望。他们再也没有心思上学，再也没有心思工作，唯一想做的，就是拿回属于自己的血汗钱。

神秘的面纱被揭开了，一个巨大到无法想象的骗局呈现在所有人面前。他们看到的，并不是狼群中的一只，而是一头史前巨兽的一片指甲盖大的鳞片，现在，这头巨兽正张着血盆大口，向他们横冲直撞而来！

不要说其他的，只是嫌疑人的数量，就让公安机关犯了难。经历过"3·20"专案的胡伟，也曾深思熟虑很久，他太清楚侦办这样的案件需要什么了。而他的忧虑，还有更深的一层，就是这起案件的侦办难度，比"3·20"专案高出几十倍不止。我们都知道，这样的网络诈骗案件，服务器数据是关键，可胡伟等人开始取证时，数据不是被篡改，就是被销毁，只抢下了一部分。

"3·20"专案，5台服务器，200G数据；这一次，是60台服务器，仅保留下的数据就超过2000G。两起案件运算量的差距不是服务器的数量差，而是指数式增长。对于数据，很多人并不敏感，可能会觉得一部手机内存都有256G，2000G数据似乎并不算多。那就换一种直观的说法吧：2020年出版的第七版《辞海》总字数约2350万字，2000G数据换算成字数，就是1万亿！大约有45000册《辞海》那么厚！

更可怕的是，分析如此海量的数据还无法多人同时进行！几十个团伙的交易数据交织在一起，没有任何分层式或者模块化可言。比如，A投资一笔钱，给了其中甲团伙，甲团伙抽出部分资金给了乙团伙与丙团伙，乙团伙和丙团伙继续拆分资金给丁团伙……那么将来想要返还资金给 A，这笔账该怎么算？类似的算法组合不胜枚举，必须有一个人完整了解所有的数据流动，因为任何一个结算值都可能是另一起运算中的一个重要计算值。

这不仅仅是数据运算，还是一场关乎市场的运算。我翻阅过刘亚斌的笔记，其中涉及会计学、统计学、营销学等专业知识。会计学中的轧差、对冲、清偿、净提、结算……统计学中的离差、评估、切尾、组距……营销学中的增长份额矩阵、迎头定位、市场渗透……只是这些名词，没经过专业学习的人都不会明白其中的含义，何况将其运用到更为复杂的运算中。

还没提到的是，这仅是保留下来的 2000G 数据，那些被篡改或者销毁的呢？我们先说刘亚斌提出的解决办法，就是异地团伙之间沟通传递信息必然通过网络，如果把他们之间沟通的邮箱、电话、转账等等综合到一起，逐一梳理、逐一核对……

市局和分局也曾想过聘请专家，可他们听了有关介绍都直摇头，表示这样的运营模式太复杂，他们爱莫能助。让平台的开发者去推导数据也是不可能的，他们唯一能帮到的忙就是告诉公安机关平台的工作原理，就好像他们发明了一台搅拌混凝土的机器，犯罪团伙往里面扔了几吨的易碎玻璃品，现在，没人能把这堆玻璃重新拼回去了。

再谈起这起案件时，胡伟说了一句让所有人难忘的话："只有他一个人看得懂。"

是的，我们可以再想象一下那个数据世界，怎么才能将混在一起的数据流一条条区别开来？

话说至此，那时公安机关面临的情况基本说清楚了。接下来就是所有人关心的问题，怎么办？有且唯一的希望，就在刘亚斌身上。"3·20"专案后，他就一直在关注这类案件，他对各种专业知识的学习从来没有放松，如果有千万分之一的可能，那就只能是他！

了解爆炸的威力，搬运爆炸物的勇气才难能可贵；同样的，如果曾侦办过这样的案件，知道需要牺牲和面临什么，那他做出的选择就更难得。

他原本什么都不用做，他转过身，没有人能强迫他；只要他愿意，只要他说一声"不懂"，就可以躲开，没有人能因此责怪他。可他怎么会呢？他想过求助、想过学习、想过方法、想过一切，但唯独没有想过放弃。

他放弃了，可以全身而退，可那几十万受害人怎么办？谁来救救他们？谁又能帮帮他们？在这场和数据的搏杀中，几十万人的身家性命、喜怒悲欢都系在他一个人身上。

面对穷极一生都看不完一遍的电子数据，或进或退，都可抉择。退，是一马平川；进，不是什么迷谷险泽，而是看不到对岸的万丈深渊。如果我们无法想象那时包括刘亚斌在内的办案民警们做出艰难抉择时内心有多挣扎，也就永远体会不到他们下定决心迎难死战时有多笃定和顽强。他们知道侦办这起案件的代价，但他们更有一名共产党人随时为党和人民牺牲一切的觉悟。

共产党员刘亚斌想："用自己的付出换取这几十万家的安宁，何乐不为？牺牲我一个，值了。深渊算得了什么？就算前面是刀山火海，也闯了！"

## 二

接下来的一年多时间中，专案组办公室灯光不熄，200多名专案组成员几乎是把"家"搬进了里面。案件有关的案卷和材料堆满了每间可以利用的办公室，在那狭小的剩余空间内，却放下了两个大型的战场，眼前的有形战场集结了各单位的精兵强将，那都是全市办理刑侦案件的高手，代表着当年全市侦办诈骗案件的最高水平。他们与狡猾的犯罪嫌疑人斗智斗勇，这是精力、体力与智力的对决。

如果说"3·20"专案的研究成果是一本反诈的"教科书"，那他们现在做的就是在编纂一部反诈的"活辞典"，而这一切，都是围绕刘亚斌开展的。

战斗状况最激烈的是另一个无形战场。在刘亚斌的思维之内，他唯一的对手就是数以亿计的字节、符号，那无形的战场则是运算的高山、推导的江河和判断的海洋，也更像一座用精密而惊人的数据搭建的超巨型大厦，考验的不只是他的精力、体力和智力，更有他的意志力和抗压力。

刘亚斌再次进入办理"3·20"专案时日夜思考的状态，不，应该比那更用心。上一次办理这样的大案时，还有人可以帮助他，可现在，面对这些完全没有规律的代码和字符，真的只有依赖他一个人了。

推动着这部庞大机器运转的，是他一个人的肩膀！他坚强地扛起了几十万个家庭的希望，在数据的沟沟坎坎里搜寻。数不清的白天，他四处去调取需要的全部数据；多少个黑夜里，他都强打着精神盯着电脑屏幕。一样的，公安工作一环扣一环，容不得半点儿马虎和懈怠。对同事们每天调查反馈的材料，他都要审核一遍，避免出现任何疏漏。也就是说，他要把其他人干的所有工作都重新检查一遍。

仅仅是梳理犯罪团伙架构、固定犯罪证据等工作，专案组就连续工作了十几个月。很多成员在这期间都感觉到了生理和心理上的极限。受害群众的哀求和哭泣，上级的关切和要求，期限的缩短和临近，都给众人造成了巨大的压力。胡伟等人那时真担心，担心有的人真的承受不住，刘亚斌站出来告诉大家，最好的解压方式就是尽快破案！

其实，站出来鼓舞大家不要有压力的刘亚斌才是压力最大的那个人。这一点，根据那些可以看到的数据就可以体会到，不需要我们看懂那些数据的含义，只是单纯看它们的体量，就能想象出他面对的工作有多难，这些坚实的证据在几千个日夜里耗费了他多少心血。我看不懂那些运算，懵懂到都不知如何描述它，但我看到过那些结果，每一个数据都计算到了小数点后两位，这足以说明他是多么认真细致。

2024年4月，中央电视台播出公安英烈先进事迹报告会专题节目《春天的铭记》，胡伟讲述了刘亚斌侦办某网络诈骗案件的经过，他演讲的题目正是《网络孤勇者》。何为"孤勇"？只身一人为"孤"，义无反顾为"勇"。如果一定要选择一个词语来形容刘亚斌，那这个词再合适不过。我们讲了刘亚斌那么多的故事，讲他冒雨孤闯山林、冒死转移爆炸物、奔波几万公里、舍命与亡命徒搏斗等等，与这起案件相比不过是几个简单的注脚。他在办理这起案件时所做的一切，才是一个人能为他人付出的极致。

说不定未来的某天，专家复盘刘亚斌侦办这起案件的过程，会发现或总结出一套更快捷更高效的方式。如果真的可能，我们不必感到遗憾。限于当时的办案条件，刘亚斌所做的，是他能做到最好的。

刘亚斌在办理这起案件中的重要性，领导注意到了，受害群众注意到了，被逼到角落里的嫌疑人也注意到了。

本来自信满满的他们开始慌了。那天，刘亚斌将一份分析好的数据带到讯问室，面对得意洋洋的嫌疑人说出了解析结果。就在上次讯问时，这名嫌疑人还振振有词，口口声声说自己的行为是活跃市场。他根本不相信有人可以恢复已经损坏的数据。当他看到刘亚斌手里这份可以直接用来定罪的证据，眼中嚣张的光芒和脸上从容的表情瞬间消失了。他打了一个寒战，良久才从牙缝里挤出一句话："狠啊，你们，真狠啊！"他说的，不是对他们狠，而是对自己狠，他不敢想象，需要多强的意志才能把那堆破碎的数据还原出来，可刘亚斌确实做到了。他依然平静地坐着，却让心理防线彻底崩溃的嫌疑人明白了什么叫罪有应得、报应不爽。

"如果只有他看得懂，那是不是他松口，我们就能相安无事？"其他嫌疑人恶毒地这样想着。于是，他们开始寻关系、找资源，想着他能放自己一马。可对于这些，刘亚斌一概视若无睹，该怎么办就怎么办。曾有人趁着他一个人深夜在单位加班时，从窗外扔进了一个鼓鼓囊囊的黑色提包，可他怎么扔进来的，刘亚斌就怎么扔回去。还有人不断举报他，想借此干扰办案，但每次核查结果都一样。

刘亚斌没问题，也不可能有问题！这一点，他的同事们从未怀疑。

刘亚斌也有担心，但他担心的不是自己。有一次，他们外出抓捕一个团伙，回到沧州时已是凌晨1点，在送最后一个同事回家时，刘亚斌少有地透露了内心的担忧。

他说："这起案件就算办得再完美，我们可能也感觉不到一点儿骄傲；相反，如果办不好，那我们之前的努力可能就白白浪费了。"

同事问他："那你为什么还要挑头？"

深夜中还在闪烁的霓虹灯光照在刘亚斌脸上，他面色凝重地回答："不为什么，我就是看不惯他们欺负老百姓！"

这平淡如水的一句话，透露出刘亚斌以天下为己任的使命感。也正是这种使命感，让他撑过了最艰难的时刻。

起诉、退查、起诉、退查……不单要自己看懂，还要保证接下来的检察院和法院可以看懂，同时需要解答全国各地侦办单位提出的问题。刘亚斌和同事们不知道经过了多少个日日夜夜的奋战，终于梳理完全部的犯罪账户信息，锁定了所有的犯罪团伙，出具了几百份审计报告。正当大家觉得工作已经完成得差不多了的时候，刘亚斌突然想到，为了让受害群众更快地挽回损失，必须提高兄弟单位的工作效率。又经过半个多月的整理，他制定出一份清晰的办案指引，帮助不少兄弟单位避免了很多弯路。

一位兄弟单位的老民警握着胡伟的手感谢："我不知道你们是怎么办到的，但我由衷佩服你们！实不相瞒，我本来以为算清这些数据需要三十年……"

胡伟笑着说:"我们全靠刘亚斌了。"

对外界的赞誉,刘亚斌始终虚怀若谷,从未把案件侦办当成自己的功劳,他一再强调:"案件是大家一起办理的,集体的智慧和力量才是无穷的。"

## 三

敢于闯进深渊的胆量是基于对职责的坚守,而坚持则是因为曾对受害人做出的承诺。

可就算意志再坚强如铁,他也不会有真正的钢铁之躯。长时间的超负荷工作一点点消磨着刘亚斌的精神和身体,因为总是伏案工作,他的颈椎和腰椎多处病变,服用降压药后他的血压仍会达到160。同事们都担心他这么熬会熬坏自己,都劝他注意休息,有时间必须去体检一下。刘亚斌嘴上答应着,却从来没去过,因为这起案件实在离不开他。

2021年3月,因为宣传工作的需要,运河分局准备拍摄一些关于刘亚斌的工作视频,政治处的同事几次联系他,他总是不好意思地说实在没时间。不是他推脱或客气,而是他真的忙到没时间。有一天好不容易等到晚上10点左右,刘亚斌才终于有了一点儿空闲。他刚开完会,身上的常服都没来得及换,就简单录了一段。人们后来看到他穿着常服工作的画面,就是在这时候保留下来的。

刘亚斌的忙,是各方面工作叠加的结果。除了日常的工作,他把所有的精力都投入到了这起案件的办理中。有了"3·20"专案的经验,他很清楚,一些受害人因一时无法挽回自己的损失,情绪激动之下很容易对办案单位有意见。这起案件中最重要的一部分就是安抚好受害群众,减少他们的焦虑,保证他们不要干出过激的事。

从工作的角度看,安抚群众应该是最后的任务;但若从难度和重要性看,这却是第一要务。早在案件侦办初期,刘亚斌就主动向领导提出多项建议,积极对接受害人属地公安、社区、工作单位等部门,一定要及时了解受害人的需要,让他们相信公安机关。他为此专门参与制定了各类《告知书》《承诺书》等20余类。

侦办"3·20"专案时，分局还可以同时开通3部热线为群众答疑，但这起案件只有刘亚斌一个人能真正做到解释清楚。只要是受害人来单位问询，都是他直接出面接待。几番思索下，他毅然公开了自己的个人电话。之所以说是"毅然"，是因为这真的需要很大勇气。刘亚斌很清楚，公布自己的手机号，意味着他一人为全国各地的受害人答疑，所有人的目光都会集中到他一个人身上。我们可以想象一下那样的压力，高峰时期，刘亚斌一天内接听受害人电话近300个。他还实名进入多个受害人的微信联络群，一条一条回复受害人的询问。也就是从那时起，刘亚斌的生活中再也没有了什么上班下班、工作休息之分，手机的电量几乎再没满过。

和"3·20"专案一样，受害人的情绪因为刘亚斌的真心而稳定下来，越来越多的人了解到这位素昧平生的警官为他们做了什么，许多绝望的人也在他身上找到了重新生活下去的勇气。

后来，刘亚斌曾就办理此类案件给其他办案单位的同事授课。在课程后半段的自由交流中，第一个站起来的是一位年轻的外地民警，他问刘亚斌，怎么应付那些堵到单位门口追问办案进展的人。

几个本单位同事坐在靠前位置，他们意外地看到讲台上的刘亚斌登时脸色铁青，这也是他们第一次看到刘亚斌在这么多外地同行面前失态。刘亚斌郑重回答："我做的事，从来不是应付什么人，而是真心实意想帮到每个受害人。人家的钱被骗了，生气着急这都是可以理解的，不能因为着急，我们就觉得人家是无理取闹！人心都是肉长的，谁都知道要通情达理。我们理解他们，他们也会理解我们。群众对我们有误会，我们把原因说清楚就好了，我真心实意，他们就会推心置腹。"

一席话毕，全场爆发出热烈的掌声，在座众人无不叹服。

但别人不知道的是，刘亚斌此时承受的不只是累，还有许多难以言表的委屈与辛酸。在办理那起诈骗案后不久的一个新年，单位领导看着连续忙碌几个月的刘亚斌，强制下令让他回家休息，好好陪陪家人，刘亚斌这才勉强同意休息一天。

那天正是大年三十，刘亚斌和妻子赵晨光在父母家吃完年夜饭，回家路上，他收到了一条短信。那是一个外地受害人发来的，短信内容简短，却让他始料未及，上面写道："过年了，我祝你全家死光光。"刘亚斌脑袋"嗡"地一下子，他一声不吭回到家，立刻就把自己关到了阳台上，拨通了电话。

那是赵晨光第一次也是唯一一次看见丈夫的情绪那么激动，虽然隔着厚厚的玻璃门，她还是清楚地听到了丈夫的声音："不是和你解释了吗？你有什么不懂的，继续问我啊……"她听得出来，即使情绪激动至极，他也在极力压制着。我们都知道刘亚斌温文儒雅，但这并不代表他没有棱角和锋芒。就在那时，那间小小的阳台，承载着他所有的负面情绪。他委屈，明明竭尽全力，还是要被自己拼命保护的人误解为难；他愤怒，那是作为一个孝顺父母的儿子、深爱妻子的丈夫、护佑子女的父亲的本能；他自责，为自己是否真的做得不到位而反复自问；他心酸，他直接接待的群众有几千人，接打的电话不计其数，可受害人还是怨恨到自己身上……

又经过一番解释，刘亚斌这才放下电话。他知道，只在电话里解释是无法让受害人完全理解的。不久后，他就把这位把自己当"仇人"的受害人邀请到单位，请他看看自己是如何工作的。在将近一周的时间内，那位受害人亲眼见证了刘亚斌自从进入办公室就忙到停不下脚的工作状态，他被深深感动了，紧紧握着刘亚斌的手说："是我误会你们了……"正如刘亚斌所说的，真心换真心。他对群众的关心没有停止过，群众的信任对他也从未吝惜过。

后来刘亚斌被推荐为全国先进工作者候选人，在公示期间，不断有心怀怨恨的嫌疑人不怀好意地举报他，而更多的则是成千上万受害人为他点赞。

刘亚斌牺牲后，他的同事接过了他的工作，继续投入到这起案件的办理中。当我们讲述"3·20"专案时，一切已是定数，所有的经过和结果都已是往事，但对于这起案件，对还在为它奔波的许多民警来说，未来的一切还都是未知，是不可预测的变数。尽管如此，他们也没有半点儿迟疑，因为在他们身后，不仅有着坚定的信念，还有一个永不消逝的身影时刻给予他们不断前行的力量。

参与和了解整起案件的人，心里都有一个共同的美好期望，等到这起案件真正画上句号时，会召开一场隆重的表彰会，会有很多人在表彰台的上面和下面就座，而会上宣读的第一个名字、颁发的第一枚勋章，属于一个再也不能到场的人。他的战友会代他接过那枚勋章，向台下、向世间宣告："这枚勋章属于一个英雄！"

# 第十四章　弹吉他的小男孩儿

刘亚斌参加沧州市公安局英模事迹报告会（沧州市公安局政治部供图）

刘亚斌在报告会上讲述弹吉他的小男孩儿（沧州市公安局政治部供图）

刘亚斌（右一）早年为灾区捐赠物品（沧州市公安局运河分局供图）

群众为刘亚斌送来土特产（沧州市公安局运河分局供图）

在撰写这部作品之前，我曾一直担心。

我担心，每个了解刘亚斌事迹的人不愿多言。可在与他们交谈后，我很快就释然了，再谈起这位旧人，在他们身上，我感觉不到一丝一毫那种有话说不出口，或者不愿多说的感觉；我也担心，了解他的人早已忘记太多细节。也是在交谈后，我发现自己又多虑了。时间过去很久，他们对许多事情的记忆可能模糊斑驳，但他们的感受毫无疑问是真实的。

这些曾和刘亚斌朝夕相处的亲朋、同事，他们比任何人都有评价的权力。在采访中，他们对刘亚斌的评价出奇一致，并且有一种发自心底的明了，脱口而出、毫无顾虑，我得以迅速还原出刘亚斌的清晰形象，没有丝毫的割裂或反差。他们的坦荡让我确信，他们所说的每件事都没有任何修饰和加工。这，也毫无疑问正是刘亚斌的精神风骨所在。

## 一

刘亚斌荣获全国先进工作者、全国公安系统二级英雄模范等荣誉后，多次在市公安局举办的事迹报告会上作典型发言。不一样的是，别人都在做报告前加一段工作汇报视频，讲述自己取得的系列成绩，而刘亚斌在报告前放的却是一段小男孩儿弹吉他的视频。

视频中的这个小男孩儿不是专业吉他手，弹奏手法略显生疏，但引人注意的不是他弹奏的曲子，而是他的表情，还有那句："弹一首曲子祝您健康快乐、平安幸福。感谢刘叔叔！"每次刘亚斌放完这段视频，沉默良久才开始发言。

在他的几次报告中，小男孩儿的故事都被放在最前面。

2020年1月份的某天夜里，刘亚斌接到一个特殊的求助电话，打电话的人姓王，此时正在火车上，他没有多说什么，只是问自己被冻结的钱能不能支取出来。在得知不行时，这个四十多岁的大老爷们儿在电话里"嗷嗷"痛哭起来。

王强是刘亚斌主办的一起诈骗案的受害人。刘亚斌在侦办该案时，冻结了王强的部分钱款。因为对相关法律不熟悉，王强一心想追回损失，曾多次组织人员来沧州当面讨说法，还跟办案民警发生过面对面的激烈争吵。好在刘亚斌耐心解释到位，这才稳住了他的情绪，也是在这个过程中，两人相识了，通过刘亚斌，王强对警方的工作有了初步的了解，表示要安心等待警方查结案件，返还冻结的钱款。

天有不测风云，王强正在外地上高中的儿子在期末考试中因巨大的心理压力突发精神疾病，撕掉试卷冲出教室，嘶吼着在学校里乱跑。得到消息后，王强连忙买了火车票赶往学校，这一路上，最让他犯愁的就是手里连给孩子看病的钱都没有。家中积蓄早已被骗光，他本人负债70多万，原本稳定的工作也丢了，现在靠送外卖为生，他打电话求遍了亲戚朋友，也没人再愿意借钱给他。走投无路之下，他只能试着给刘亚斌打电话，看冻结的钱是否有可能返还。王强在电话中哭了很久，才磕磕巴巴说明了情况，还发来一段视频。

在这段视频中，刘亚斌看到了孩子犯病的样子，原本就瘦弱的孩子瘫软在沙发上，一只手和一条腿不受控制地抖动着，嘴里"呜噜呜噜"说着什么也听不清，整个人看上去就像到了崩溃的边缘。

孩子重病需要住院治疗，可父亲已身无分文，怎么办？其实这时，刘亚斌完全可以袖手旁观，两人不是朋友，就连熟人都算不上，除了几次解释案情，没有其他的接触，不能提前支取冻结的钱也完全合法合规。可刘亚斌没这么想，他在做报告时只是一带而过："谁都有孩子，我完全理解王先生作为一个父亲的感受，决定先把钱给他垫上再说，于是我就从网上赶紧给他转了3万多块钱过去。"可事实哪有他说得那么简单。他自己家里绝对算不上富裕，父母一生清廉简朴，家里两个孩子开销也不小，平时他都舍不得吃舍不得喝，一个笔记本电脑的手提包充当公文包用了十年，赵晨光想给他买一件新衣服都想着等打折再买……但即便自己并不宽裕，他还是想着要帮一把。

刘亚斌几番思虑，决定和家里商量一下。家里的存款都是妻子保管，他和妻子说明情况后，还特地发了几条消息，这些消息赵晨光都保存着。最后一条消息是："给人家吧，太可怜了。"赵晨光没有多说什么，当即就把几年存下来的35000元钱转给了他，他很快又转给了受害人。有的亲戚朋友不理解，曾问刘亚斌："把几万块钱借给一个并不熟悉的外地人，万一他不还怎么办？这可是你们两口子好不容易攒下来的血汗钱。"刘亚斌却说："谁都有作难的时候，能帮一把就帮一把。"其实他也犹豫过，但他更担心孩子的病。

35000元，最终成为孩子的救命钱！经过及时的治疗，孩子的病情明显好转。康复出院后，孩子特意为刘亚斌录下了这段弹吉他的视频表示感谢。王强感激涕零地说："你不但帮我们渡过了一次劫难，更在孩子心中埋下了一颗善良的种子。"

收到这段特殊的感谢视频后，刘亚斌不觉间红了眼睛。一向稳重的他一反常态，像个孩子似的把视频分享给身边人看，从心底为小男孩儿的康复感到高兴。

和王强有着相似遭遇的还有一位外地的吴大姐。她的生意本来十分红火，家庭生活也幸福，可就是因为一起诈骗案，几乎骗光了她的全部积蓄，为维持生意运转，她只能不断借款，没料到生意又陷入困境，家中整天等满了催债人，信用卡全部逾期无法偿还，家里人也被折腾得无法正常生活。面对突然的变故，她本人的身体和精神都已支撑不住了。

那几年，吴大姐经常到沧州去询问案件的进展，期待着结案后可以取回被冻结的钱款。没钱住旅店，每次都是刘亚斌自费在分局周围为她安排住处、请她到小饭店吃饭。胡伟清楚地记得，吴大姐等在办公室时，催债的电话就没停过，她整个人的精神都有些恍惚，感觉随时都可能支持不住倒下去。

吴大姐的资金是高息借来的，还债压力很大，但按照法定程序，资金返还需要一段时间。还是刘亚斌找到胡伟，问能不能想办法帮她借一些钱。他们俩达成一致，四处筹借，帮吴大姐偿还债务。正是因为他们的帮助，吴大姐得以熬过那段最艰难的日子。2020年春节，公安机关返还了吴大姐部分被诈骗的钱款，吴大姐收到钱款后的第一件事，就是返还刘亚斌等人为她筹集的借款。

胡伟在清理刘亚斌的遗物时曾看见一条信息，那是吴大姐拿到返还的资金离开沧州时发来的，上面这样写着："刘队，我坐上车回去了，这是三年来我心情最轻松的一次返程……我太清楚，这件事不是你们俩，根本不可能有这么好的结果……等我稍微处理一下手头事务，定来当面致谢，祝愿你们好人有好报，一生平安。"

感同身受不一定要身临其境，刘亚斌的心里始终装着别人的疾苦。

刘亚斌牺牲后，曾有很多案件受害人打电话来求证，他们无论如何也不肯相信，为什么偏偏是最希望一生平安幸福的人，却在最好的年华与世长辞。透过这些与他并没有多少交集、甚至都没有见过面的受害人，让我们真正看到了刘亚斌身上一直闪烁着的人性光辉；看到他的大爱，从来都是"储如山渊，阔似江海"。

## 二

不管是初从警时为受害人的据理力争,还是在抓捕嫌疑人回程时的耐心劝导,在刘亚斌眼里,每个人都值得他真心付出。

刘亚斌在世时,他的办公室里总是满满当当的,除了那些处理完和没处理的案卷、学习完和没学过的参考书,更多的是堆在一起的拆开和没拆开的快递,那是从全国不同地方寄送来的土特产,水果、蔬菜、小吃……很多连寄件人的名字都没写全,收件人写的是"运河公安分局刑警大队刘警官"。这事门卫的大爷最清楚,他在门口的值班室总是收到给刘警官的快递和感谢信,特别是逢年过节,都收不过来,有时连续几个星期,每天都能收到几件。

这些被诈骗犯罪分子害苦的人们,在刘亚斌帮他们主持正义后,总想着做点儿什么表示一下。可刘亚斌从来没有接受过。有些受害人只是想请他吃顿饭,每次都被他婉拒了。到后来,越来越多的人选择用送土特产这种最淳朴的方式表达内心的感激之情。有的人专门从老家送来一箱水果,有的人跑几百公里高速拉来几袋老家的小米……随着特产来的,还有一条条谢语:

"刘警官,你那么辛苦,我也没什么好送的,一点儿土特产你就收下吧。"

"刘警官,自己家做的,不值什么钱,你就尝尝吧。"

……

每收到一个快递,刘亚斌都会仔细辨认寄件者,按照市价把钱打给对方,实在无法分辨是谁寄来的,他就记在笔记本上,再有受害人来找他,他就挨个儿问,是不是给我寄快递了,什么时候寄的?事实上,直到他牺牲后,还时不时有装着土特产的快递寄到他的单位。

真心有多少,人心都知道;好事干几件,人心看得见。如果不是把刘亚斌当成亲人,又怎么会做到这样?而他们把刘亚斌当亲人,那是因为刘亚斌首先把他们当成家人。

刘亚斌后来侦办的都是受害人众多的案件,每起案件有成千上万外地的受害人都是很正常的事。起初,这些受害人对公安机关并不是很信任,都愿意到单位来，找侦办案件的警官给他们一个说法。看着排队等待回复的受害人，刘亚斌知道，只是发一个通告，或者把人员集中起来做解释，是没办法让他们真正放心的，所以他就跟每个受害人一对一地解释，把办案进展、法律政策掰开了揉碎了讲，经常是同一套话重复十几遍甚至几十遍，同事在旁边听都听烦了，他却耐心依旧，一点儿不耐烦的情绪都没有。

前面说过，刘亚斌经常把自己的钱借给那些经济上遇到困难的受害人，其实，他送出去的钱更是难以计数。有的受害人从外地赶过来找他，他看人家条件不好，问清从哪儿来的，上网查询车票多少钱，再算上他们几顿饭的开销，偷偷把钱塞给他们。注意，是偷偷，受害人并不知情，他也不想让他们知情，纯粹是为了帮他们一把。

来找他当面询问的人不少，打电话的人更多。他有两部手机，加上办公室座机，每天电话都上百个。受害人遍布全国，他打电话从来都是不分上下班、不管黑白天、不分家里单位，每个电话他都是不厌其烦，直到说清楚为止。有一位老太太，一打电话就是半个多小时。赵晨光好奇地问："她三天两头来电话，这是被骗了多少钱啊？"刘亚斌说："700元。"

他的手机有单位办理的套餐，可每个月赠送的1000分钟通话时间根本不够，他还要再补交几百元。不仅是因为电话多，也是因为他总想着别人，一看是外地打来的电话，他说得最多的一句话就是："你挂了吧，我给你打回去，这样省话费。"

对刘亚斌来说，解答受害人的疑问是他的工作，但他从来没有把这件事只当做工作，因为他知道，他的工作关系到受害人的生活甚至生命。在他们最无助的时候，他温暖着他们的内心；在他们最激动的时候，他安抚着他们的情绪。

一位同事说过一件少有人知的事，他有个亲戚是某起案件的受害人，对案件办理总是不放心，得知办案的是刘亚斌，就偷着给他送了些东西。刘亚斌当时是收了，不久案件办理完毕，又把收到的东西原封不动地还了回去。那个亲戚偶然和同事说起这事，止不住称赞："你们单位那位刘警官真是好人啊。"

这样的用心，看似平淡，却让温暖充盈着每个当事人的内心。

## 三

一个人做几件好事被注意到很难，但做了太多件好事，想不被注意到更难。很多人可能以为，刘亚斌再优秀，也是他的警察职业使然，那我们就来看看下面的事例。

刘亚斌生前居住的小区道路两旁绿树成荫，一到夏秋季节，树上就噼里啪啦往下掉虫子，弄脏了停在树下的车，吓到了在周围玩耍的孩子，小区里的人们经过树下，都小心翼翼的，几次找物业反映无果。一天，赵晨光接到同住小区的同事发来的消息，说看看这是不是你老公啊？赵晨光跑到窗口一看，原来是刘亚斌背着喷雾器在小区里给树打农药呢。他是自费买来的喷雾器，还特地请教了职院园林专业的朋友，配制了毒性不是很强的药水，避免伤害到周边居民。这件事，他对谁也没说，直到一位朋友和他谈起想买个喷雾器用用，他把喷雾器送给朋友，才顺便提了一句。

刘亚斌居住的单元楼门口挂着门帘。夏天挂清新干净的塑料软门帘，冬天挂挡风遮雪的棉门帘。以前可不是这样，刘亚斌搬来之前，楼道口没有门帘，夏天蚊虫乱飞，冬天寒风直灌，而这门帘，是刘亚斌自费买来为大家装上的。这一买，就是5年，而他住在顶楼，是整个单元里离楼门口最远的一户。同一单元楼的邻居想找他把钱平摊一下，可他说什么也不同意，就是花了多少钱也不肯说。后来我才知道，他买的绝不是什么便宜货，仅夏天挂的塑料门帘就价值146元。如今挂着的门帘，是他牺牲前不久买的，他走后两天快递才送到，是两位战友帮他挂上的，因此我们才知道了门帘的故事。直到现在，邻居们每次看到单元楼门口的门帘，都忍不住一阵唏嘘。

对刘亚斌的为人，邻居们同样有发言权。自1995年随父亲回到沧州，很多老邻居可以说是看着刘亚斌长大的。邻居们回忆，刘亚斌还在上学时，放学回家看见哪个叔叔阿姨换煤气罐，他都会主动上前帮忙；楼上康阿姨家的洗衣机坏了需要送去维修，刘亚斌路过看到，马上跑过去搭把手；邻居李大哥家要装修，刘亚斌就腾出一间房子让他放家具；楼下肖嫂子不舒服，她找到刘亚斌，想让他送女儿上学时把自己的孩子一起带去，其实这时刘亚斌刚送完孩子回来，但他二话没说，又开车把孩子送到学校。这样的事太多了，小区里红白喜事，退休老人的手续认证……只要他听说了，他都想着帮把手。

除了这些邻居看得见的事，还有他们没看到的。有一次，刘亚斌好不容易去参加一次聚餐，胳膊上居然缠着绷带，在座众人大多以为他受了伤，只有其中一位老朋友知道，那是献血后没处理好的渗血，这种情况不止发生过一次。刘亚斌有献血的习惯，除了在本地献，有时出差等车，看见附近有献血屋，他也会去献血。和他一起去北京出差的同事就亲眼见过，两人在北京南站下车，他就顺路去献了一次血。那位朋友直言："我也献过血，都是在本地，想着以后用血方便。我也劝过他，可他从来不是为自己用血方便才去献的，这点我是真比不上他。"

刘亚斌平时工作很忙，偶有空闲，中午就回家吃饭，还能安静地睡一会儿午觉。有一天，说好他中午回来吃饭，可已经下班很久了，他还是没到家。赵晨光就带着儿子一起出门等，正好看到刘亚斌在帮一群工人锯树。原来是园林部门清理小区里的树木，让下班回家的刘亚斌遇到了，他先是帮忙联系在树下停车的车主挪车，又在大树快被锯倒时上前搭把手。时隔多年，赵晨光的记忆依旧清晰，在一群身着工作服的工人中，穿着全新羊绒小西服的刘亚斌格外醒目，一双皮鞋上都是泥。其实家就在不远处，他都没想着回去换身衣服。帮忙把树装上车，人家跟他说一句"师傅，谢谢啊"就走了。等他们回到家，已经1点多了，一家人这才吃上饭。

如果说帮助受害人是公安职业的延伸，帮助邻居是因为有感情在先，那他看见献血屋就去献血、帮助偶遇的工人锯树，这些素昧平生的人会想到他是一名警察吗？这个时候，他就是他，一个普通人。我们可能也曾很多次遇见这样的情况，遇见就遇见了，看一眼而已，伸一下手已是最多，又有多少人会做到他这个程度？

工作可以请同事回忆，荣誉可以找组织核实，心得可以看笔记查找，唯有他曾做过的这些事，如果不是那位朋友有心记住，如果赵晨光当时没带孩子下楼，如果不是被同事偶尔看到，我们永远也不可能知晓了。在我搜集刘亚斌事迹素材的过程中，不能不说这是一个遗憾。

家人、亲人、朋友、邻居，受害人甚至是陌生人，刘亚斌为他们做了许多，却没为自己做过什么。他和妻子谈起工作，会为因盗窃受到惩处的未成年人叹息；看到年幼的孩子轻生的新闻，他会说孩子的父母得多心疼啊；好不容易出去吃一顿饭，等了好久还是不上菜，赵晨光想催一下，他却说都是出来工作的，都不容易，再等等吧。

很多人以为赵晨光肯定知道丈夫还干过哪些不为人知的好事，其实她真不是很清楚。或许在夫妻二人心里，这些举手之劳，都是自己应该做的，从来不必放在心上。也有人请赵晨光用一句话来形容一下自己的丈夫。几次深思后，她淡淡地说："他没什么特殊的，就是一个普通人，可能是同理心比较强吧。"陪着刘亚斌一路走来的她，这样形容自己的丈夫。

不一定要经历绝望才有希望，不一定要经历苦难才懂得同情。就是有这样一种人，他们自己生活得幸福，同样见不得别人受苦。就像那些革命先烈，他们中有很多人生活优渥，却为国为民毅然投身革命！对的，刘亚斌就是这样的人！

心念人民，不仅是刘亚斌16年从警生涯的原动力，更是他奋斗一生的逻辑起点。

# 第十五章　冬奥会上的火炬

**刘亚斌参加冬奥会火炬传递（沧州市公安局政治部供图）**

刘亚斌参加冬奥会火炬传递证书（刘亚斌家属供图）

刘亚斌（左二）与范京伦（左一）等公安代表在传递国旗现场合照
（刘亚斌本人供图）

刘亚斌参加实验小学开学典礼（长城新媒体记者代晴供图）

2022年2月5日，我终于联系上了刘亚斌，得以通过微信采访他昨晚参加的活动——在冬奥会开幕式上传递国旗。采访结束时，他不无遗憾地补充了一句："只差一秒就录到正脸了。"

看着手机屏幕上闪烁的感叹，我不由得生出一丝疑窦，这并不符合他沉稳务实的性格和作风。略加思索之后，我还是半开玩笑地回复："没关系的，很快就有下一次机会了。"

这是真心话。那时候，人们丝毫不怀疑他再次作为优秀公安民警的代表出现在其他重大场合的可能性，这既是出于对他的了解，更是对他的真心祝愿。

很多人都是这么认为的。

一

2022年1月31日，农历辛丑年十二月二十九。那是刘亚斌的最后一个春节假期。

和往年一样，说是假期，那天他照旧在单位加班。也和往年一样，赵晨光自己带着孩子一早贴上了春联，等丈夫加完班回家，看一眼"贴得正不正"，一家人就一起去爷爷奶奶家过年了。

2022年2月1日，农历壬寅年正月初一。刘亚斌依旧很忙。

虽然不用去上班，但他也没在家里待多久。儿子得了腮腺炎，一大早他和赵晨光带着孩子去医院拍了片，来不及回家，他又赶高铁前往北京。这次赴京做什么，他谁也没说，但他做的事将在不久后感动全国。2022年北京冬季奥运会开幕式即将举行，刘亚斌作为全国公安机关的优秀民警代表参与其中的两项重要任务——火炬接力和国旗传递。

与刘亚斌住在同一房间的是另一名公安队伍的杰出代表——全国特级优秀人民警察、河北省高速公路交警总队邯郸支队磁县大队教导员范京伦。京港澳高速公路是贯穿我国南北的交通大动脉，而范京伦所在的高速交警磁县大队管辖路段更有"河北南大门"之称，交通流量大、安全隐患多、过往人员成分复杂。忙碌起来，他可能连续几天不眠不休，他也因工作认真负责荣获诸多荣誉。

就是这样一位曾参加过2019年国庆阅兵观礼的公安英模，通过和刘亚斌的三天相处，对他的责任感和敬业心产生了由衷敬佩。

刘亚斌搭乘的是下午很早的一班高铁，可报到时他还是迟到了。工作人员给范京伦打了好几次电话，询问刘亚斌是不是已经到了，直到其他人都已经吃完晚饭休息了，刘亚斌才急匆匆赶到。在房间里安顿下来，范京伦问他怎么迟到了，刘亚斌不好意思地解释，好不容易来趟北京，顺便去海淀一家银行冻结了几个嫌疑人的账户。

初次见面，两人还不熟，范京伦客气地回了句刑侦工作真忙。他那时不知道的是，后来他看到的才是刘亚斌真正忙起来的样子。

自从刘亚斌住下后，就在不停地接打电话。起初范京伦还以为是和家里打电话报平安，但很快听出是工作上的事，等刘亚斌放下电话时已是深夜。刘亚斌躺下一会儿就睡着了，范京伦看得出来，他真是太累了。

好不容易睡着一会儿，两人又被电话铃声吵醒了。睡眼惺忪中，范京伦看了看手机，才凌晨2点多。刘亚斌拿着手机一个劲儿抱歉，马上接会吵到范京伦，出去接也不知道是不是吵到其他人。正为难时，范京伦说没事，就在屋里接吧。本以为半夜来的都是紧急电话，两三句就可以说完，不想刘亚斌这一说就是半个多小时，一个电话说到了凌晨3点。这次范京伦听清了，打电话的是一位遭到诈骗的老太太，不知道是对方耳背还是记性不好，刘亚斌把办案进度详细解释了好几遍，直到对方完全听明白了，才挂了电话。

出来参加一次活动都忙成这样，这要是在单位，得忙成什么样啊？范京伦也问过刘亚斌，出来参加一次活动也算是能休息会儿了，怎么不把工作交接一下？刘亚斌笑笑说："能干的就干了，不推给别人，大家都在忙着呢。"

不管是冬奥会的火炬接力，还是开幕式的国旗传递，这是多少人梦寐以求可以参加的活动，当然，对刘亚斌来说也是无上荣光。不一样的是，许多人在参加活动前都可以好好休息一下，以自己最好的状态出现在镜头里，留下一生中最宝贵的一段影像或一张照片，但刘亚斌显然没想那些。

有的同事们说，刘亚斌也是个爱美的人，身边的女同事就注意到，他曾在抽屉里藏过一面小镜子，闲下来的时候也偶尔会照一下，也会为脸上长了一颗痘纠结。即使真的在乎这些，本就忙了一整天的刘亚斌也没有想过关上手机让自己多休息一会儿。在又接了一晚电话后，第二天一大早，他就集合去参加火炬传递了。从他留下的传递火炬的照片上，我们可以清楚地看到，他虽然也在微笑着，但难掩满脸的困倦。

第二天早上7点半，工作人员通知刘亚斌集合时，还是联系的范京伦——刘亚斌仍在忙着接电话。这也成为接下来三天他的常态，组委会打给刘亚斌的电话总是占线，只能打给同屋的范京伦。

刘亚斌急匆匆换上衣服，前往奥林匹克森林公园，作为第108棒火炬手参加火炬接力。从此，他多了一个特殊的身份与荣誉——"冬奥会火炬手"。

很长一段时间内，当提及刘亚斌时，很多人第一时间脱口而出的就是他冬奥会火炬手的身份。在他牺牲后，也有人以火炬手为主题作文赞美他。但单纯以一名火炬手的身份来定义评价刘亚斌，未免失之偏颇，也过于简单。冬奥会火炬手确实是对刘亚斌的一种肯定和褒奖，但这一高光时刻并不能完整总结概括他的一生。

采访刘亚斌时，我也请他谈过传递火炬的感受，他说得最多的，也正是他在接受省电视台采访时所说的："我感觉非常光荣，也非常激动，因为我的同事们依然战斗在自己的工作岗位上都没有休息，我是代表他们来的……"

传递奥运火炬后，刘亚斌和范京伦继续参加在国家体育场的传递国旗彩排。令范京伦惊讶的是，这时刘亚斌的电话依然不停。他就是一刻也放不下工作，因为彩排时手机不能带进现场，需要提前把手机放进收纳柜中，候场时刘亚斌就在柜子旁等着，电话响起时他接起来比较方便。

现场彩排间隙，两人才终于有时间好好聊一次天。虽然都是警察，但警种不同，在工作上并没有多少共同话题，不过，总归离不开公安。从职务职级上论，更年轻的范京伦高于刘亚斌，谈到职级待遇时，刘亚斌显得毫不在意，他说工作是大家一起干的，能让就先让给别人。就像他接受采访时说的一样，他在任何时候考虑的都不是他一个人，也从来没有觉得荣誉是属于他一个人的。

2月4日晚，冬奥会开幕式在国家体育场如期举行。其中最令人震撼的一幕，无疑就是国旗传递环节。"蒲公英"的种子悠然飘散，12名少年将鲜艳的五星红旗传给分站两侧的176名代表。这一刻，他们就是鸟巢中央的主角，刘亚斌正在其中。

"我和我的祖国，一刻也不能分割……"随着一名白衣少年吹奏《我和我的祖国》，体育场上空响起悠扬的小号声，像大地在吟唱，像夜空在倾诉，国旗在代表们手中接力传递，这是每名参与者一生的美好记忆。

"无论我走到哪里，都流出一首赞歌……"这首歌写得真好。也就是追溯刘亚斌生平的此时此刻，我才蓦然发现这首歌真的就是他一生的写照，是对他一生的讲述。

"我歌唱每一座高山，我歌唱每一条河……"遥远又切近的旋律，将刘亚斌的思绪带回了从前。他又从大运河畔出发了，他又看到了他看过的每座山、每条河，那里面有太行山、滹沱河、秦岭、黄河……在一片冰雪世界中，刘亚斌满含热泪，接过国旗。

"袅袅炊烟，小小村落，路上一道辙……"那个出远门前不忘帮爷爷奶奶扫地的小男孩儿，此时正在全世界的目光下捧着国旗，他的思绪在现实和回忆中穿梭，最终定格在那个和二老度过童年的小村庄。那个位于白洋淀畔的小村庄，村前有一条小路，他和父亲最早的记忆中，都是从那里启程的……

刘亚斌慢慢松手，看着国旗缓缓地传向远方。他想说点儿什么，却没有说出口，只是在心里默念："爸爸，我看到了好多山河……"

## 二

再和别人讲起刘亚斌在冬奥会期间的故事时，我总是不由自主想起《述先赋》中的一句：抱朗节以遐慕，振奇迹而峻立。一条自高山上流下的小小溪流，转眼间化为一条令人震撼的奔涌大河。

而此时，他的生命已经进入倒计时。

我曾反复观看这段传递国旗的直播回放，听着《我和我的祖国》乐曲响起。国旗在各位代表手中依次传过，随着"我歌唱每一条河……"的部分演奏完，镜头转给了吹小号的白衣少年，直到"路上一道辙……"演奏完毕，镜头再次转向国旗。就是这10秒钟，巧合地错过了刘亚斌，如果镜头晚一秒离开，我们就可以看到他接过国旗；如果镜头早一秒转回，我们就可以看到他送离国旗。可惜都没有，镜头转回时，只能在一瞬间依稀辨认出一个身着警服站回队列的模糊身影。

刘亚斌牺牲后，整理遗物时，我们发现了一个他从北京给儿女带回的笔记本，上面满是一起传递国旗的代表签名。范京伦告诉我们，那天早上再去彩排前，大家一起在一个大房间内候场，刘亚斌特地准备了一个笔记本，依次找到每个代表请他们签名，他说要带回去给孩子做纪念。这位细心的父亲，彩排期间都不忘工作，仅有的空闲时间也没有休息，只为留给孩子一件特殊的礼物。

刹那间，我仿佛明白了刘亚斌说那句话时的遗憾，"只差一秒就录到正脸了"。

他不是为自己无法拥有一个在全国人民面前亮相的正面镜头感到遗憾，而是为无法让孩子在电视上清晰地看到自己感到惋惜。一位父亲莫大的幸福，不就是让孩子亲眼看到自己最光辉的时刻吗？

可他再也没有这样的机会了，在未来的岁月里，两个孩子只能透过模糊的影像想象父亲传递国旗的那一刻了。不要说亲眼看到，现在他连亲口讲给孩子听的机会都没有了。

当年他冒死转移爆炸物时，想的是再多一秒，尽量走远些；如今传递国旗的光荣时刻，他想的是再多一秒，给孩子留下一个回忆的镜头。"只差一秒……"他曾这样感慨。新华社曾发布过一张传递国旗时的俯拍照片，在一片如冰的蔚蓝底色上，鲜红的五星红旗格外耀眼，而在右上方，一名身穿藏蓝警服的代表正在伸手接过国旗。虽然看不到脸，但每个熟悉刘亚斌的人都可以认出来，那一定是他。画面将那一刻永远定格，也许，这可以弥补他的一些遗憾吧。

除了工作，刘亚斌在彩排期间最忙的就是和妻儿视频。他知道他们来不了现场，就想着通过网络让他们多看一些。他和妻子感情特别好，不管工作多忙，中午快下班时就给她打电话问吃什么。他没有别的爱好，就是喜欢踢个足球，有一次他和别人约了一个月，好不容易等到不加班了，下班后他把球衣都换上了，赵晨光来电话说肚子疼，他摇摇头，还是直接回家了。虽然踢不成球了，但他没一点儿抱怨，依然笑着。

我们听过太多警察因忙于工作疏于照顾家庭，或者根本无暇照顾家庭的故事。刘亚斌也知道，他这样忙碌，没办法像普通人那样照顾家庭。所以，他总是想方设法把他能做的做好。他有时候忙到电话都接不过来，但从不会忘记准点去接孩子，太忙了，就让同事接孩子回单位跟自己一起加班，只为让妻子安心工作；下午要出差，中午他都不休息，吃完饭就到阳台上洗衣服，明明有洗衣机，他却坚持手洗，因为手洗比洗衣机洗得更干净……

对孩子，刘亚斌更是用心。他只要有时间就辅导孩子作业，不会的题他提前查了再讲；女儿喜爱运动，他就陪她一起打乒乓球、跑步，女儿报名参加学校运动会的 100 米短跑，他赶紧忙完手头的工作，赶在比赛开始前到场为她加油；听说吃牛肉有助孩子长身体，他专门学了西红柿炖牛腩的做法，住校的女儿一回家就做给她吃；女儿数学没考好，挨了妈妈的批评，感觉委屈，给爸爸打电话诉苦，他耐心解释："妈妈就是想让你好好学习。爸爸相信你，下次考试一定会有进步！"又打电话给妻子，嘱咐她以后和孩子说话语气缓一些，多鼓励鼓励孩子……

刘亚斌爱笑，却为妻儿哭过很多次。"他的眼窝浅。"赵晨光抚摸着他的遗像回忆，每次她难受时，还没等她说出来，刘亚斌自己就先哭了；疫情防控期间，儿子牙疼到脸肿了，小区封闭没法去看医生，刘亚斌在单位值守也回不去，只能让妻子找找家里有没有药，放下电话，他一个人偷偷抹眼泪。

平日里，几个要好的同学同事总喜欢在一起聚聚，吃个饭放松一下。可每次找刘亚斌，他不是在单位加班，就是在外地出差，就算是周末或节假日，想叫他出来也难。电话打过去，他总是说："媳妇一个人在家带着两个孩子，挺不容易的，咱一个大老爷们儿平时不着家，回家了就替媳妇干点儿活吧！"要好的几家人相约去外地自驾游，常常缺他们一家，十几年来，一直这样。后来几个朋友找到一个折中的方法，就是去他家里聚餐。平时只要刘亚斌在家，就一定是他做饭，等他确定了哪天有时间在家做饭，朋友们再过去，这样他爽约的概率就小多了。

朋友们都知道，刘亚斌是个视工作如生命的人，他们从来没有怪过他。他们都以为来日方长，大不了等到退休后再一起把盏言欢。他们也曾注意到，这几年刘亚斌经常用右拳捶打前胸。问他怎么了，他只说那地方老是疼。大家都没有当回事，毕竟还年轻。直到 2022 年 5 月 8 日，当他们打开刘亚斌的汽车后备厢时，才发现里面藏着一盒盒的布洛芬、双氯芬酸钠等药品，那时他们才知道，原来这么长时间，刘亚斌就是这样一直用药顶着。那个退休再聚的梦想再也无法实现了，这也成为他们心中抹不去的遗憾。

## 三

刘亚斌从北京回来不久,长城新媒体的记者代晴对他发出了邀约,请他一起去参加沧州市实验小学的开学典礼。

代晴第一次见到刘亚斌时,是在 2018 年沧州市公安局举办的"五四"青年民警座谈会上。刘亚斌作为基层民警代表发言,给她留下了很深刻的印象,特别是他谦和自信的外表和睿智风雅的谈吐,跟印象中的刑警形象大相径庭,两人就这样认识了。刘亚斌牺牲后,代晴也是最早一批深入采访他生前事迹的媒体记者,后来更作为"刘亚斌先进事迹报告团"的记者代表,向更多人讲述刘亚斌的故事。

寒假期间,沧州市实验小学组织开展了观看冬奥赛事、制作飞扬火炬、演唱冬奥主题曲等各类与北京冬奥会相关的活动。临近开学,实验小学的杨校长打算找几位亲临冬奥会的嘉宾,给学生们讲一下冬奥见闻。恰好她在朋友圈里看到,代晴在冬奥会期间被派往比赛现场,以一线记者的视角进行最鲜活的报道,她也因此被授予"2022 年冬奥会、冬残奥会河北省先进个人"称号。对杨校长的邀约,代晴欣然应允,同时她也想起了之前曾看过有关刘亚斌的报道,就和校长商量着是否可以多邀请一位。

一位公安民警,不仅以火炬手的身份参与了火炬接力,还参与了开幕式上的国旗传递。杨校长觉得这位民警肯定非常优秀,马上表示,特别希望他能来,就是不知道他是不是有时间。

代晴联系刘亚斌时也有这样的担心,担心刘亚斌太忙抽不出身,等她联系到刘亚斌后,立马释然了。对于给孩子们讲课的邀请,刘亚斌欣然应允,只是不好意思地告诉代晴,到时候记得提醒他一下,他怕自己忙忘了。代晴问他,不耽误工作吗?他笑笑说没事,加会儿班就补回来了。

其实一直以来,就算刘亚斌不当老师了,他依然关心年轻人特别是青少年的成长和教育。每当有犯罪活动特别是电信诈骗活动涉及学生时,他就会提醒从前在学院的同事,加强对学生的保护;在工作中他还特别注重青少年犯罪预防,在情报中队时,他组织成立了全市首个青少年禁毒志愿者服务队,建立了沧州市首座禁毒宣传教育基地,该基地获评"全省禁毒教育示范基地",他筹办的"青春拒绝毒品,共建平安家园"大型禁毒宣传活动也被评为全省禁毒精品宣传活动。这位令犯罪分子闻之胆寒的铁血警察，在孩子们面前，还是那个憨态可掬的"小叔叔"。

2022年3月2日，刘亚斌和代晴作为嘉宾出席沧州市实验小学"冬奥润童心 一起向未来"开学典礼。这也是他最后一次站上学校讲台。整整一个年级的学生在现场参加活动，典礼也进行了同步直播，市区不少学校的学生通过视频观看了刘亚斌为他们带去的冬奥味十足的"开学第一课"。

面对眼前和镜头后的几千名学生，佩戴着红领巾的刘亚斌详细讲述了他参与冬奥会火炬接力的全过程，和同学们交流了在开幕式上传递国旗的所思所想，不时赢得师生们的阵阵喝彩。他说他在现场每个人的身上都看到了属于中华民族的那种自信和光芒，他鼓励在座的同学们，努力学习，增长本领，将来为祖国的建设贡献力量。

在刘亚斌的讲述中，有一个细节令杨校长印象极为深刻。刘亚斌说国旗传递本来彩排了大约两个月，但由于工作忙，他只参与了几次全天彩排，其余时间都是志愿者代替。讲到这里，刘亚斌特地感谢了替他参与彩排的志愿者，感谢他们前期做了那么多，最后还是把出镜的机会留给了自己。和在传递火炬时不忘加班的同事一样，他任何时候都是设身处地为他人着想，这也在无形间让现场的学生们感受到一个人最宝贵的品质——懂得感恩。

最令孩子们激动的是，刘亚斌把自己珍藏的"飞扬"火炬带到了典礼现场，和孩子们一起传递、合影。几位学生代表也向他展示了自己在假期里制作的火炬，几个孩子直到现在还记得，刘叔叔夸他们的火炬做得好，可以和真的媲美。

犹记得那天典礼结束时，孩子们簇拥在刘亚斌身边，不愿他离开。阳光照在他们的脸上，让那一刻的美好成为永恒。用一名火炬手去定义刘亚斌是不准确的，但火炬闪耀的光芒，就像他给每个孩子带去的希望，接力传递，生生不息。

# 第十六章　最后的战役

刘亚斌和同事研究案情（沧州市公安局运河分局供图）

刘亚斌（右一）开展反电诈宣传（沧州市公安局运河分局供图）

刘亚斌（左一）外出侦查后消毒（沧州市公安局运河分局供图）

刘亚斌最后一次离开单位的视频截图（沧州市公安局运河分局供图）

善战者无赫赫之功，善医者无煌煌之名，善弈者通盘无妙手。

一

2020年9月，由刘亚斌牵头，以原情报中队为骨干成立运河公安分局合成作战中心，他肩上的担子更重了。

合成作战中心，是公安机关中集信息采集、数据分析、技术支撑、指挥调度、协同作战等功能于一体的新部门。"合成作战"，本是军事用语，是一种军事理念，是指"在军事行动中通过不同兵种、不同军种的协同与配合，以优势互补，形成单一兵种或军种难以发挥的合力"。公安机关在警务改革过程中逐渐借鉴吸收有关理念，将其从军事化领域引入警务实践中。

公安部在2010年首次提出公安机关"合成作战"模式，全国各地公安机关相继开展各具特色的合成作战构建工作，特别是随着大数据等技术的融合发展，合成作战的应用逐步深入，主要是通过整合内设机构，集中有关警种、平台与资源等，联合开展工作，以提升警务实效。

刘亚斌之前所在的刑警大队情报中队，主要就是负责刑事案件的线索分析与信息支持，而他后来领导的合成作战中心，虽然在名义上仍是刑警大队的一个部门，但在分局建设计划中，是要为全局提供技术与信息支持，也就是有意将其打造为"全局的大脑"。这大脑中最关键的，自然就是刘亚斌。

为发挥合成作战中心的最大效能，分局同样给予了刘亚斌最大的支持，由他去挑选并培养新的骨干力量。在2022年初，又任命他为网安大队负责人，将另一重要技术领域全权交给他负责。举个例子，几条看似无关的线索，如果细致研究后关联在一起，那说不定就会发现案件的突破口，刘亚斌干的就是这个。

新部门成立初期，是最辛苦的几年。后备力量还没有成长起来，可学习的经验有限，需要完成的任务又多，那段时间，刘亚斌几乎没有任何时间休息，需要他的地方太多了，支持、培训、学习、破案……他不但要做好每件工作，还要带好新人，而在这方面，他何尝不是一个新人呢？

个人的力量毕竟有限，为了将处于起步阶段的合成作战平台打造得更好，作为信息侦查领域的"老兵"，刘亚斌还是将自己作为新人来看，学习、培训、转化、实践，每一步都不敢懈怠。筹建初期，刘亚斌和全市其他几个单位的同事一起去先进省份现场观摩学习，在那里，他见识到了公安信息化最前沿的发展，看到兄弟单位做到县里基本无网逃，就连偷西瓜这样的小事也能轻松破案。这次观摩，开拓了众人的眼界，激发了刘亚斌的斗志，他希望通过自己的努力，为人民群众的平安幸福提供更加坚实的保障。

软硬件可以慢慢增添，经验可以慢慢积累，但没有新的技术和能力，就只能靠一点点地摸索学习。多年的磨炼，刘亚斌逐渐掌握了一套合理的学习方式，就像同行前辈一直教育他的：没有人天生什么都会，如果不会，那就去学。和先进地区学、在专业群里学、和专家学、在公安网上学、在互联网上学、在日常生活中学，他就像海绵，孜孜不倦吸收着水分。本就有着扎实刑侦基础的刘亚斌，再加上不断学习，对案件的侦办愈加驾轻就熟，无论是方法还是能力，都有了大幅提升。

2021年11月，运河区发生一起故意杀人案。刘亚斌带队赶到现场勘查，根据现场痕迹、视频监控、车辆信息等，仅仅用了20分钟就锁定了犯罪嫌疑人；2022年1月，辖区内发生一起绑架案，四个嫌疑人劫持了一名妇女，四人都有犯罪前科，反侦查意识极强，两名嫌疑人驾车拒捕逃走。案发地点比较偏僻，视频监控信息有限，但刘亚斌还是在几秒钟的视频中发现嫌疑人在角落里藏起了什么，他马上实地勘查，发现了埋在土里的手机，成功锁定嫌疑人的身份。

只要发现一点儿蛛丝马迹，刘亚斌就一定要深挖细查。他在一次调取监控时，看到屏幕上一闪而过的人影与一名网上逃犯很像，尽管只有模糊的侧脸，他还是坚持要查出一个结果。为此，他调取了大量监控，一帧帧查找，又去那人可能出现的地方蹲守，几天后终于将逃犯抓捕归案。这个涉嫌诈骗的网逃已经躲在出租房里生活四五年了，没想到还是没躲过去。

明明各项能力达到了一个新的峰值，可令人诧异的是，刘亚斌再也没有创造出更多像早些年那种让人拍案叫绝的技战法，也没有破获难度更高的大案要案。不是他退步了，相反，他的水平已经达到了一个新的境界。

很多人以为平安是用和犯罪的拼杀换来的，其实不然，真正的平安是日积月累的付出换来的。发生大案后，正义与邪恶之间的博弈固然让人激动，但更重要的是彻底铲除滋生犯罪的土壤。发生案件后的侦办与预防案件的发生不一样，暴风骤雨般的拼搏与长年累月的坚守不一样，前者，可以在激情的驱使下赴汤蹈火，而后者，却需要消耗更多的时间和精力，越是艰险，越是考验。

站在全局的高度，提前防范、消除隐患，将可能发生的犯罪化于无形，这是公安工作，也是刘亚斌努力的方向。防微杜渐更难，与此对应的性格养成至关重要。刘亚斌一直在思考，作为个体如何锤炼心性、提高素养，他将自己的经验总结为"三个耐得住"：首先要做到的就是耐得住辛苦。人们能看到的是越来越安全，看不到的是背后需要付出的汗水。这是一个漫长的积累过程，只要有一点儿松懈，说不定就会前功尽弃；其次就是要耐得住寂寞。消除了犯罪产生的可能，也就没有了破获大案的表现机会，没有称赞、没有奖励，成功只有自己知道；最后就是耐得住艰难。时代在发展，提前发现并消除新出现的隐患，这就需要更用心地学习与钻研，敢于挑战前人未曾涉足的领域。

这很辛苦，但辛苦并不意味着一定成功。即使如此，刘亚斌还是选择走这条艰难的路。这一点在他的照片上或许能发现一丝端倪——他早就不是朋友印象中剑眉星目的大孩子形象了，而是一个眉宇间时刻凝聚着忧思的资格老警。在他生命的最后几年，运河区再没有出现过"两抢一盗"系列案件，发案持续下降，历年逃犯基本清零，真正做到了"不战而屈人之兵"。

## 二

刘亚斌在世的最后几个月，有一项不得不提的工作。

新冠疫情是建国以来发生的传播速度最快、感染范围最广、防控难度最大的重大突发公共卫生事件，同心抗疫的 1000 多个日夜，在历史长河中不过一瞬，却是亿万国人一份不可磨灭的集体记忆。

2022 年 3 月，沧州市出现了新冠病例，全市紧急启动全面疫情防控机制，运河区作为沧州市主城区更是防控工作的重中之重，刘亚斌承担起为疫情防控提供技术支持和流调工作的重任。流调是传染病防控中的重要工作，发挥着追踪感染源，发现潜在密接者等作用。

"疫情就是命令，必须争分夺秒。我们要快、要准，绝不能放过任何可疑信息。"开始工作的第一天晚上 11 点，刘亚斌接到紧急任务，梳理出某感染源的活动轨迹。他当夜查询了 10 万余条数据，甄别出其中的可用数据 4000 余条，向各单位推送相关情况，保证了下一阶段工作的顺利开展。

流调工作有很大的不确定性，开始结束的时间毫无规律，随后几天，核查线索不断增加，最高峰时达 2 万余条。刘亚斌把床让给了同事，自己从家里搬来了一张折叠床，在近一个月的时间里，24 小时吃住在电脑前，实在困得不行了，就展开床铺躺一会儿，缓过来就回到电脑前继续工作。相关数据经常是晚上 10 点以后甚至凌晨才能下发，又要给第二天的工作提供数据支持，不管什么时间，只要一接到数据，刘亚斌立刻一头扎到工作中，很多时候都是工作到凌晨 3 点以后。

那段时间，刘亚斌就算躺几分钟，手里也攥着手机，有一丁点儿动静就立刻起身，生怕错过工作信息。有时刚刚睡着，就被手机掉到地上的声响惊醒，揉揉眼睛，又立马爬起来。一起工作的同事说，那段时间不管白天还是深夜，只要给刘亚斌打电话，随时都能接通，他好像永远处于工作状态。

因为之前没有类似的经验，一切只能从零开始。流调工作开始不久，刘亚斌意识到确定已居家或其他形式隔离人员的相关数据可有效减少核查次数，凭借这一点发现，他们大大减少了流调工作的工作量，提高了核查的精准性。刘亚斌还根据办案经验，绘制彩色溯源图谱，各种关系一目了然，并撰写 10 余份密接者的行动轨迹调查报告，为接下来的排查工作节省了大量警力。

为做到底数清、关系明，刘亚斌不只是坐在电脑前核查各类数据，更是围绕源头的活动轨迹现场勘查。3 月中旬，全市气温骤然降低，中间更是夹杂着雨雪天，刘亚斌每次回来，就在这样的天气下脱下防护服消毒，隔半小时再消杀一次，每次消毒后，他身上和头发都湿漉漉的。他怕大家担心，安慰大家说正好出去活动活动筋骨。

就算是一项流调工作已忙到没时间睡觉，刘亚斌也要利用宝贵的休息时间将流调和追逃结合起来，帮助其他单位确认了不少逃犯位置，而这项工作在别的单位都是有专人负责的。

再苦再累，刘亚斌也没忘记帮助人。他无意中了解到，一些外地的大车司机到沧州后才知道发生疫情，暂时无法离开，又找不到住的地方，只好吃住在车上。他给这些司机一一打电话，告诉他们需要到哪个卡点登记，找哪个负责人，到哪里食宿。不仅如此，在确认司机的位置后，他还给他们指路，直到通过视频看到司机到了地方，这才放心。

就是在这样的艰苦环境下，刘亚斌带领同事先后完成了 60 多个流调任务，协助核查信息上百万条，抓获犯罪嫌疑人 12 人，为运河区乃至沧州市取得疫情防控阻击战的胜利做出了贡献。

## 三

2022年5月6日,"五一"小长假后的第二天,当很多人还在为"假期综合症"苦恼不已时,刘亚斌正有条不紊地继续着各项工作。

他也有自己的苦恼。"哎,说好陪孩子玩的,五一又加班了。"他已经记不清这是多少次答应孩子后食言了。假期第一天早上9点,一家人都到商城了,结果他自己又回到单位,直到天黑才回家,让妻子孩子白白等了一天。接着又加了一个假期的班……下次吧。

这天一早,等同事们到齐后,他召集大家开了一个短会,就又坐在电脑前开始了一天的工作。他往电脑里倒了一些数据,梳理了几个案件线索,又在笔记本上写下一些心得。还有几个案子要办、几个逃犯要抓、几项考核要填……想着再过些日子,这些年轻人成长为可以独当一面的骨干,他心底由衷地笑了。

那一整天,办公室里依旧忙碌。刘亚斌在忙什么,大家都心知肚明,那是一起复杂的诈骗案。就在不久前,他原本计算好的一个数据怎么也想不起来了,连着一个星期都吃不好睡不着,只能重新算一次。这也是他生命最后几年的常态,一个数据算出来了,至少还要再算一遍检验一次。

天色渐渐变暗,办公室外的走廊里响起三三两两的说话声,大家才意识到,下班时间都过去一个多小时了。

旁边的同事催促着刘亚斌该下班了,有什么事明天再说。他这才伸了下腰,收拾自己的挎包。同事调侃,终于比你晚下班了啊。刘亚斌哈哈一笑,算是回答了。

也是,难得这么早回家,这也是有缘由的。首先是明天还要去市公安局参加一场全市公安系统的网络安全考试,需要回家做准备;而妻子马上就要驻校,需要收拾一下,他们早就商量好,让儿子和刘亚斌睡几天适应适应。对了,折叠床还要带回去给妻子用。哎,明天再拿吧。刘亚斌想。

他站起身,叮嘱对面的年轻民警学习一下那个新软件,有什么不懂的等他明天来教他。坐在对面的同事点头答应,目送刘亚斌离开了办公室。

回放办公楼监控拍下的视频,只见刘亚斌一个人轻快地走下楼梯,背影很快消失在画面外。转过弯,他和门卫大爷打了一声招呼,大爷也是难得见他这么早下班。

近 19 时许，刘亚斌最后一次离开了运河公安分局。

回家的路上，刘亚斌绕了一下路，买了几块枣糕。回到小区时，虽然有些疲惫，他还是很热情地和邻居打招呼。上楼时，他遇到了以前在职院的同事，几人还聊了几句。"母亲节要到了，打算给妈买个蛋糕。"他这么和同事计划着。

女儿在高中住校，妻子刚把儿子接回家。既然刘亚斌回家了，今晚还是他做饭。尽管到了家，他也放不下工作，一边煮面条一边给同事发消息。吃完饭，他又给妻子和儿子洗好草莓，然后拿上枣糕去父母家。

不少人曾问赵晨光，那晚有什么不一样吗？赵晨光每次都说，没有，那不过是他们家再平常不过的一晚。忙到来不及喘口气，却只是众多平常的夜晚之一。

大约 9 点钟，刘亚斌拿着枣糕到了父母家。老父亲仍保持着良好的作息习惯，在外面散步还没回来，刚睡下的母亲被熟悉的脚步声惊醒了。

"好几天没顾上看你们了。"刘亚斌把枣糕放到茶几上，"今天怎么睡这么早？"

"不知道怎么回事，这两天有点儿腰疼……"母亲说。

"腰疼可不是小事，明天让我爸陪您去医院看看吧。"他嘱咐道。

"行。"

刘亚斌本想着再给父亲打个电话，却发现父亲没带手机。他又陪母亲说了一会儿话，仔细把窗帘拉好，就离开了。回到家，儿子还没睡。正是黏人的年纪，儿子喜欢枕着大人的胳膊睡。

刘亚斌无奈笑笑，把儿子抱到床上躺下，让他枕好，小心翼翼拍打着，哄着他睡着。不久，儿子就进入了梦乡。给同事打了几个电话，布置了近期工作，刘亚斌终于放下手机，太多的事情在脑中浮沉，线索还要排查、数据还要梳理……对了，单元楼的门帘快到了，要记得挂上……还要再和爸说一声，带妈去医院检查……

他缓缓闭上了眼睛。那双看过世间最险恶人心的眼睛，依然有一种一尘不染的干净，哪怕只是片刻的对视，也会让人感受到人间最暖的真情。这是再高明的摄影家或画家也无法捕捉到的，他们可以描摹出一个公安民警的相貌，却难再现他的眼神，因为它只属于生命本身。

听觉可能是最后消失的。窗外阒寂无声，月亮为茫茫大地罩上一层银光，微风在发芽的树枝间穿梭而过，真静啊，只有儿子的呼吸在黑暗中平静地起伏。有些人睡不着时，会一幕幕回想以前的经历，不知道刘亚斌那晚在入眠前是否回想起过往，想起他在山脚河畔的童年，想起他在山河之间的奔波，想起他护佑山河平安的誓言，想起他曾听着山河颂歌传递的国旗，想起他在不知不觉中向山河岁月透支的生命……

在那些远去的岁月中，他靠坚定的信念，苦苦支撑并熬过了那些超越生命极限的日子，那时，他无论如何不会知道，自己本以为普通的一生，会成为千万人心中难以忘怀的记忆。这一辈子，他始终相信他只是一个普通人，一个普通的公安民警，一个普通的共产党员。他可能什么也没有想，但任何历史尘埃都无法遮蔽他屹立的身影。

分不清是凌晨还是深夜，在一片月光朦胧中，刘亚斌安详地睡着了……

# 第十七章　055308 不朽！

刘亚斌遗体告别仪式现场（沧州市公安局政治部供图）

公安局战友送别刘亚斌（沧州市公安局政治部供图）

**公安局战友送别刘亚斌（沧州市公安局政治部供图）**

**刘亚斌生前荣获部分荣誉证书与奖章（沧州市公安局政治部供图）**

2022年5月7日，这条奔涌的精神之河闯进了每个人的生活。

未来很长一段时间里，很多人不断回望这个特殊的时间节点。大量有关这个日子的新闻报道、文学作品、活动仪式，赋予了它丰富的象征意义和多样的存在形式。

历史和人心共同选择了这一天，让它来承担一个时代的悲痛、沉重和惋惜，这也成为它拥有的深刻内涵：既为我们解释了一段精神的存在，也为它的升华最后定格。

# 一

2022年5月7日，星期六，农历壬寅年四月初七，晴。

办公室的门被撞开了。胡伟正坐在办公桌后仔细研读一份工作报告，被突如其来的动静吓了一跳。

"下次进来先敲门。"来人的莽撞让他有点儿恼火。

"亚斌没了……"来人喘着粗气，从嘴里挤出几个字。

"没了？没了找去啊。"胡伟一时没有反应过来。这些年他办过不少走失的案子，每个父母或子女都是这样冲进来报告失踪的。目光回到手里的文件上，他突然间意识到什么，猛然抬起头，来人错愕的表情证实了他的猜想。是的，这个"没了"不是找不到了，而是，真没了。

没了，找不回来了……不是昨天还在上班吗？怎么会……没了？

胡伟立即起身往外赶，他需要验证这个事实，只有亲眼看见，他才能接受。不仅是他。很多人都是在很久之后，才逐渐接受了这个残酷的事实：刘亚斌牺牲了？牺牲了！牺牲了……

学会接受前，首先要学会面对。胡伟赶到刘亚斌家里时，屋子里已经挤满了从各处赶来的同事。那个本就不宽敞的房间里，几乎没有落脚的地方。每个人都呆立着，表情出奇地一致，那是一种麻木的严肃，呆滞的冷静，手背上泪痕未干，眼中又再次充盈起泪水。胡伟见过太多这样的表情，他知道，那只能源自被悲伤占据的心底。

挤在前面的几个人看到胡伟，自动让出一条道，胡伟这才再次看到那孩子的样子。他穿着心爱的警礼服，双目微闭、面容平静，除了有些苍白，和睡着了没有任何区别。

赵晨光坐在床边，平静地抚摸着丈夫冰冷的面颊，轻轻地跟他说着话："这是你在北京冬奥会开幕式上传递国旗时穿的，你不是说最喜欢这身警礼服吗？你说你要珍藏起来，你再等会儿，女儿一会儿就回来了……"她是那么平静，身边的人却捂着嘴躲到了房间的角落里，即使他们是早已见惯了生死的警察。

亲人的抽泣痛哭和邻居的只言片语，我们勉强拼凑出了几小时前发生的事：一早上的时候，习惯早起的刘亚斌还没有起床，赵晨光以为他太累了，要多睡会儿，也就没有打扰他，因为今天还有考试，他难得能多休息会儿。可等了好一会儿，房间里还是没有动静，赵晨光隐隐感觉到一丝不安。她轻轻推开门，只见丈夫安静地躺在床上，右臂搭在一边，儿子趴卧在他的左臂上甜甜地睡着。她上前推了他一下，什么反应都没有，但指尖传来的冰冷让她不禁打了个寒战。她紧着又推了好几下，还是什么反应都没有。

他从来没有睡得那么沉，连呼吸都没有。

过去的日子里，刘亚斌就像一台永不停歇的机器，就算是睡着了，稍有动静也会马上惊醒。

赵晨光脑子嗡地炸了，她马上联系了一位住在同一小区的邻居，那是一位中心医院的医生，也是夫妻二人多年的朋友，刘亚斌曾雷打不动地每周三和他一起踢球。在等邻居来的空当，赵晨光又分别给急救和刘亚斌的同事打了电话。邻居赶到后，立刻对刘亚斌实施了急救，邻居的大脑里也是一片空白，内心的震惊和错愕侵蚀着他的思维，他完全是靠着肌肉记忆重复着他曾经无数次做过的抢救动作。恍惚之间，急救人员和几个同事也赶到了。儿子早就被过来帮忙的邻居抱走了，其中一个邻居跑去通知了住在对面楼里的父母。

事情发生得太突然了，邻居也不知道怎么和刘发芝说，只是告诉他亚斌家出事了，快去看看！刘发芝的第一反应是小孙子出事了，才五岁的小孩子，磕着碰着太正常了。去儿子家的路上，老人家想了很多最坏的可能，头摔破了、胳膊摔折了……没关系没关系，养养就好了。可现实的残酷远超他的想象……

没有任何征兆，5月7日上午，刘亚斌突发疾病，抢救无效……永远离开了。他是那么安详，就像睡着了，没有一丝一毫挣扎的痛苦。按照当地老人的说法，在睡梦中安静离世，这是前世修来的福报，是好人一生的善业。

这么大的事，瞒都瞒不住。不断有同事听到消息，不断有朋友从各处赶来，他们顾不得喘口气，匆匆忙忙赶到，都希望那是一个误会。房间里很快就挤不下人了，来得晚的同事都在门外张望，想着能再进去看一眼。

他们中一大半人根本不相信这是真的，直到亲眼见证……这件事情真正发生前，人们甚至从来没想过它会发生。刘亚斌牺牲前，人们曾以为他有三头六臂可以左右乾坤——可这世间哪有折不断的旗？刘亚斌牺牲后，人们才想起他也只是肉身凡胎也会生老病死——这世间从来没有熬不尽的精力。他们眼中含泪，不仅为同事，也是为亲人。

曾经和同事们笑谈生死，开玩笑说不要随便加班，再加班就要被挂在墙上了，他们就像一群不懂事的孩子，自以为洞悉了人世间的所有情感，可等到真的失去了，才发现那痛苦原来根本不是人心所能承受的。他们不只是失去了一位战友、一位亲人，更是失去了一盏在迷茫中给予力量的明灯、一双在无助时可以紧握的双手。

他走了！他也带走了他们的天真和幼稚，他们的感情出现的空缺再难弥补。原来心如刀绞不是一种抽象的夸张，而是一种描述不到位的比喻，那感觉不只是刀绞，更像把心放在油里炸、放在火上烤。

不断有手机铃声响起，是来不及赶来和正在赶来的同事，寻找着他们认为在现场的人。他们吵闹着、恼怒着、质问着，他们知道，这些话只有在电话里才可以肆无忌惮地说出来：怎么回事啊？出什么事了？我昨天还给他打电话了！我马上就到了！

本以为还要在今天把盏言欢的好友，转眼已是天人永隔。本以为还有几十年的光阴共度，一切却戛然而止。真正的离别，没有长亭古道，没有劝君更尽一杯酒，有的只是和平常一样的一个清晨……他睡在昨天了。

这是这个房间第二次站满了人，上一次还是这对夫妻新婚的时候，但这个房间第一次这么安静。后来很长一段时间，这个房间就一直保持原样……

墙壁上石英钟静静走着，屋内安静得出奇，屋内人的心里却已是天崩地裂、天塌地陷。谁说死亡一定是无声的？它只是习惯了沉默。所有人在沉默，但那些烙印在心底的东西是不会因沉默而磨灭的。

徐杰来过又走了。他来时，那孩子身边已经挤满了人，他勉强从人群中看了他一眼，把他最后的样子记在心底，红着眼睛转身离开了。他再也没有来过。后来全市公安机关举办学习宣传刘亚斌先进事迹的活动，在各单位张贴刘亚斌生前影像做成的海报，每次看到那些海报，徐杰都会恍惚一阵，好像又看到那孩子一般。

胡伟强忍住没有走。他现在已经是单位领导，他知道还有很多事需要他做，他只是沉默着，他想说点儿什么安慰一下眼前的人，却终究什么也没说出口。他就站在那里，任凭泪水在心底流淌。

"太闷了……"不知道谁说了一句，几个人跟着躲到了屋外。他们摸索着掏出香烟叼在嘴里，木讷地在身上各个口袋翻找着火源，终于在触摸到打火机外壳的一刻，将嘴里的烟狠狠摔在地上，仰头泪流满面。

房间内，笔挺的警礼服覆盖着刘亚斌逐渐冷却的身体，亲人的哭声也止不住他离去的脚步。这位驰骋信息战场让罪犯胆寒的公安英模，带着他的一腔热血走过最艰难的征程，在即将到达胜利的顶点时撒手人寰，放下了他的骨肉至亲，放下了他挚爱的事业，放下了他的战友同袍，带着他的壮志未酬和万千不舍，乘风而去。

他的战友们都是共产党员，是彻底的无神论者，但唯有在这一件事上，他们愿意相信上天真的有灵。

他，乘风而去了……

## 二

人注定是要离开的，或早或晚。

逝者已矣，唯有生者难已。岁高寿隆还可面对，久病无医也可接受，可如果是年岁尚轻、素无旧疾呢？要怎么面对或接受？

这是怎样的一种悲痛？那个没有任何不良嗜好的刘亚斌，那个连着加班几天几夜的刘亚斌，那个工作之余只喜欢踢球运动的刘亚斌，他还那么年轻，四十二岁，正是多少人大展宏图的年龄。谁又能想到那致命疾病隐藏得那么深，让所有人始料未及呢？又或者，他已经有所察觉，只是忙于工作，连检查一下的时间都没有……

赵晨光依然平静地坐在丈夫的遗体旁边。她有太多的话想要对丈夫说。她不怨丈夫突然离去，她怨自己，我就在你的身边，也没能见到你最后一面。

女儿从学校回来了。把她从课堂上接出来，没有人告诉她发生了什么。当她回到家，看到那一张张熟悉的脸庞上失去了往日的笑容，她瞬间明白了一切。她疾步走进房间，亲眼去验证她最不愿看到的一切。

母亲坐在父亲身边，父亲躺在床上。小女孩儿蓦地转身出了房间，几个邻居连忙跟了上去，看着她在站满人的客厅里着急地寻找着什么。她沙哑着问："我弟弟呢？"

熟悉她的邻居和同事们这才意识到，那个放学后来单位等爸爸下班，等到在沙发上沉沉睡去的小女孩儿长大了，长大到照顾弟弟的年纪了。又或者，是父亲的突然离去让她学会了长大。

"你弟弟送到亲戚家了，去看看你爸爸吧。"旁边的人安慰她。

她这才回到房间，回到父亲身边坐下。赵晨光抬起头，轻轻对女儿说："陪你爸爸说说话吧。"

小女孩儿伏在父亲耳边，像以往每次分享秘密一样，悄悄说："爸爸，这次月考，我的数学成绩提高了40分，您听见了吗？"

"亚斌，你不是担心女儿的数学成绩吗？这下你放心吧……"

房间里的沉默再也压制不住，眼中强忍的泪水顿时决堤，哽咽声一片。

老母亲在看了儿子一眼后，被搀扶到邻居家里休息，老父亲强撑着在家中主持一切。局领导陆续赶来，进门就先来看望这位一生为国尽忠的老军人，劝他一定节哀保重。他们紧握着刘发芝冰凉的双手："有什么要求，一定要说。"

老人家摇摇头："党和人民给这孩子的荣誉已经够多了，没有什么要求，一切从简吧。"

原本温馨的客厅被布置成肃穆的灵堂，同事们的动作比勘验现场还要仔细，这是他们能为刘亚斌做的最后一件事，终究是要告别的。

纵有万般不舍，几个同事还是走到赵晨光身边，伫立良久后才缓缓开口："嫂子，我们来送亚斌。"他们说得格外小心，生怕打扰他们最后的相聚。

纵已肝肠寸断，赵晨光还是礼貌地点点头，起身让开了。她抱着女儿，看着丈夫的遗体被同事们小心抬起。他真的很轻，最近这些日子，他又消瘦了不少。

纵然再理智冷静，赵晨光还是在丈夫即将入棺的那一刻崩溃大哭。她歇斯底里地喊着："刘亚斌！你怎么就死了！刘亚斌！刘亚斌！"她所问的，何尝不是在场每个人都想知道的，你怎么能？怎么会？撕心裂肺的呼喊没有得到任何回应，他沉默着。

赵晨光近乎哀求地对身边的人说："就让他在家里多住一天吧！就多

住一天！"刘亚斌爱家，可这么多年，就算是把睡觉都算上，他在家的时间也太短了。

按照当地的习俗，人离世后，是要在屋外搭灵棚祭奠的。黑幔白布，哀婉肃穆，这是对离世人最隆重的告别。

最后还是刘发芝做主："就听孩子的吧，让亚斌在家多住一天。"老人家做出这样的决定还有别的原因，那几天正是"倒春寒"，在外面搭灵棚，刘亚斌的同事就要站在外面祭奠。"可能还要下雨，别让孩子们在外面冻着了。"即使是这种时刻，老人家为他人考虑得依然如此周全。

雨，是在将近黄昏时下的，连着下了两天。这是一场从沧州街头下到人们心头的雨，纷纷乱乱的雨丝反复浇湿那段锥心的记忆。春雨贵如油，这场春雨却只带来了无处排解的忧伤。

讣告很快写完了，连带着无数人的哀思一起贴在门外，任凭风吹雨打。

连续两天，前来拜祭送别的亲友和同事络绎不绝，更多的是亲友和同事们都不认识的陌生人——他们拨打刘亚斌的电话，传来的提示音是"暂时无人接听"而不是"您拨打的用户正忙"，他们就隐隐预感到出了什么事。他从来不会不接电话，就像他从来不会拒绝帮助任何人。

徐杰走了，再也没有回来过，许多旧人也是。那个令他们最为器重的同事，那个与他们灵魂相照的故交，那个为他们掩护身后的战友，那个与他们把盏言欢的兄弟，他们不忍相送，只想将那一页破碎的美好永远保留在记忆中。

胡伟一直奔波在工作和祭奠现场之间，许多领导也是。有太多的工作需要交接，有太多的问题需要答案，有太多的困难需要解决，有太多的情绪需要宣泄，也有太多的事情让他们无能为力但依旧尽力而为。

更多的同事留在现场，有的一个人在角落里流泪，有的和熟识的人聚在一起，细数他16年从警生涯中的每个故事。他们一起度过的，是一段再也回不去的青涩岁月，是一段再也遇不到的纯真年华，而故事的主角却骤然离去……

许多来得了和来不了的同事，都在朋友圈里表达哀思，在他们的寄托里，没有姓名，没有身份，只有不言而明的关系和感情，读起来让人潸然泪下——

"天堂里没有加班，从今以后你一定要记住好好休息。"

"你会永远活在我们心里！"

"你放心吧，我们会接过你的接力棒坚定不移地走下去！"

……

他们中有运河公安分局的，有沧州市公安局的，有河北省公安厅的，更有邯郸、邢台、石家庄、北京、天津、上海、浙江、安徽，以及每个我们能想到和想不到的地方。

他们以之祭奠的，是那漫山遍野的眷恋，还有守护大好河山的誓言。

小区里也不再宁静了。

每个人的一生，有两个时刻注定得到最多的评价，这两次评价也更客观。一次是在出生时，他们想的是你的将来；另一次就是离开时，他们讲的是你的过去。将来只是猜测，过去却是真相。

在小区里，老人们对一个人最高的评价，是"仁义"，对刘亚斌的评价则是，"太仁义了"。我们都知道刘亚斌帮小区树木打农药、给单元楼换门帘的事，但我们不知道的事更多；我们看到的刘亚斌是在新闻里的，他们看到的刘亚斌是生活中的。也只有走近那些老人，去听他们所说所讲，去听他们评论这一家人，才能真正了解刘亚斌生活中的一些片段。在他们的讲述里，更多关于刘亚斌的生活细节重新被记起：他是小区里上班最早下班最晚的，他家的灯经常是亮到后半夜，路过听说要转钱就提醒别被骗，听说谁家老人走丢了主动帮忙去找……

在贴出讣告、亲友拜祭前，小区里已经传开，又有人不在了。不知情的居民打听，是谁啊？被问的也不太了解情况，可只要说出一点儿特征，对方就立刻知道了是谁。随即惋惜，怎么会是他？

"是刘警官啊……"

"哦，那孩子啊？"

"你们认识？"

"不认识，就是那孩子懂事，有礼貌啊，见谁都笑。"

"哎，刘书记家孩子不在了。"

"哪个刘书记啊？"

"就是在车上带你玩游戏那个……"

"啊？那个小叔叔！"

"那孩子太仁义了。"哪怕是小区里不认识刘发芝父子的人，也这么说。

2022年5月9日，星期一，农历壬寅年四月初九，小雨转晴。

那天也是警礼服白衬衫发放的日子。按照统一安排，警礼服虽在2021年3月4日就正式列装，可直到那天，基层单位的礼服才正式发放到位。刘亚斌之前因参加大型活动，警礼服特批提前到位，让不少同事羡慕。他们约定，等大家的警礼服都发下来，一定好好合张影，还笑称，大家的礼服晚发，可是新的，亚斌你早早穿上，都穿旧了。刘亚斌笑笑说，都好都好。

而今，警礼服发下来了，合影的人却不在了。

## 三

下了半夜的雨停在了凌晨，地上湿漉漉的，空气中弥漫着一股挥之不去的土腥味。静静等候在楼下的灵车提醒着每个人，今天是个什么日子。

即使早已决定一切从简，可自发前来的同事和数不清的群众依旧站满了道路两旁。

今日应该值班的同事在一夜不眠的守候后离开了，昨天值班的同事交班后马上赶来了。"狮城之中  一座丰碑"、"忠魂不泯  英灵犹在"、"已有丰功垂史册  犹存清名誉人民"……他们拉起黑底白字的横幅，但千言万语也道不尽心中的不舍和思念。

很多邻居早早就等在楼下，抢着来送刘亚斌最后一程。他们中有年过七旬的老人，也有上小学的孩童，在微凉的晨风中，他们就那样静静站着。小区的红白喜事，都是刘亚斌帮忙操持的，却连饭都没能留他吃一顿，他们甚至来不及说声谢谢。

家属吊唁仪式后，八名刘亚斌生前最熟悉的同事缓缓抬着他的遗体走出门外，等候在外的人争着上前，想看他最后一眼。母亲妻女早已哭成了泪人，被人搀扶着走下楼来，只有老父亲依然坚强地站着，看着小儿子被送上灵车。

为不影响人们早起上班，车队在6时55分出发。灵车启动，缓缓驶出小区，但人们依然站着，目视着灵车消失在小区门口。良久，送别的人群才渐渐消散。小区门口的保安大爷缓缓坐回座位上，揉着站得有些发麻的腿。他今年快七十岁了，头发已经全白了，站得太久，有点儿吃不消了。

他与人们口中的刘警官一家都很熟悉。还在幼儿园当门卫时，刘警官和妻子接儿子时就常和他聊天，他们脸上总是挂着笑，温和地对待遇到的每个人。这三天，他守在小区门口，看到数不清的人来送别这位好警官，多少人连刘亚斌的名字都说不全，只知道他是刘警官。想到此，他不由得再次看向灵车驶去的方向，默默念叨着：共产党得民心啊，共产党得民心啊……

平凡和伟大之间的分水岭，本就是国家和民族的价值所在，是人心和道德的明镜。

整个城市都在沉默着，车队行驶在空荡荡的街道上，交警支队安排引导车辆，绿波通行，确保车队一路畅通。偶有早起晨练的人看到车队驶过，都不由停下脚步，目送灵车离开。他们并不认识刘亚斌，但他们知道这个城市失去了一位为民舍命的好警察。

警车开道、绿波通行、车队护送，刘亚斌生前从未向组织提过任何要求，组织第一次为他做的事，他却再也看不到了。

7时15分。受疫情影响，单位提前安排好了参加遗体告别仪式的人员，尽管如此，还是有不少同事把车停在周边，步行到近前，看着灵车驶入殡仪馆内。

追悼大厅门前广场，前来吊唁的同事胸戴悼念白花列队而立，八人抬棺自队列中间徐徐通过，家属跟在身后。送别是沉默的，他们都在沉默着。大厅内，送别的哀乐打破了沉默，巨大的"奠"字挂在正中，字幕上"沉痛悼念刘亚斌同志"九个字诉说着这座城市的心声，周围满放着公安部、省公安厅、市委政法委、市公安局、职业技术学院、区委区政府等单位敬献的花圈。

黄菊、花圈、挽联、白纱，簇拥着刘亚斌的遗体，他神态安详，一如既往的坚毅。正中间，是一面鲜艳的党旗。它是那样耀眼，曾指引她的孩子跨越山河，护佑他长大，见证他践行为党和人民牺牲一切的铮铮誓言。

仪式开始，告别方队默哀。就是这一刻，这些在抓捕穷凶极恶的逃犯或讯问老奸巨猾的嫌疑人时都能云淡风轻的公安民警，忍不住痛哭失声。这一别，真是永诀了……

省公安厅代表宣读公安部唁电，运河公安分局局长致悼词，悼词是经过反复审议的，只怕说轻了刘亚斌的一生，部分摘录如下——

  亚斌同志无愧于一名共产党人的光荣身份！不管是作为教书育人的人民教师，还是作为执法为民的人民警察，亚斌同志都始终以一名共产党人的最高标准严格要求自己，以崇高的理想信念、坚定的奋斗意志、顽强的恒心韧劲，把对党和人民的无限忠诚和热爱融进血脉中、落实在行动上，不忘初心、不改其志。

  亚斌同志无愧于公安英雄模范的光荣称号！自参加公安工作以来，亚斌同志始终奋战在维护稳定的第一线、挺立在服务发展的最前沿，十数年如一日，忠诚履职、忘我拼搏，将毕生心血奉献给了他挚爱的公安事业；特别是在疫情防控和专项行动中，更是一直坚守在最需要他的岗位上，践行了公安民警"对党忠诚、服务人民、执法公正、纪律严明"的总要求。

  亚斌同志是运河公安队伍中的优秀一员！他时刻不负使命、勇毅前行，他的事迹将被公安队伍无数后来者铭记，他的精神将指引着一代代运河公安人的前行方向，他的名字将一直镌刻在运河公安的历史上。

  悼词虽短，却字字千斤。没有太多的赞美和夸饰，只有客观和中肯。刘亚斌创新的意义不仅在当下，同样在更久远的未来，这也是悼词包含的深意。

  全体人员向遗体三鞠躬，绕灵一周，最后再看一眼战友的容颜。那是一段无法用长短来形容的时间，说长，不过短短几十秒，说短，那一眼，永远停留在他们的记忆里。对于逝者，生命已经走完最后一程；而对于他们，前面的路才刚刚开始。

  同事们流着泪，一一慰问刘发芝、赵晨光等遗属。老母亲在这几天里哭晕了几次，身体早已坚持不住，几经劝说，没有来到仪式现场。

  仪式结束后，刘发芝走到近前，最后看了一眼小儿子的遗体，连续三天的悲伤和劳累让他的脚步有些蹒跚。赵晨光再也坚持不住，被扶到旁边的房间休息。她抱着女儿，手抚着丈夫的遗像，不停地诉说着两人以前的生活。她知道丈夫舍不得这世间的一点一滴，但她也比谁都理解丈夫。谁不想坐看庭前花开花落，谁不想相濡以沫同游山河。可国家和人民需要之际，忠孝两难全之时，大家和小家，要选择谁？她支持丈夫为奔赴理想做出选择的那一刻，也就做好了准备，这是丈夫的选择，同时也是她的。

最后送别遗体时，刘斌为弟弟整理仪容。从军后他就留在了陕西，兄弟两个一年见不到几面，而今天，竟是他们的最后一面。他默默将警礼服上的领章、警徽、警号、姓名牌仔细摘下，小心收存。

女儿走了过来，她依偎在父亲身边，从伯伯手里颤抖着接过父亲的警号，她看着它们："将来我要当警察，我要用爸爸的警号！"她的眼眶中泪痕未干，说话的声音很轻，但语气无比坚定。短短几天，小女孩儿真的长大了。父亲倒下了，可她心中的父亲永远如山一般屹立。

警号为每一个警察所独有，是一生职业的标志性印记。对于公安民警来说，并不在意身边人的警号，因为记住一个名字要比记住六个数字容易得多；对于群众来说，警号是记住陌生警察最直接的方式；而当这个警号被所属民警的子女记住时，人们都会明白，从此，这一职业对于这些子女而言，有了更厚重的含义。

走出大厅，太阳已经升起来了，阳光照在每个人的脸上。又是新的一天。回望大厅正中的遗照，阳光正洒在主人胸前，几个数字闪着光。

"055308。"

也许，这只是暂时的离别，总有一天，人们还会看到那张熟悉的笑脸，看到那个不断奔跑的身影，山河之间的警魂随着那枚警号，终将找到归宿。

# 第十八章　一声斌哥　一生斌哥

刘亚斌生前工作照（沧州市公安局运河分局供图）

刘亚斌牺牲后工位（沧州市公安局运河分局供图）

刘亚斌（左二）与杨艳昭（左一）、张泽丰（右二）、孔德朝（右一）工作照
（沧州市公安局运河分局供图）

杨艳昭在刘亚斌先进事迹报告会上发言（河北省公安厅政治部供图）

张泽丰在采访期间讲述刘亚斌生前先进事迹（沧州市公安局政治部供图）

孔德朝在某颁奖仪式上讲述刘亚斌事迹视频截图（沧州市公安局运河分局供图）

从警后不久，杨艳昭就再也没戴过包括手表在内的任何饰品。"抓捕的时候手上身上不要戴多余的东西，避免划伤自己和嫌疑人。"他这么叮嘱分配到单位的新民警，一如刚进警队时前辈叮嘱他。

不知不觉间，那个新警察也成长为别人的依靠。

一

2022年5月11日，沧州市公安局运河分局门口。

"艳昭，到单位了。"开车的同事叫了他好几声，杨艳昭这才反应过来。他摆摆手，招呼着同事们把刚抓到的嫌疑人押下车。他走在最后面，拿着手机拨通了电话。遗体告别仪式后，斌哥的父母双双病倒了，他想去看看，可始终腾不出时间，只能托同事替自己问候一下。

以往都是他负责开车的，直到5月7日那天。一大早，他就带着几个同事出去取证，知道斌哥要参加考试，他寻思着晚点儿再去接他。就在他计算考试什么时候结束的时候，接到了同事的电话。

斌哥没了！只听清了这一句，杨艳昭一阵眩晕，一个急刹将车歪到路边，胸腔里仿佛瞬间被抽空了。他大口喘着气，才发现双手僵硬到伸不开了，是被同车的同事连拉带抱拖到后座上的。

和刘亚斌一起工作的年轻人里，杨艳昭跟着他的时间最长、了解最多、感情最深。记得那是在2015年冬天，刚刚警校毕业的杨艳昭到运河公安分局实习，他见到的第一个人就是刘亚斌。在刑警大队情报中队原来的办公室里，地上、桌子上堆着一摞摞的刑事案卷，本就有些局促的屋子显得更加狭小。在一张破旧的办公桌后，埋头在三台电脑后的刘亚斌正聚精会神分析着一起诈骗案的数据。

那天很暖和，柔和的阳光穿透窗玻璃，照在他俊雅的脸庞上。听到动静，刘亚斌从电脑屏幕前抬起头，看着眼前来报到的杨艳昭，轻轻笑了一下。

他不会再变老了，他将永远那么年轻。他留在杨艳昭和同事们心中的，永远是那张年轻的笑脸。

"刘队长您好，我是杨艳昭。"杨艳昭自我介绍。

"啊，欢迎欢迎。"看着眼前精神抖擞的新人，刘亚斌起身招呼杨艳昭坐下。他为人谦和有礼，让杨艳昭紧张的心一下子放松下来。聊了没几句，他就从桌上找出两本法律和办案方面的书交给杨艳昭，嘱咐他尽快熟悉环境。

拿着那两本书，杨艳昭一时没反应过来，疑惑地看着刘亚斌。刘亚斌还在笑："送你了，要注意多学习，以后老民警抓人取证你也跟着去，多看多学。"

简单的一次见面，就给杨艳昭留下了一辈子的印象。

我见到杨艳昭的时候，也是在运河公安分局的办公楼里，他匆匆忙忙去送一份报表，左手还拿着一本最新的刑法用书。而在他的办公桌上，民法典、刑事诉讼法、民诉法……各类法律书籍比别人多出几倍。这就是刘亚斌留给他的东西。

认识刘亚斌前，每个听说过他的人都和杨艳昭一样，以为这样一位优秀的公安民警，肯定是为人刻板甚至有些严苛的，不然不可能抓到那么多犯罪嫌疑人、办理那么多大案，不免让人心生敬畏；但只要与他有过接触，陌生人之间的隔阂很快就消弭无形了，他棱角分明的面容，谦逊温和的性格，几句简单的交谈就拉近了距离。

接触多了，人们就会发现，刘亚斌不但乐观爽朗，更是豁达阳光，偶尔讲个笑话，总能逗得大家捧腹大笑。但只要一进入工作，他就像变了一个人，丁是丁卯是卯，容不得一丝马虎。但也不是严肃，只是认真。只要有他在，不管面对什么样的困难，大家从来都不担心，他们知道刘亚斌一定有办法解决。

他们很快熟悉起来，杨艳昭也很快将对刘亚斌的称呼从"刘队长"改为"斌哥"。称呼的改变不只是因为亲近，更是对他深深的依赖。这一声斌哥，一叫就是一辈子。

起初，杨艳昭以为刘亚斌让自己多学习只是客气的场面话。后来才知道，他是在心底这么想的，对他们这些新生力量，刘亚斌倾注了太多的心血。

杨艳昭永远忘不了刘亚斌带他进行的第一次抓捕。那是2016年的一天，傍晚，刘亚斌叫杨艳昭上了车，出发前他看到杨艳昭戴着手表，就提醒他："抓捕时不要戴这些，不然很容易划伤自己和嫌疑人。"

根据部署，身穿便服的几人很快来到了抓捕对象附近。因为事先有过侦查，他们知道嫌疑人从小练摔跤，抓捕有难度，且可能藏有凶器。尽管做了思想准备，可靠近嫌疑人时，还是把杨艳昭吓了一跳。他自己身高一米八三，嫌疑人居然比他还高出一大块，不仅高，还壮，看上去足有200多斤，满脸横肉。正在杨艳昭犹豫之时，刘亚斌已经一个箭步冲了上去，将嫌疑人扑倒在地，几个同事迅速跟进，这时大家才发现，嫌疑人手腕粗得连上铐都困难。接着搜身，从嫌疑人腰间搜出一把尖刀。杨艳昭后来想，多亏了刘亚斌当机立断，如果再多犹豫片刻，说不定会造成无谓的伤亡。事后刘亚斌告诉杨艳昭，抓捕时不要犹豫，要第一时间冲上去！当然，他又补充了一句，我在，肯定我先冲。从那之后，杨艳昭跟着斌哥又抓了很多犯罪嫌疑人。抓一个毒贩的时候，本来刘亚斌在楼道口守着，听见三楼有动静，应该是上面的同事动手了，他几步就窜上了楼。等杨艳昭几个人赶到时，刘亚斌已经跟毒贩搏斗上了。

将年轻人护在身后，这是刘亚斌教给杨艳昭的第一课。

从刑警大队情报信息中队到合成作战中心，刘亚斌一直带着杨艳昭。每天的工作强度都很大，可只要空闲下来，刘亚斌就带着杨艳昭等人一起研究最新的破案方法。很多新人刚工作，不会办案，他就手把手教给他们办案方法和技巧，怎么侦查、怎么抓捕，甚至细致到夏天出门办案要带上一瓶风油精……他从来都是毫无保留。

在刘亚斌对未来工作的规划里，他带的年轻人干的可不止是眼前这些。就像杨艳昭说的："公安的发展，说到底就是公安人才的发展。往大了说，我们研究的合成作战算得上是一个要持续发展的大工程，人才才是保证在发展中立于不败之地的关键，斌哥对每个新人都寄予厚望。"

刘亚斌不仅教新人工作，更是带着他们成长。年轻人血气方刚、干劲十足，总想着能一下子出彩，刘亚斌就用亲身经历教育他们，不能着急，要慢慢来，他能得到这么多荣誉，说明他的路是走得通的，年轻人要多看多学，将来才能做别人做不了的事儿。

刘亚斌带领下的团队，每个跟着他工作的人，能力都得到了锻炼，从没觉得自己是这位英模人物的配角，在刘亚斌的传道授业下，一大批新人崭露头角，成长为业务骨干。

这么多年来，刘亚斌只失信过一次。2022年5月6日晚上，他和杨艳昭约好，第二天考完试就去抓捕一名网上追逃人员，只是他已经没有明天了……

那些日子，杨艳昭就像被抽走了灵魂，连着几夜失眠，一遍又一遍回想着他们一起工作的场景。遗体告别仪式那天，他坚持申请去为斌哥抬棺，在悼念大厅为他站岗，送他最后一程。

料理完后事，杨艳昭和同事们调整工作部署，在5月11日将该逃犯成功抓获，完成了刘亚斌生前交代的最后一项任务。

"还有什么吗？"抓住这个网逃后，杨艳昭就在思索着刘亚斌手头来不及完成的任务。"对了，还要收网一个网络赌博案，核实几个在逃犯罪嫌疑人……"他一边想着一边上了楼，还是回办公室列一份清单吧，以前这些事都在斌哥脑子里，他感觉自己不写下来根本记不住。

推开办公室的门，房间正中的办公桌依然一尘不染，一台台办公电脑摆放如初，窗台上摆着一本书，名字是《侦查中的案情分析研究》。窗台下，在最靠里面的工位，一张简易的折叠床默默地立在角落里。"对了，折叠床还要给嫂子送回家。"

旁边的两台电脑是刘亚斌用的，桌上一盒刚开封的降压药还摆在原位，旁边是一盒未开封的速效救心丸。电脑屏幕黑着，主机仍发出嗡嗡声，没有人愿意关掉这两台电脑，就让它们开着，仿佛在等待着它们的主人回来。键盘边是一本打开的工作日志，最新一页上写着：

5月6日　周五　晴

上午8：45　合成全体会

……

杨艳昭看向那个空着的座位，心中默念："斌哥，我回来了。"

## 二

2023年3月5日，沧州市文化艺术中心。

那天是学雷锋纪念日，第十六届"沧州好人"典型代表颁奖典礼暨道德模范与身边好人现场交流活动同日举行。刘亚斌荣获的是那一届典礼中唯一的特别奖，也是唯一没有到场的获奖人。

台下观众一齐注视着台上的人，台上的张泽丰则仰头看向悬挂在天花板的LED追光灯，他调整下情绪，没让眼泪流出来。

站在颁奖台上，张泽丰又想他的斌哥了。两年前的4月3日，在区委区政府举办的"运河力量"颁奖典礼上，他也是站在同样的位置，向全区介绍颁奖台中央的刘亚斌。这场景和那时一模一样，因为刘亚斌无法到场，只能在大屏幕上播放录像，以一场隔空对话的特殊形式让人们再看他一次。

刹那间，张泽丰有些恍惚，斌哥的容貌、斌哥的声音，好像真的，好像他又回到身边了。

张泽丰本来不应该在这儿的，他在公安部刑侦局的借调期还没结束。得知要为刘亚斌举办一场特别的颁奖典礼，他特地请假从北京赶回来。

和杨艳昭不同，张泽丰跟刘亚斌一起工作不是巧合。分局组建合成作战中心时，刘亚斌特地将在派出所工作的张泽丰调到了自己身边，作为重要的后备力量培养。

"我在派出所也学习了很多，可总感觉找不到方向，是斌哥一步步教会我的，而且他教我的比我想象的多得多。"这条从警路上，刘亚斌就是他的指路人、引路人和"半个"领路人。

在公安部借调，一般都需要一个过渡期。无他，首先适应新的工作环境，忙和累是少不了的；另外还要熟悉最前沿的刑侦技战法，这也有助于他们日后将更多更好的工作方法带回原来的单位。

"我应该是同批借调人员里最快适应的，当时领导还夸过我几句。我心里明白，那都是斌哥给我打下的基础。"刚到合成作战中心时，张泽丰比到部里还紧张，因为他要干的和之前学的完全是两回事，总是担心干不好、学不会。他嘴上不好意思说，都憋在心里，脸上不自觉就带出来了。

怕他抹不开面子，一天，刘亚斌趁着办公室没人的时候，凑到张泽丰跟前，拍着他的肩膀说："都说有困难找警察，咱自己就是警察不是？不会的，我教你！"

平易近人的性格和简单幽默的话语一下子解开了张泽丰的心结。从那时起，他听到最多也是最暖心的话就是斌哥那句："你还年轻，不着急，我教你。"一根网线，一部手机，哪怕是一段几秒的视频、几个字的资料，在刘亚斌看来都蕴含着宝贵信息。边看边学，张泽丰学到了很多。就在5月6日，刘亚斌离开前一天，还交给他一个收集分析软件，让他自己先研究一下怎么使用，等他回来再教他。可那次刘亚斌缺席了……

现在张泽丰很忙，可他并不觉得累，这和斌哥的忙比起来真的不算什么。别人的忙，最多是一个人干自己的几件事，刘亚斌的忙，是一个人忙一群人的事。在运河分局，忙是刘亚斌最正常的工作状态，他办公室的门从来不关，因为他随时可能要进出；在沧州市公安局的办公楼里，人们经常看到刘亚斌一个人挎着一个背包，双手抱着一大堆材料，奔走在大楼里的各个科室之间。

刘亚斌忙了很多年。早在综合中队时，他就是大家公认的忙人，就算在加班十分常见的公安队伍里，他也是最忙的那个。因为经常出门，他的座位常年空着，回来他也清闲不了，立刻会被受害人、咨询的人团团围住，同事们想问个事都插不上话。

张泽丰记得很清楚："斌哥手里的电话几乎没有放下过，他的两部手机经常是一个正在通话，另一个也在响。"

刘亚斌的忙，是多方面的。他为人淳朴严谨、办事认真负责，思路敏捷、眼界宽阔，还精通各种公安业务，就像一本"活字典"。同事们有需要研判查询的工作都愿意找他，技术支持、数据碰撞，这不单单是脑力活，更是高强度的体力活。一个小小的数据，可能几十分钟甚至几个小时才能查清楚。

再忙再累，有找刘亚斌寻求帮助的，他都欣然接受，从来没有推脱过，仿佛在他眼里从来没有难事，而且马上先给别人帮忙，自己的事放到一边，绝不让人家等的时间长了。不管什么时候，不管哪个科所队，需要支持他随叫随到，从来没有什么厚此薄彼，最多的回答就是："你发过来吧，抓紧给你查。"有的案子线索太复杂，核查时间长，可能来不及马上回复，但只要问过他了，哪怕拜托他查询的人都忘了，他也记得。本来是帮人忙的事，回复稍微晚些，他反而先和对方说不好意思。

在送别他的第二天，已经是晚上10点了，一位交警的同事还是赶过去悼念。其他同事都很奇怪，怎么也想不通他们是怎么认识的。那位交警同事道出原委：曾经有个很复杂的线索，怎么也查不出来，听说刘亚斌在这方面是专家，他就打电话过去咨询。他们之前没有任何私交，部门之间也没有任何交集，只说是一个单位的，刘亚斌就全程帮他查完了，为此忙活了好几天。他想请刘亚斌吃顿饭表示感谢，刘亚斌婉拒。交警同事感叹："好人啊……"

何止是一个单位的，经常有省内其他市县甚至其他省市的同行点名找他帮忙。遇到这种情况，他也从不推脱，每次都是全力以赴。同事们都记得他的两句口头禅："没事没事，我来我来。""这个我来，这个我干。"

"可斌哥也不是没有自己的事。"张泽丰心疼地说，"他就是对工作太负责了。"这么多的科室，这么多的单位，而且办案时间都不固定，刘亚斌又不愿意耽误其他人的工作，好多次，其他刑警中队的同事晚上10点多联系他，而他那时刚回到家吃上口饭，听说需要他帮忙，二话不说就骑车回了单位。

不了解他的人说他不爱说话，那真是误会了。他那是忙得没时间闲聊。好不容易有点儿时间，他也不休息，忙完了工作就是学习，各种方式学习。

有人说刘亚斌脑子好使，天生适合干信息化，可张泽丰知道，那都是他自己一点点学来的。在公安网的各个平台上，他只要发现兄弟单位有什么新的技战法，总是在最短时间内研究透彻。《民法典》等法律法规颁布实施后，他更是第一时间钻研学习。而他用心学到的，从不藏私，不管是熟悉的同事，还是陌生的同行，只要找他请教，他都毫无保留。他学习的目的，不是为了自己进步，而是为了这些知识能在工作中发挥更大的作用。5月6日，他离开的前一天临下班时，还在叮嘱张泽丰先自学一下一个新软件。

他这种学习状态和学习习惯，影响了身边的很多人。在借调期间，张泽丰一刻不敢放松，除了跟班作业就是学习，将以前和现在学习到的知识结合起来运用到工作中，实战能力大大增强。

"我只想让别人知道，斌哥的苦心，我们没有辜负。"张泽丰说。

刘亚斌牺牲后，张泽丰和杨艳昭以"徒弟"的身份，参加了"燕赵楷模"发布仪式录制、先进事迹巡回报告会以及数不清的追思会、座谈会。张泽丰说："每次对斌哥的回忆，都是对他的一次致敬。虽然提起他我也会伤心，可我更愿意让更多的人了解他，知道他曾经做过什么。"

颁奖典礼七个月后，一天下班时，张泽丰注意到市区解放路两侧竖起了历届"沧州好人"典型代表的展牌。他沿着那条主干道找了一圈，终于寻到了刘亚斌。苦心寻找的斌哥的展牌正位于浮阳大道与解放路的交叉口，距离他们单位只有 500 米。刘亚斌就在那里，每天看着同事们上班下班，看着他深爱着的那座城、那条河。

## 三

2023 年 9 月 13 日，沧州市公安局运河分局小王庄派出所。

"斌哥不抽烟。"孔德朝礼貌地给我们递烟，我们婉拒。他笑笑，"我也戒了好久了。"

2023 年 1 月 28 日，癸卯年春节假期后上班第一天，孔德朝检查确认刘亚斌留给他的工作已全部完成且无遗漏，又看了一眼那个座位，关门离开了。早些日子，他主动申请调到其他基层单位，哪儿都可以。他现在所在的小王庄派出所虽然也在市区，却是分局唯二的农村派出所之一。不敢说最辛苦，却是最艰苦的。

和张泽丰一样，孔德朝也是刘亚斌特地从派出所选出来，作为合成作战中心骨干培养的。不同的是，刘亚斌牺牲后，他没留在合成作战中心。这位毕业于中国人民公安大学的高材生，并不缺少专业知识和基层经验，他大学毕业后就到了派出所，就是因为在所里表现突出，才被刘亚斌发现并挖掘出来。

"也有人劝我，去基层单位工作太辛苦，好不容易到了分局，还是留下来发展前景好些。"和斌哥在一起工作一年零八个月，他早就听说过刘亚斌始终拒绝调动单位，一辈子扎根基层的事。"我本就是基层出身，当然知道基层工作不易。可我没想那些，斌哥应该也没想过，那么多机会他都没走。"

问到为什么要选择去派出所，小伙子挠挠头："派出所缺人啊。我想像斌哥一样，不论做什么，先从大局出发，把组织需要放在首位。"

2023年6月底，他被正式任命为小王庄派出所副所长。那时他不过二十六岁，是全市公安机关最年轻的副所长之一。但了解公安工作的都知道，一般农村派出所的副所长没有职级，那只是个承担更多工作的普通职务。

孔德朝刚到合成作战中心报到时，刘亚斌本想让他坐自己身边，他开玩笑说在领导身边紧张，就找了个离得比较远的位置。孔德朝承认，那时上班时间不长，偶尔有偷懒的心思，但跟着刘亚斌工作一段时间后，这点儿小心思早就不见了。如今，他一加班就是半夜，很累，但他心甘情愿。

"斌哥其实抽过烟，一口，就一口，就在那天前不到一周。"我们都理解"那天"指的是哪一天，"正上班呢，斌哥从我桌上的烟盒里拿了一支烟。我们都很诧异，问斌哥你不是不抽烟吗？他小声说，我'吧嗒'一根。"孔德朝若有所思地看着手中的烟盒，"他根本抽不了，吸了一口就掐了。他是太累了……自那之后，每次拿起烟来我就想起他。"

我们能想象出他有多累。刘亚斌不是想学抽烟，他看同事们抽烟放松，就寻思着自己是不是也可以。他就是舍不得休息。疫情防控期间，他明明是最累的那个，还是把宿舍让给了别人，自己睡折叠床。睡过折叠床的都知道，在上面躺一会儿还行，时间长了，因为支撑点不够很容易塌陷，对脊椎和颈椎都有影响。仅仅睡了一个月，比刘亚斌年轻十几岁的孔德朝就得了腰椎间盘突出，他都想象不出刘亚斌是怎么坚持下来的。也就是最后那几天，刘亚斌经常偷着吞药片，觉得胸腔有点儿闷，他就用手捶几下，却始终没和人说过。他就像一杆旗，牢牢把自己戳在那里。

"斌哥关心身边的每一个人。"就像孔德朝说的，他想到了每个人，就是没想到自己。有人加班累了，他就让他们先去休息会儿，剩下的他来干；有时加班太晚了，都商量好了第二天再干，送走了其他人，他又回到电脑前继续；他常忘记自己的事，却记得每个同事的事，哪个人还没有对象，谁家的孩子该考学了，谁家的老人住院了，谁要过生日了，哪个新人应该发展入党了……

无论哪个同事出差办案，刘亚斌都会不停地叮嘱："厚衣服带了吗？钱带够了吗？手机充电器别落下，千万注意安全！"叮嘱完了，再开车把他们送到车站。同事出差回来无论多晚，刘亚斌都会等在车站，开车挨个儿把他们送回家他才放心。同事们加班晚了没吃饭，斌哥给他们掏饭钱，说自己可以报销，孔德朝后来才知道，那些钱都是他自己垫的。冬天晚上蹲守很冷，斌哥就从家里带棉服分给大家。逢年过节，他都是让外地的同事回家，给自己多排班。单位活多，用车紧张，他就让同事们开他的私家车去查案。谁生病了，他马上帮忙联系认识的医生……

有同事因工作安排去看守所轮值，刘亚斌听到消息后立刻赶了过去，把在看守所工作要注意的事项详细说给同事，包括吸毒人员容易发生肠梗塞、特定人群有自残、自杀倾向等等。这位同事后来说，虽然只有短短的几分钟，可刘亚斌的提醒，让他在接下来的工作中受益匪浅，至今回想起来，都是满满的感激与庆幸。

对外地来的同行，刘亚斌更是真诚热心。外地同行为表示谢意要请他吃顿饭，他从来都是婉拒，倒是有一次看到他们挺喜欢本地一家店铺的烧饼，在送别时，他自己掏钱买了不少让他们带走。一位东北的女民警独自来对接案件，刘亚斌就带着赵晨光一起请她吃饭，还给她买了水果。刘亚斌牺牲后，赵晨光接到不少外地民警的慰问电话，他们对赵晨光说，如果有机会去当地，一定要找他们。

刘亚斌为别人做了这么多，可自己从来没有说过一句，我记录下的这些，都是接受过他帮助的人告诉我的。原来，他默默做了这么多事……

"他对同事都这么照顾，更别说对嫂子和孩子了。"孔德朝拿出手机，翻看上面的照片，"我也快结婚了，跟未婚妻聊到今后生活的设想，我说我可能经常要加班，但我一定不会忽视家里，不论多晚我一定回家、一定想着你、一定多干活……我未婚妻说，得了吧，你做的能有说的一半好，我就谢天谢地了。"

我们都笑了。笑着笑着，孔德朝的目光突然黯淡下去："我结婚的时候，斌哥来不了了……"

杨艳昭也好，张泽丰也好，孔德朝也好，和这几个年轻人接触的过程中，我感觉到他们身上远超同龄人的稳重，他们都说到了刘亚斌教给他们的"第一课"：杨艳昭说，斌哥常告诫他们，做警察先要保证自己干净；张泽丰说，斌哥教给他们工作认真，生活上不必计较得失；孔德朝则说，他当副所长后才明白，斌哥为什么说清廉最简单也最困难。

从这一点我们也可以发现，刘亚斌对他们的指导，是从他们一生的发展来考虑的。艰苦朴素、公而忘私，要真正做到，就必须在年轻人的心灵上打下最深的印记，而刘亚斌自身，就是他们可以一生学习的榜样。不仅是他们，也是我们每个人的榜样。

在不知不觉间，这些年轻人都成熟了。除了他们，还有很多跟随刘亚斌工作过的"90"后，都有着各自独特的经历和鲜明的性格，但也从刘亚斌身上传承了共同的特质：不畏挑战、不怕艰难，山高路远、行则将至。

刘亚斌最希望这些年轻人活出自己的样子，现在他走了，这些年轻人最希望的是可以活成他的样子。这位公安英模为年轻人指引的，是一条比他自己走过的路更恢宏壮阔的大道；他留给他们的，更是取之不尽用之不竭的精神源泉。即使他的生命永远停摆在昨天，即使他教给他们的技术会过时，但他的理想、奉献、担当、清廉，成了后辈心中永远响彻的誓言；他闪闪发光的名字，将成为他身边人一辈子的记忆和标杆。

再提起这位如父如师的兄长时，出生于1997年的孔德朝平静地说："斌哥走的那几天，我几乎每天都哭。但我想斌哥一定不喜欢我这个样子，所以，现在我想起斌哥，只愿意笑。他给我们打下了太好的基础，无论是他的理念经验，还是他的精神意志，对我们都是巨大的鞭策和鼓舞。我们现在的工作条件比他那时好得多，将来不管遇到什么样的难关，我相信，我们都能闯过去！昨天斌哥这么想，今天我这么想，哪怕哪天我离开了，会有人继续替我这么想。"

在孔德朝平淡却坚定的语气中，我仿佛又看到了那条追逐奔涌的精神之河，它的一条条支流，正源自这一代代人的内心深处！

# 第十九章　冠汝之名　续写荣光

沧州市公安局举办学习刘亚斌先进事迹活动（沧州市公安局政治部供图）

河北省公安厅举办刘亚斌先进事迹报告会（河北省公安厅政治部供图）

沧州市公安局举行刘亚斌"全国公安系统一级英雄模范"送奖仪式
（沧州市公安局政治部供图）

"刘亚斌班"成员护送刘亚斌同志警号存入荣誉墙

刘亚斌妻子赵晨光（中）为首届"刘亚斌式"班组颁奖
（沧州市公安局政治部供图）

"斌哥，展信佳，清明节又到了。四月的运河，仍然海棠纷纷，只是我们太想你了。"

刘亚斌牺牲后的第一个清明节，新华社发布了"刘亚斌班"写给刘亚斌的一封信，信中句句泣血、字字带泪，读起来不禁让人心疼。我们愿意相信，他的灵魂已融入祖国山河，精神化为苍穹星辰，而他一生的故事，将成为关于默默奉献的感人寓言。

一

2023年5月7日。

凉风寄哀思，青山映忠魂。这是刘亚斌的警号封存的时间，也是他牺牲一周年。

过去的一年中，在中央、省、市各级新闻媒体、社会各界的鼎力相助以及刘亚斌生前亲人、同事、朋友的大力支持下，沧州市公安局举办各种形式的学习活动，仅从规模和频率，就可以清楚感受到人们对他的不舍与怀念。

2022年5月9日，在省公安厅指导下，沧州市公安局集中报道刘亚斌同志因公牺牲及遗体告别仪式相关情况，全网阅读总量累计达2.7亿余次，

400余家中央、地方主要新闻媒体和重点商业网站集中推转报道，《人民日报》新媒体平台转载有关信息并开设微博话题；

2022年5月13日，沧州市公安局邀请省级驻沧媒体及市级各媒体，深入刘亚斌工作单位进行集中深入采访报道；

2022年5月17日，沧州市公安局党委会审议通过《中共沧州市公安局委员会关于在全市公安机关开展向刘亚斌同志学习的决定》等规范文件，要求全体民辅警向刘亚斌同志学习；

2022年5月18日，沧州市公安局党委印发《关于在全市公安机关开展向刘亚斌同志学习的决定》，号召全市公安机关和广大党员民辅警深入学习宣传刘亚斌同志先进事迹；同日，组织召开刘亚斌同志事迹座谈会，邀请其生前同事、同学、功模代表、职院同事、媒体记者缅怀亚斌同志，深挖其先进事迹；

2022年5月25日，沧州市委宣传部组织市公安局、职业技术学院、运河区委区政府、南环街道办事处、市广播电视台召开座谈会，就组织刘亚斌同志先进事迹报告会收集意见、部署工作；

2022年6月2日，沧州市委宣传部和沧州市公安局联合举办"弘扬英模精神·践行使命担当"刘亚斌同志先进事迹报告会，全市各界共1500余人在主、分会场收听收看报告会；

2023年6月25日，沧州市公安局研究制定《关于进一步组织开展全市公安机关学习宣传刘亚斌同志先进事迹活动方案》，部署开展11项学习宣传刘亚斌先进事迹的活动；

2023年6月26日，沧州市公安局研究制定《关于大力传承弘扬刘亚斌同志精神品质深入开展"五学七提升"活动的实施意见》……

据不完全统计，全市公安机关开展各类学习活动200余场次。当然，这不是在他牺牲后才开始的，刘亚斌还在世时，市区两级各部门就曾举办过座谈会、报告会、颁奖典礼等各种活动向他学习，一位市局领导就曾勉励青年民警："做人办事就应该向刘亚斌学习，年轻人不要老气横秋，要有朝气。"

刘亚斌牺牲后，人们才惊奇地发现，原来他还有那么多感人至深的故事，只因他一贯低调内敛，没有发掘出来。

刘亚斌的事迹引发了广泛的关注，中央、省、市各级领导直接做出批示，提出明确要求，学习和纪念他的活动越来越丰富，而他也被追授越来越多的荣誉。

2022年11月，河北省委宣传部"燕赵楷模发布厅"发布沧州市公安局运河分局原三级警长刘亚斌的先进事迹，并追授"燕赵楷模"称号；

2023年1月，刘亚斌当选2022感动河北年度人物，入选第六期全国"公安楷模"名单；

2023年3月31日，新华社发布文章《一片丹心铸警魂——追忆"全国公安系统一级英雄模范"刘亚斌》；

2023年4月3日，追授刘亚斌同志"全国公安系统一级英雄模范"称号送奖仪式隆重举行；

2023年5月5日，河北省公安厅联合河北省委宣传部、河北省委政法委举办刘亚斌同志先进事迹报告会……

特别是2023年4月5日，新华社、央视《新闻联播》同时报道刘亚斌事迹。那一天，正是癸卯年清明节。仿佛一直以来，我们只有在那一天才会把所有时间留给逝者，但纪念是无时无刻不在发生的。

其实我们都知道，已经离开的人听不到我们的思念，但对于逝者，人们的情感从来都是这么单纯，只要觉得他可能喜欢，那就去做。

那么，我们还能为他做点儿什么？

就是在这个清明节后，在又一次集中纪念后，举行了封存刘亚斌警号的仪式。

很多人都是在刘亚斌牺牲后才注意到他的警号的。警号，对每一名警察都是独一无二的，看似简单的数字，却承载着沉甸甸的责任。一般情况下，如果没有升迁、调动等因素，一枚警号自授予那天开始，就会跟随一位民警的整个从警生涯。警号使用的惯例是，新警入职，被授予一个警号，当他离开公安队伍或退休时，这个警号就会分配给下一位从警的新人。但不知道从何时开始，一些特殊的警号不再重新分配，而是作为一种纪念保存下来。这就是因公牺牲民警的警号封存。逐渐地，警号封存被大众所熟知，而每一枚警号的封存，就意味着一位警察的离去。

但封存，并不意味着永不启用。就在那天下午，距离刘亚斌生前办公室十米的会议室内，举行了他的警号封存仪式。这个仪式，不只是为了纪念他。仪式开始前，大家都不约而同想起了刘亚斌的女儿在父亲遗体前的告白，谁也忘不了她立志从警的愿望。如果她的父亲还在，她也许依然会把父亲的职业作为一种美好的憧憬，可如今，她想的是将憧憬变为现实。

众多刘亚斌生前战友列队肃立、警容严整，一齐来见证这光荣时刻。礼兵手捧他生前使用的警号、胸牌、帽徽缓步上台，在全体敬礼致敬后，封入封存盒中。这个仪式的规格不算大，但有关它的消息却受到广泛关注，全网阅读量达1亿余次，《人民日报》官方微博予以转载，其中最多的一条评论是"致敬英雄：055308"！

055308，真正成为刻在人们记忆中的一个符号。

仪式最后，在杨艳昭等人的护送下，封存警号存入刘亚斌荣誉墙。刘亚斌荣誉墙就在他办公室外的走廊上，详细记录了他的成长轨迹、获得荣誉、生前话语、精神内涵，是众多同事和群众前来缅怀他的重要场所，而随着警号的封存，也成为后来者永远的怀念与追忆。

警号授予，是一份认可、一份责任、一份重托；而警号封存，则是一种缅怀、一种铭记、一种传承。今天封存的结束，正是明日重启的开始。这，可能是我们所做的事中最让他满意的一件。

在刘亚斌生前所在的单位，不管是新招录的民警，还是来见习的学生，他们从警后的第一课就是学习这位身边的英模，这也是我们可以为他们找到的最好榜样，这又何尝不是我们每个人最好的榜样？学习这个榜样的故事，我们的内心不可能不感动，因为他所做的一切，本就是源于心的根本与爱的本能。这样的心和爱，我们在父母的嘱托、在恩师的培育、在挚友的携扶中……早就深深感受过。阴阳难阻、时光不减，这种感觉，每每想起，依然强烈。

故人已去，音容犹在。再提起他，我们可以问心无愧，坦诚相告：你最热爱的公安事业，正在我们手中接力传递、生生不息！

## 二

杨艳昭手捧封存警号存入荣誉墙，不只是他的个人行为，他所带领和代表的队伍，正式命名为"刘亚斌班"。

刘亚斌牺牲后，他原来的办公室成为战友们不得不面对的伤心处。以前在办公楼里，只要领导和同事喊一句"亚斌"，一句应声后马上就是他匆匆而过的身影。如今，再也听不到他的声音，再也看不到他的笑脸，再也没有人回应"亚斌"的呼唤，战友们的心，就如同再也等不到他回来的办公位一样，空荡荡的。

战友们害怕提及他，同时也不愿忘记他。采访时我们得知，至少有四位同事删除了他的联系方式、清空了他们的聊天记录。还记得孙福明吗？那位在蛇形山上冒雨背回刘亚斌的老刑警，他的话让每个听者心碎："我只是看见那个名字就忍不住想哭，他的电话号码就像烙在心里一样，删了都没用，忘不了啊……"

没有人责怪他。越是将他当做至亲，这种疼痛就越是尖锐，对他们来说，遗忘，或许是最好的选择。但他们不愿忘记他。

怎么把刘亚斌留下？让他永远留在他曾战斗的岗位上，让战友们可以再一次喊出他的名字。沧州市公安局党委决定，成立以他的名字命名的集体——"刘亚斌班"。

在我们身边，从来不缺这种特殊的致敬。"雷锋班"、"杨根思排"、"黄继光英雄连"……一个个英雄的名字写进集体，以另一种方式被不断提及。

冠汝之名，续写荣光。岂曰无念，山河为碑。

与部队不同，公安机关内并没有"班"这种编制，与之最相近的应该是"专案组"。从实际工作来看，专案组采用特定的组织形式、有着专门的侦查资源和力量、使用特殊的侦查方式、承担重要的任务等特点，恰好与"刘亚斌班"的组成有异曲同工之处。

"刘亚斌班"的组成很特殊。它的成员都是刘亚斌生前所在部门的同事，都曾与刘亚斌共同坚守、并肩战斗。他们中，有的是刑侦战线的优秀代表，曾与刘亚斌一起与歹徒生死搏斗；有的是网安战线的中流砥柱，曾与刘亚斌一起日夜钻研。他们一起组成了这个光荣的集体。

2022年7月12日，"刘亚斌班"命名仪式在运河分局举行，成员代表接受班旗，并由参会领导为其佩戴臂章。以刘亚斌之名，作为攻坚克难的先锋尖刀、服务群众的示范表率、本领过硬的突出代表，"刘亚斌班"承载着的是广大民辅警将英模精神发扬光大、为公安事业再立新功的决心和意志。

就是这样一支队伍，组建之初却为"班长"的人选伤透了脑筋。"群雁齐飞看头雁"，人们想的都一样，应该找一名与刘亚斌最为亲密的同志作为"领头羊"。多番考察后，局党委决定由杨艳昭来挑大梁。杨艳昭没有推辞，但提出了一个要求，他只愿意做"刘亚斌班"的负责人，坚决不接受班长的职务。因为在他心中，在刘亚斌的战友们心中，"刘亚斌班"的班长永远且只能是那一个人，就算他不在了，班长的位置也要为他保留，就像保留他的警号一样。

在"刘亚斌班"成立的一年多时间里，全体成员不断激发豪情斗志，在重大活动安保、重大案件侦办、服务人民群众等各项工作中争做先锋、屡建功勋，他们喊出"跟我上"、"我先来"的战斗口号，用实际行动做出了经得起考验、担得起重托、耐得住平淡的榜样。

他们接力刘亚斌生前倾注大量精力侦办的大案，把扣押资金陆续返还给受害人，将逃亡5年的主犯抓获归案；他们继续作为全局乃至全市最强的技术支撑，协助有需要的单位查询案件线索；他们保留着刘亚斌生前与受害人的沟通电话，24小时轮流值守，接听来自全国各地的电话咨询；杨艳昭还利用业余时间专门整理并总结了刘亚斌的工作日志，从中提炼符合当前反诈形势需要的技战法，努力让这些饱含着刘亚斌办案智慧的"侦查技艺"焕发出新的生命力。

多少次，千里追逃回到单位就接到求助报警，他们首先想到的不是交给值班同志，而是刘亚斌说的那句"案件侦破要兵贵神速"，转身就投入新的战斗；多少次，在一个个攻破难关的不眠之夜，他们首先想到的不是第二天好好休息，而是像刘亚斌那样及时总结经验教训；多少次，在陌生的城市乡村追踪线索毫无进展，他们首先考虑的不是撤退择机再来，而是就地研究，整装再战。

如今再走进刘亚斌生前的办公室，那里已俨然成为"刘亚斌班"新的战斗场。在他们办公位的墙上，鲜艳的"刘亚斌班"班旗静静挂着。旗面上，在"刘亚斌班"的名字下，是一只握拳高举的右手，那里曾经挂的是一面警旗，刘亚斌曾在那里握拳宣誓，而现在，旗帜上高举的右拳，就如同宣誓时的刘亚斌，那么有力、那么坚定，既象征他们的决心，也代表着他们的誓言。

但我们都知道，"刘亚斌班"力量的源泉从来不是这面印着名字的锦旗，而是刘亚斌义无反顾、一往无前的身影和足迹。这份执着的纪念让人感动，每当案件侦办遇到困境，每个人第一时间想到的还是刘亚斌。刘亚斌不在了，还有"刘亚斌班"！

站在那间办公室里，在一个逆光的位置抬头仰望，"刘亚斌班"的班旗格外耀眼，窗外明亮的阳光透过时隐时现的云彩，在上面投下道道光影。

## 三

在沧州市公安机关，与"刘亚斌班"同样被授予英雄之名的还有一个特殊的群体，他们被称为"刘亚斌式"班组。

封存刘亚斌警号、组建"刘亚斌班"、评选"刘亚斌式"班组，在众多学习宣传刘亚斌的活动中，可能是最特殊的三个。单纯从举办规格和社会影响上看，它们确实不能和追授英模称号的送奖仪式或先进事迹的巡回报告会相比，但它们却是承载刘亚斌精神的最佳载体。

2022年7月，沧州市公安局在全市公安机关启动了首届"刘亚斌式"班组评选活动，以政治可靠、服务到位、恪尽职守、成绩突出、廉洁自律作为评选标准，设置宣传、审核、评比、推介等环节，全市公安机关71个单位参加评选，最终12个集体被命名为首届"刘亚斌式"班组。2023年1月10日，沧州市公安局为庆祝第三个"中国人民警察节"举行的仪式上，各个班组正式接受命名。

直到名单公示，人们才明白为什么是12个班组。12个班组分为两类：改革创新类和敬业奉献类。既是他们自有的优势，也是刘亚斌的两大特征，其中改革创新类5个单位、敬业奉献类7个单位——5月7日，是的，这是刘亚斌离开的日子，我们不得不佩服评选组织策划者的良苦用心。

12个肩负英雄之名的单位，从警种上看，囊括了刑警、特警、网警、交警、巡警、治安警等各个警种，也涵盖了刑侦、网安、排爆、社区、便衣、交管等不同岗位，虽然职责各异，但他们有一个共同的特征：接过英雄的旗帜，勇做最强的先锋。这也是他们和"刘亚斌班"最大的共同点。

两者的不同是，"刘亚斌式"班组不再只是刘亚斌生前单位所独有，而是分布在全市公安机关各个单位。如同撒到一片肥沃土地中的种子，形成了沧州公安一道道亮丽的风景线。他们不但留住了"刘亚斌",更把他从耳闻口传中带到了自己的身边、别人的眼前,给予命名集体和周边每个人一种无形的激励。

我曾接触过几位"刘亚斌式"班组中的代表,那真是一个个充满阳光和活力的群体,他们有着一张张鲜活的面孔,从上到下充盈着蓬勃朝气,因为参选集体的首要标准就是"年轻"。一个个被赋予英雄之名的集体,既为悠久的沧州公安队伍添上一层年轻的光芒,又为同样优秀的年轻队伍注入一种成熟与稳重。

每个班组在被命名前,本身就是各单位中的佼佼者。以任丘市公安局网安大队智慧网侦小组为例,这支与刘亚斌生前最后一个岗位肩负相同职责的队伍,成立于2021年1月。成立伊始,就明确"智慧网侦绝不是支援警种,而是打击犯罪前锋"的理念。成立以来,全体民辅警紧紧围绕网络犯罪规律特点,找准侦查途径和主攻方向,研创"破网战法",全链条、全方位打击网络侵公、网络刷单、网络制售假证件等各类违法犯罪。他们还坚持一案一总结,潜心学习研究,以做强专业力量推动案件侦破为基础,实现了发现线索、核查立案、侦查取证、破案抓人、审讯深挖的全流程作战。

又比如特警支队搜排爆大队安检排爆小组,这支成立于2014年的排爆专业队伍,有着专业的排爆装备和技术,可以保证再也不让更多的"刘亚斌们"徒手搬运爆炸物。他们冒险排除各类爆炸物,创新"人犬结合"、"二次复检"、"装备探查"、"高覆盖、无缝隙式"等战法。截至命名前,圆满完成省市级搜爆安检任务230余次,安检面积达830万平方米,做到了"零失误、零差错"。

本已十分出众的12支队伍,在接受命名后,更是以刘亚斌为学习榜样,进一步发挥模范带头作用。渤海新区黄骅市公安局骅港海防派出所社区警务队组建"候鸟巡逻队"、"睦邻巡防队"等群防组织,继续在辖区内开展第12年的大走访工作,他们坚守着美丽的渤海湾,也护佑着沿海百姓的平安;开发区公安分局刑警大队二中队将先进个人与业务骨干作为跟学对象,充分发扬"传帮带"传统,组织交叉跟学、跟班作业等,促使全体民辅警掌握更多刑侦技能。

2023年11月,沧州市公安局举办了"我做的群众最满意的一件事"

"刘亚斌式"班组专场报告会，6名代表讲述各自班组一年中立足本职、服务百姓的故事。渤海新区黄骅市公安局骅港海防派出所社区警务队的报告代表是一名刚刚工作的新警，他结合工作谈了学习刘亚斌的感受，"平凡亦是伟大，普通也很光荣"；刑警支队合成作战中心智慧侦防组回顾了不眠不休接连奋战几天几夜的经历，一句"我们是'刘亚斌式'班组，就是不怕苦"，在会场久久回荡，令人动容。

一件件做到人民群众心坎上的事，让我们又看到了那位故去战友的身影。也许报告中讲述的故事只是他们最普通的日常，但日常的背后，蕴含的是精神的闪光。2024年1月10日，沧州市公安局又为12个第二届"刘亚斌式"班组命名。

"刘亚斌班"、"刘亚斌式"班组不是孤立的存在，不仅是在名称上有所关联。在刘亚斌精神的传承和发扬上，他们代表的是整个沧州的公安队伍。也只有从这个角度，才能了解刘亚斌精神给沧州的公安工作带来的改变。

新征程呼唤新作为，新作为汇聚新力量。不管是一个人、一班人、一群人，也不管是"刘亚斌班"还是"刘亚斌式"班组，他们都以最大的努力，在各自的岗位上发着光、散着热，传递着震撼人心的力量。

# 第二十章 "我爸爸也是警察！"

刘亚斌为单元楼购买的门帘（沧州市公安局政治部供图）

刘亚斌一直没时间修的天花板（沧州市公安局政治部供图）

刘亚斌亲手为孩子制作的椅子（沧州市公安局运河分局供图）

刘亚斌参加建党百年庆祝大会（刘亚斌家属供图）

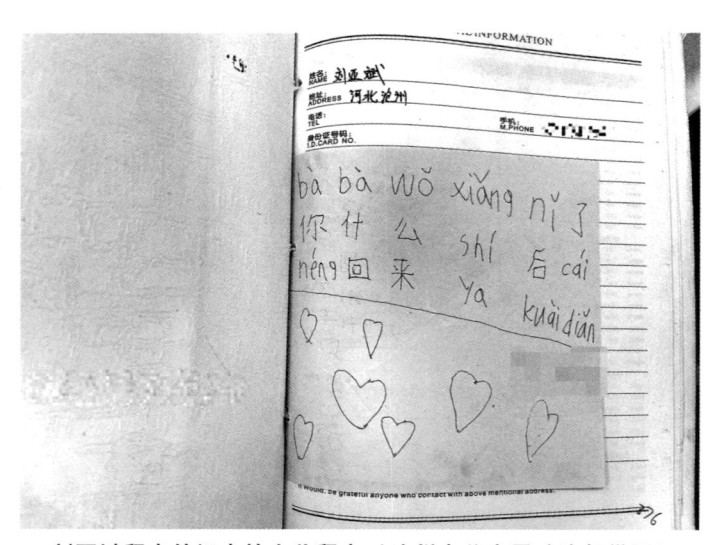

刘亚斌留在笔记中的女儿留言（沧州市公安局政治部供图）

刘亚斌和儿女合影（刘亚斌家属供图）

没打开的瓶装水上半部分有空气，放入冰箱冷藏后，空气遇冷收缩，瓶内的气压降低，打开需要花费更大的力气。

这是赵晨光最近才知道的。她会提前拧开瓶盖，放掉一部分空气，再拧上盖冷藏降温。夏天天热，孩子回家前，她要把冷藏的水提前拿出来放一会儿，孩子喝的时候不容易被凉水激着。

看看差不多到放学时间了，她把几瓶冷藏的水拿出来放在桌上，锁好门去接孩子了。

一

刘亚斌牺牲 14 个月后，单位拟组织拍摄一部以刘亚斌为原型的影视作品。为了解家属近况，一行五六人准备看望一下他的妻子和孩子，我也在其中。

再见故人旧地，心里难免不忍。这是一项艰难的任务。

告别仪式后，我应该是第二次来这里，两位同事来的次数多一些。因为有两位第一次前来拜访的编剧，我们比约定的时间提前了十几分钟，先看一看刘亚斌生前生活的小区。刚刚进入小区，赵晨光来了电话，语气中满是歉意，学校临时布置工作，可能需要我们稍微等一会儿。同事说没关系，让她忙完工作再过来。

那是 7 月的某日，前一天下了一夜的小雨。上午阳光正好，碧空如洗，澄澈湛蓝的苍穹之上，几片白云悠然飘过，微凉的清风徐徐吹拂道旁的树木，枝头的新叶随风摇曳。那是一个雨后的好天气，不似告别仪式那日的雨，只有微雨过后的回声。

过了小区闸门就是刘亚斌家所在的单元楼。在那一片红砖白瓦的建筑中，他买的翠绿色门帘格外清爽显眼，就像一片混沌中的一抹耀眼的绿植，和周围几栋楼空荡荡的门洞形成鲜明对比。它真美，就像有生命一般。

已经过了一个冬季了。清明节时春寒未退，挂的还是保暖挡风的棉布门帘，到了夏天，刘亚斌的家人特地换成了防蚊的软门帘。和上次来时一样，那个门帘承载着独属于它的思念，一如他从没有离开过。

道路两旁的树木茁壮繁茂，显示出旺盛的生命力。一位第一次来的朋友四下打量："哪几棵是刘亚斌以前打过药的树？"

同行的一位同事指向前方。

"楼前那两棵？"那位朋友感慨，"确实长得不一样。"

同事摇摇头："是那两排。"

顺着他的指点，我们一起看向那条横贯整个小区的水泥道，它穿过附近的超市、幼儿园、单元楼，一直延伸到将小区和职业学院隔开的围墙。两侧的树木郁郁葱葱，随风发出沙沙声。如果刘亚斌当初没有弃教从警，他只要沿着这条路走几分钟就是单位所在。

"我们确定的是这些，"同事继续说，"座谈会时，邻居回忆他正在喷这两排。不过看整个小区树木的长势，应该是都喷过药了。"确实，另一条道上的树木同样葱绿，看上去比单元楼前的还要有生机。

我们还在回忆往事时，同行的一位大姐注意到远处向我们这边张望的老人。老人已近古稀之年，两鬓花白，但看上去依旧硬朗。大姐走上前去，未表明来意，只是指着单元楼问了一句："您认识刘警官吗？"

"认识认识，"老人点头，"是个好孩子。我还记得那年刚搬到小区，遛弯时就看见那孩子灰头土脸地在那边菜地上忙活。"二十几年过去了，那一幕老人依然记忆犹新，"那孩子真懂事，也爱笑，第一次见面，就跟我唠家常。"

同行的朋友问:"他当时在干什么?"

"那孩子说想给爸妈种点儿韭菜,看着他不会,我就教了他一下。多好的孩子啊,可惜了,可惜了……"老人叹息着转身离开了。

我们也不敢再多问,生怕老人伤心。望着老人远去的背影,如同读取刘亚斌留在大多数人心底的记忆。

沿着老人离去的方向,我们看到赵晨光正开车向这边驶来,儿子在前面的座椅上挥着手。这条林荫道是追溯的尽头,过去渐行渐远,更有温暖的未来相约相遇。

刚停稳车,孩子就迫不及待地跳了下来。他长得很像他的父亲,歪头看了下我们,就把母亲和我们留在后面,蹦跳着进了单元楼。赵晨光解释说,临时来的任务推辞不开,然后就邀请我们到家里去。

跟着上了台阶,我才发现同事还站在原地。回头叫他一起来,他却摆摆手,掸了下身上的警服。我们立刻会意,也不再强求。

进入单元楼的时候,我才注意到门帘并不是纯绿色的,还点缀着一朵朵半透明的小花。临离开时,我又在远处回望了一眼,原来就是因为这些小花的存在,让门帘的色彩更加丰富鲜明。他真是有心,哪怕是无偿给大伙共用的门帘,也是精挑细选的。

单元楼有些年头了,没有电梯。爬楼时赵晨光说,她入职比较晚,只能选了个楼层较高的。我们信,也不信。按照他们两口子处处为他人着想的性格,就算有更好的选择,未必不是谦让给了更需要的人。此时,孩子已经等在房门前了。

进房间后,孩子直接进了里屋。赵晨光示意我们随便坐,她关上窗户,打开空调。家里没人的时候,她习惯打开窗户通风。夏风带着阳光,正好从南边阳台穿过客厅,从北边厨房的窗户吹出房间。

孩子进入房间后就关上了房门,大姐担心地看看房间的方向,对我们做了一个轻声的动作,生怕打扰到他。赵晨光摇头说不用,房间里听不到。但我们讲话时还是压低了声音,这样也便于控制自己的情绪。

进门时,我特地看了看门口的博物架。上次来时,同行的记者叮嘱赵晨光保重身体,她转身从架上拿出一盒"安宫牛黄丸"。那是一种具有清热解毒、镇惊开窍功效的药物,用于治疗高热惊厥、中风昏迷等症状。她说她前两天买了两盒,一盒给刘亚斌的父亲,一盒放在家里,还告诉儿子，如果妈妈生病了，赶紧去喊邻居阿姨，让她帮妈妈吃一颗。此刻，我看到那里还有一盒同样名字的药，一时想不起来是不是同样的包装，但已经打开了。我清楚地记得，上次看到的那盒肯定是没开封的。

去关厨房窗户的间隙，赵晨光问我们，是不是先去次卧看看。之前慕名来采访的人，都要看看刘亚斌离世前所在的房间，最近距离感受他最后的时刻。房间里还是那晚的模样，只是丢失了熟悉的气息。何止那个卧室，整套房子都是原来的模样，他记忆中的模样。

这里什么都没变，天花板和墙壁上脱落的墙皮依然没来得及修补，常用的生活用品摆在靠墙的桌柜面上，几样被挡住的简单摆设探出头来。最多的是孩子的物件：收纳的各式小玩具、满是色彩的涂鸦、拼装的小桌椅，还有被翻开堆叠的漫画书和作业本。这是一个拥挤但规整的房间，和每天打扫它的女主人一样，仿佛一起等待着男主人的归来。在很多报道中，都对客厅的摆设有过文字再现，努力还原刘亚斌的真实生活。对于未曾到过这里的人来说，比如和我们一起来的那两位朋友，他们看到的不仅是真实，更像是一次重返。

打开空调，赵晨光又从冰箱中取出瓶装矿泉水递给我们，还特地解释，水都是新的，只是瓶盖提前打开了。她也是最近才知道，瓶装水冷藏后，瓶盖拧起来很费力，所以冷藏前要提前打开放放气。说这话时，她礼貌地笑了笑，我们的心却疼了一下。这是一个寻常家庭不会在意的小事，只要有丈夫或父亲在，是不需要妻子或女儿费力去拧瓶盖的。房间如旧，所有这些旧日的痕迹，都和几瓶被拧开瓶盖的冷藏水一样，时刻提醒着他们，男主人已经不在了。

刘亚斌离世后，领导、同事、朋友和社会各界都尽力从各方面帮助他们。但我们也都知道，不管做什么，已经失去的，是无法替代和弥补的。而赵晨光和刘亚斌的父母一样，对于来自各界的帮助，真挚感谢并婉拒。她相信，这也是刘亚斌的意思。

## 二

与两位第一次来这儿的朋友想象中不同的是，房间里没有任何公安元素，包括警徽警服，只有在走廊尽头的墙上，刘亚斌生前的两张照片贴在那里。

我们尽量回避提起刘亚斌，只问赵晨光和孩子的生活。但那又怎么可能？就算什么都不说，他也是无法绕过的。

落座后，赵晨光继续解释，单位上的工作本来处理完了，临时又有会议要参加。现在她任职副教授，既承担着组织人事工作，还教授经贸管理系的一部分课程，有些忙碌，但也充实。我们当然明白她的意思，专心忙碌，这也许是她最希望的生活方式了。

很多人惋惜，如果刘亚斌没有弃教从警，以他的工作态度和能力，现在至少也是副教授了。如此惋惜的人，可以说并不了解刘亚斌。他的选择，只关乎本心和理想，再无其他任何考量。

赵晨光也是这么想的，她从不后悔支持自己的丈夫当警察。因为相爱，所以理解；因为理解，所以支持。这一支持，就是一生。

同行的大姐为能坐近些，特地找了墙边的一把带扶手的小椅子。赵晨光想再搬把椅子，大姐说这挺好，这把椅子很别致。

"那是孩子爸爸自己做的，做好了，他自己都坐不进去。"赵晨光说，"家具一大半都是孩子爸爸做的，这样省点儿钱。"

见我们都看向周围的家具，赵晨光有些不好意思："结婚的时候都没什么钱，今天买个冰箱，明天买个空调，风格款式都不搭配。"这么多年来，夫妻二人的生活一直这么节约。

在旁人看来，刘亚斌是一个优秀且尽职的人民警察，在赵晨光眼中，他只是个善良、孝顺、体贴的丈夫，善待家人、关心同事、热心对待每个人。我们绕不开她的丈夫，因为她过去的生命充满了他。

婚后不久，正赶上她和刘亚斌所在的两个学校合并，保留了每周升旗的传统。她那时想，可以和心爱的人一起去参加升旗仪式了。只可惜没等到那一天，刘亚斌就辞职从警了，这也是她唯一谈及的遗憾。

当年他们谈恋爱时，刘亚斌借来一辆三轮车，帮她从宿舍搬家。刘亚斌在前边骑，载着赵晨光和她的行李，一骑就是十几公里，下午出发，直到天黑了才回到赵晨光的父母家。

刘亚斌还让她见识了很多女孩子根本想不到的事情。他带着她骑摩托、带她去抓小偷、带着她进村抓传销……她说丈夫不是那种会浪漫的人，但从来没错过一个节日，就算是错过了，也一定会给她补上。

她也曾经嗔怪过他。那天他冒死搬运爆炸物，她还是从新闻里看到的消息。她对他大吼，干这种危险的事，有没有替家里人考虑过一点儿？现在她不怪他了，她说早知道会这样，她肯定舍不得和他发脾气。

回忆起这些往事，赵晨光浅笑着，笑容下却是掩盖不住的悲伤。心里的伤口到底是无法完全愈合的，那些被埋藏在最深处的痛苦，总会找到缝隙渗出来，蔓延包裹住所有情感。

之前对我们来说，悲伤和惋惜只是在字里行间的感情变化，现在，真正隐忍的痛苦就在我们面前。这种切肤之痛，没有人比她体会更深。她亲眼看着挚爱的丈夫一天天憔悴，看着他为一个数据熬过一个个不眠之夜，看着他为一起起案件熬尽所有的心血，而我们感受到的，是和一个无私的灵魂的对接。

来这里之前，两位从未见过刘亚斌的朋友曾遗憾地表示，无缘目睹英模风采。但通过赵晨光的讲述，他们看到了，或者说，感受到了刘亚斌生命的重量。

大姐静静听赵晨光说着，起身走到她身边，伸手拔去她的一根白发。

"没事，白了不少了。"赵晨光没有躲闪。这个被羞涩大男孩儿鼓足勇气追求、用尽一生呵护的女孩儿，终于不免走入了沧桑。

有担当就要有取舍，有付出就难免有辜负。这也是每个公安民警需要面对的，职业教会了他们打击犯罪的一切技能，却只能让他们自己摸索如何对待一段感情。

"说实话，我现在的生活和以前没有多少区别。"赵晨光语气依旧平静，"从前他就是很忙，忙到没时间接孩子，没时间接电话。"

但怎么可能真的没有区别呢？以前就算忙到几天不回家，刘亚斌也会每天一个电话问一下，让她知道一直有个他在时刻想念着她。现在她还保存着他的手机，即使他的电话再也没有人接听，她觉得，只要她拨打电话时不是无法接通，他就一直在。

如果能多一些寄托思念的东西，那该多好。可刘亚斌那么节俭，连留下的遗物都那么少。他日常就是挎个小包，骑辆旧电动车，一个包都能用十几年。就像上次来时，赵晨光从房间里拿出一个包裹，里面是一件件五颜六色的球衣。这几件衣物，讲述着刘亚斌简单的爱好。"这是他当年在沧州职业技术学院参加足球队时的队衣。""这是他喜爱的足球明星的同款球衣……"一件件，她如数家珍。她说，亚斌非常喜爱踢足球，曾经买了一个比较贵的专业足球，踢烂后舍不得扔，补补又踢。当警察后工作忙，没时间踢了，但踢足球的情结一直都在。"亚斌爱足球，我要将他的球衣珍存着。"

深爱入骨，所以懂得。赵晨光知道，自己的丈夫心里装着很多人，他不可能只属于自己这个小家。她从来没想过一个人占有他。他们有很多约定，把现在来不及做的事约到以后。他们约定退休后吃遍沧州的每一种小吃，约定工作不忙了就一起去旅行……就是没有约定过，如果一个人走在前面，另一个该怎么样。

赵晨光不自觉看向墙上的照片。在她心里，他还是那个天真的大男孩儿，总以为日后有机会补偿，却没想过他走的是一段不能回头的单行道。

赵晨光终于忍不住泪水："就是想不通，我们干什么从不张扬，这种事为什么会发生在我们身上？"

他们确实太低调了。不管获得多少荣誉，还是被授予什么称号，他们从来没有炫耀过，甚至刘亚斌去北京参加冬奥会火炬接力，也没发过一条朋友圈。刘亚斌离开一年多后，我们整理他生前的影像资料时，在一个演讲用的PPT里找到了一张他穿着警服站在天安门前的照片。没有人知道他那是去干什么，包括和他朝夕相处的同事。根据广场上的布置，经过多方对比考证，我们才确定那是他参加建党百年庆祝活动的留念。几个同事仔细回忆，依稀想起那年那月他确实出过差，但没说要去干什么。

第一次来的朋友愧疚地说："对不起，我们来得太晚了。我们去了刘警官的单位，看了他的工作，听了他的故事，我们很惭愧，你们做了那么多了不起的事，我们居然一点儿不知道。"

赵晨光轻声回答："你们不用抱歉，他做这些事，不是为了让人知道。"

三

逝者已矣，对生者而言，不管多么痛苦的情绪都可以慢慢调整平抚。唯有孩子，现在及未来失去的父爱，再无法体会到了。

房间里孩子的物品早就说明了一切，画板、钢琴、纸笔、乒乓球、小提琴……我们可以感觉到，承担着支撑家庭、照顾老人重担的赵晨光，是有多担心孩子，又是多么渴求能够为孩子提供他们成长需要的一切。

　　丧夫之痛，痛彻心扉。她一度失去生活的希望和生命的方向，是两个孩子支撑着她走过那段阴霾，两个孩子也将陪伴她继续走完剩下的人生路。而剩下的这段路，不再是时光流逝的感受，更是一种对缺憾的最真实深刻的体验。

　　多少次在梦中哭醒，房间还是原来的模样。赵晨光也会胡思乱想，哪怕丈夫是植物人、脑死亡，或者他们离婚了，她都可以接受，至少，孩子是有父亲的。

　　如果不曾经历阳光，本还可以忍受黑暗。可曾经拥有过那么真切的爱，只觉得后来遇到的都根本不及你。

　　现在赵晨光唯一担心的，就是这两个拥有丈夫血脉的孩子。她太害怕了，害怕再失去他们中的任何一个，害怕发生在丈夫身上的事在孩子身上重演。她每天醒来后第一件事，就是去另一个房间里看看熟睡的儿子，如果没看到他有翻身等动作，就会碰碰他的小手，直到他有了反应。

　　他们没有约定过，如果一个人提前走了，另一个人该怎么办。可赵晨光想，如果是她先走了，孩子的爸爸肯定能撑住，所以，她也一定要撑住。只是她不知道，她是不是可以做到丈夫的十分之一。

　　可他明明是个"不称职"的父亲啊！他那么忙，忙到在单位上都恨不得把自己分成两半。刚出生几个月的儿子染上肺炎，他却出差办案，赵晨光只能自己带着孩子去医院；儿子学会走了，必须有人时刻照顾，女儿去上辅导班，赵晨光只能自己骑着电动车，前面带着儿子、后面坐着女儿；等到儿子上幼儿园了，放学接孩子就成了赵晨光最焦虑的事，自己不忙肯定不会麻烦他，自己忙时，丈夫更是忙到电话都打不进去；女儿上高中住校，几个月才回一次家，本来约好了一起去接孩子，没成想刚出门他又临时有事要回单位，赵晨光只能自己带着儿子去接女儿，扛着几大包行李爬五楼；放假了，好不容易一家人一起郊游，早晨刚到地方，他接个电话留下句单位有事就走了，她带着两个孩子一直等在原地……

　　他这么"不称职"，可现在回忆起来的为什么只有他的好呢？是因为他从不出去应酬，所有空闲时间都用来陪家人？是因为他孝顺父母，身体力行做子女的榜样？

　　或许刘亚斌不懂得浪漫，但他一定为妻儿倾尽了所有。房间里处处都是他爱着妻儿的证明。客厅电视旁边是他亲手组装的书柜和买来的大量儿童书籍，过道一侧贴着给女儿和儿子测量身高的纸尺，他省吃俭用买来的钢琴依然静静放在墙角，小阁楼里是他精心布置的小游乐园，日历上是他标记的一个个重要日子，厨房里还放着他学习做西红柿炖牛腩的菜谱……这种对家人的用心，更映照出他的一如既往和一往情深。

往事仍如昨，物是人已非。

女儿已经长大成人，丧父之痛并没有击垮她对生活的信心和希望，继承父亲遗志成为她最重要的目标。刘亚斌的警号已封存，如果有一天他的女儿从警，可以继承那枚被封存在荣誉墙中的警号。我们只需静静等待，等待警号重启的那一天。

儿子还没上小学。刘亚斌五岁时曾短暂离开过父母兄长，两年后再见到父母兄长时，他已记不得他们的样子；而他的儿子，再过两年甚或二十年，又该如何回忆他的父亲？直到现在，他都不知道父亲已经离去的真相，在他心中，爸爸只是有任务出远门还没回来。每次看到穿警服的叔叔阿姨，他都会问："妈妈，爸爸什么时候回来啊？你看，他们和我爸爸穿得一样。"

突然间明白了，房间里为什么没有公安元素，为什么门口的衣柜里依然挂着刘亚斌的便装。春来秋去，每次换季，赵晨光都会更换门口衣柜里丈夫的便衣和鞋子，好让儿子知道，一家人都在等着刘亚斌回来。

可孩子又怎么可能一点儿感觉不到呢？有一次接儿子时，儿子指着远处一个背影大声喊，爸爸，爸爸！她抱着儿子说，你再仔细看看，那是爸爸吗？仔细看了几眼，儿子才若有所思地说："哦，不是爸爸啊……"或许，他早就认出了那不是自己的父亲，只是长久的思念，让他期待着再喊一声爸爸……两年，对一个还没上小学的孩子来说，实在是太漫长了。

一个人带两个孩子太吃力。令人欣慰的是，女儿已经承担起部分教育弟弟的责任，她最像她父亲的地方，不是有着一个共同的从警理想，而是对家人最真挚热烈的爱。

女儿学业繁重，赵晨光的工作也忙。忙不过来了，她还是会把儿子送到爷爷奶奶处，请他们帮忙照看。这两位一生奉献的老人，在完成自己的使命，本该步入从容安静的晚年时，经历了最残酷的丧子之痛。但提到自己的儿子时，他们从来都是充满自豪与骄傲。为国牺牲，何其光荣！作为真正的共产党人，他们的心与国家、人民紧密相连，不管是对刘发芝还是张秀阁而言，刘亚斌不仅是他们的儿子，更是国家和人民的儿子。他们相信，儿子房间的灯，总有一天会由孙子亮起！

和四十年前一样，爷爷奶奶还是会和孙子讲英雄的故事，董存瑞、黄继光、杨子荣、雷锋、焦裕禄……不同的是，如今的故事里多了一个新的英雄群体，毫无疑问，也多了一位新的英雄。

我们可以这样设想，奶奶会告诉孙子：那个英雄啊，他很小的时候就知道替他人着想，他本来已经当了老师了，还是辞职当了警察；那个英雄啊，二十九岁的时候冒着大雨一个人闯进深山密林抓贼，还一个人用车拉着爆炸物转移；那个英雄啊，一个人帮几十万人追回了被骗的钱款，亲手抓过几百个犯罪分子；那个英雄啊……

那个英雄啊，名字不是不知道，而是暂时还不能说。等孙子长大，在一个合适的时机，奶奶会讲到英雄故事的结尾：那个英雄啊，是最爱你的父亲！

临别，一直躲在房间里的孩子跑出来，鼓足勇气拉住我们中一人的衣角，小心翼翼地问道："叔叔阿姨，你们是警察吗？"

"是啊。"

小男孩儿开心地笑了，那笑容像极了他的父亲。他仰着头，用稚嫩的声音骄傲地告诉我们："我爸爸也是警察！奶奶跟我说，警察都是英雄！"

离小男孩儿最近的大姐半蹲下身，轻抚着孩子的头，眼中含泪："对，你爸爸是个真正的英雄！"

# 第二十一章　英雄未远　只是长眠

新华社报道"写给战友刘亚斌的一封信"截图

《人民日报》微博报道刘亚斌有关事迹截图

央视《新闻联播》报道刘亚斌事迹视频截图

《人民公安报》报道刘亚斌相关事迹截图

《啄木鸟》杂志刊登刘亚斌纪实文学作品

**刘亚斌牺牲后部分网友留言**

刘亚斌遗体告别仪式的当日，组织安排由我撰写公布他牺牲消息的文章。整整一天，我都在尽量回忆有关他的点滴，不觉间已是泪流满面。写到结尾时已是深夜，蓦然写出最后一句"英雄未远，只是长眠"。

后来，这句话经常被用作报道刘亚斌文章的开篇或结语。

一

"英雄未远，只是长眠。"

未远是不舍，长眠是思念。还有英雄二字，让人久久不能释怀。

刘亚斌因公牺牲后，大量关于他先进事迹与崇高精神的新闻报道被广泛传播，除各类主流媒体的报道外，更多的是与他素未谋面的陌生人。而那一句句缅怀的话，不禁让人潸然泪下：

@感谢刘警官的守护，我们记得你！

@没有人生来就是英雄，总有人用平凡成就伟大，致敬迎难而上的你们。

@这么年轻，好心痛，民警牺牲率远高于普通职业。只希望社会长治久安，英雄警长一路走好。

@不忍听到前线人因为这样而离开，每一代的使命都不同，但真不忍心看到离别……大哥，感恩有您！

@一路走好！致敬所有伟大的人们，有时候并不是我们身处安全的地方，更多是这些英雄们为我们默默奉献。

@他在自己有限的人生里，完成了职业中最崇高的使命，荣获了至高无上的荣誉！

@向奉献在平凡岗位上的英雄致敬，是无数个你们撑起了整个社会的运行，有你们生活才会更美好！

@不希望看到这种新闻了，这么优秀的民警，劳逸结合，为人民做更多贡献，最后安享晚年，这才好。

……

不是说人的悲欢并不相通吗？那为什么一名并不熟识的警察，悄然牺牲在平常的一天，却让无数人为之心碎？

很多次与不认识刘亚斌的人谈起他时，也曾有过疑问：这么完美的人是否真的存在？在人们最需要的时候出现，燃烧自己给同行人照亮前行的方向，牺牲自己为无助人送上坚持的希望，然后很快消失不见……如果这样看刘亚斌的一生，你确实会觉得他不是一个具象的人，他更像是一种藏于内心深处的理想，而我们民族精神的深处，确实有这种无形的存在。每当苦难袭来，它就会被激发，携扶着我们走过暂时的黑暗。那些帮助弱小驱逐苦难的人，通常有一个壮烈的名字——英雄。

我曾采写过很多先进人物和他们的先进事迹，有些是他们亲口说的，有些是从他们身边人那里听说的，他们每个人身上都有很多让人敬佩的闪光点；而在这次对刘亚斌事迹的挖掘与采写过程中，我似乎找到了上面那个问题的答案，真正懂得了何为英雄以及英雄何为。

诗人爱默生说：英雄并不比一般人更勇敢，差别仅在于，他的勇气维持了五分钟而已。伟大出自平凡，而平凡孕育伟大。就像我们跟随着刘亚斌成长的轨迹一步步走来，我们看到一个初生的婴儿来到这个世界，看着他跌跌撞撞学会踉跄走路，看着他咿咿呀呀说出第一句话……哪个人不是这样从小到大，每个人都有着相同的起点。我们如是，英雄如是；然后，我们看到刘亚斌的成长，一个从小听父母话的孩子，怀着自己单纯的梦想，向往着一杆钢枪和一身戎装，还有不断奔跑的方向……就像我们每个人刚刚出发，不知前路，却又不愿停下脚步。我们如是，英雄如是。

英雄从来不是什么遥不可及的存在，他就在我们每个人身边，或者就是我们中的一员。这样的距离，已经容不下陌生的存在。

那为什么，还是会感觉英雄和我们不一样呢？再回看刘亚斌面临人生选择时，我们就找到了答案。每个人都在追求幸福，但每个人追求的幸福都不同，有的幸福是自己的幸福，有的幸福是他人的幸福。刘亚斌应该最清楚这一点。当他在高校执教的时候，父母健康、事业顺利、爱情来临，多幸福，他不需要多做什么，甚至多走一步都是多余的。他只需在教师的岗位上教书育人，这样的职业同样受人尊敬，不用风吹日晒、不用加班熬夜、不用面临危险，只要他不再多做什么，他可以安稳过几十年幸福的生活，在步入暮年后退休，享受天伦之乐。但终究，他没有。他幸福他的幸福，却放不下他的愿望，他的愿望最简单，却最难实现——他愿更多的人幸福。这也是英雄最简单的愿望吧。

这样简单的愿望，需要他们牺牲多少？刘亚斌肯定没想过，英雄是不会这样想的，为他人幸福的付出怎么能算牺牲？牺牲是对英雄的赞美与讴歌，并不是他们对自己的评价。所以，他们的勇气维持了那五分钟。可刘亚斌的那五分钟，比一生还要长。驱动他的精神力量，不再只是狭义上的热爱与善良，而是一种纯粹而高尚的精神信仰。家国是责、人民是责，没有人强求，他担了；从警路难、风雨路险，他明知如此，可走了。未知征途，他是那么义无反顾，因为这条路，从来不是为自己而走！

一个普通的起点，却因一个简单的愿望，走上一条为他人某幸福的路，从未放弃任何一个可以为他人牺牲的机会，直至付出生命。这样的人，凭什么当不起英雄二字？

人的悲欢并不相通，但一位英雄的突然离去，却让无数人感觉到了相同的忧虑、悲伤、遗憾。原来，在纯粹真挚的感情面前，人们从来都是有着千丝万缕的感同身受。我们，从来都是紧密相连的。

这就是英雄所为：为了每个人，舍弃自己的一生。他们面向每个人，在他们身上，我们看到更宏大世界的联系与呼喊，那是因为他们心中装的从来不是一个人或几个人，而是一个民族、一个国家。这也让我们明白，在真正的家国情怀面前，从来就没有很多个"我"，只有悲欢相通的"我们"。刘亚斌这样的英雄，正是我们情感的纽带，在英雄离去时的心灵共鸣与情怀共振，就是我们紧密相连的最好证明。这恰好也是英雄精神所在。

没有英雄的时代是不完整的，英雄的存在给时代赋予了意义。几千年的中华民族史，从来不缺史册留名的英雄，更多的是那些被铭记但不被知晓的无名英雄。我们是幸运的，能与自己认同的英雄相遇在同一个时代。对后来者来说，读懂英雄的精神并不难，虽然没有亲历的感受，但从来不缺少对英雄生平浪漫主义的想象与架构，他们的功绩虽早已湮没在浩瀚的历史长河之中，但他们的精神之光，已成为民族的图腾和文化的符码。

　　无形的精神之光，在我们之间形成一条纽带，跨过山河江湖、昼夜轮回，让我们知道每个人本质上都是其中的一部分。这样的感同身受、共同信念，也让我们——认识的与不认识的、了解的与不了解的，都能彼此理解、彼此善待，成为一个命运的共同体。

　　对于英雄，特别是离我们远去的英雄，我们始终觉得有所亏欠。一位英雄的培育需要很多年，离去只是一瞬间，这一瞬间，写满了遗憾、敬佩、思念、悲恸……虽然无法阻止英雄的离开，但我们可以让英雄的精神之光照耀更远。

　　致敬英雄不需要太多的仪式，他们是浩渺广宇中的一颗明星，也是辽阔大地上的一颗基石，他们更愿意看到的，是我们沿着他们方向，走下那坚实一步！当我们脚踏实地时，偶尔抬头仰望星空，这对英雄来说，应该已经足够。

　　让英雄继续发光吧！因为我们应该，因为他们值得！

## 二

　　在学习宣传刘亚斌先进事迹的活动中，逐渐地，刘亚斌班、"刘亚斌式"班组乃至全市公安机关都有了一种不易察觉的变化。

　　崇尚英雄才会产生英雄，争做英雄才会英雄辈出。更何况，这样的英雄恰好是自己熟识的战友。越来越多的人相信，这就是属于刘亚斌的英雄精神。这种精神贯穿他的生平，他的诸多事迹正是对这种精神的最好诠释。这种精神，孕育于他深受熏陶立志报国的少年时期，诞生于他毅然放弃教师职业投身公安事业的青春岁月，发展于他担当使命不改初心的坚守不懈，成熟于他不避艰苦践行誓言的日日夜夜，升华于他离去后仍对后来人的激励不竭。这种精神，饱含理想之光、信仰锋芒；这种精神，激荡警魂、振奋人心。这种精神，被越来越多的人形象且亲切地称为"刘亚斌精神"。

"刘亚斌精神"——这是一种以刘亚斌的名字命名，以刘亚斌个人的精神和风骨为底蕴，在后人共通的缅怀、敬仰和实践中不断丰富和发展的精神，是刘亚斌和刘亚斌式先进人物的品质结晶，是众多人崇尚英雄情结的生动体现。

刘亚斌精神有其特殊的时代背景和历史定位。刘亚斌童年所处的20世纪80年代，正是我国刚刚迈入改革开放、社会经济体制转型期间，在时代的潮流中，刘亚斌深受父亲的军人本色和优良作风的感染，自幼树立一心报国的人生理念；随着他加入公安队伍，为他的理想实现和精神成长提供了肥沃的土壤和适宜的环境，他的精神内涵不断丰富发展；随着改革开放不断深入推进、价值取向多元化，这种茁壮生长的精神表现出更旺盛的生命力，更显得弥足珍贵。

对党赤诚、身心许国的崇高理想，是刘亚斌精神的根脉所在。问何不朽，唯有忠魂！刘亚斌在从警伊始就说过：是党培养了我，人民警察是为群众做事、保护一方平安的崇高职业，我想加入这支光荣的队伍。从入党那一刻开始，无论岗位如何变化，刘亚斌始终不忘自己的第一身份是共产党员，第一职责是为党工作，他把对党忠诚融入自己的血脉灵魂，时刻把党和人民的利益放在心中最高位置。正因为这样的忠诚理想，让他在执行危险的抓捕任务时冲在第一个，让他在转移爆炸物时冲在第一个，也让刘亚斌班、"刘亚斌式"班组、全市公安机关喊出不怕苦不怕累的口号。如果只是将公安当作一份普通的谋生职业，断然不会生出这样的勇气与决心！

心系群众、舍己为人的奉献精神，是刘亚斌精神的本质特征。全心全意为人民服务是党的根本宗旨，也是刘亚斌的一生追求。他上大学时的"为人民服务不需要前提"到入警后的"为了人民群众的利益，再苦再累我们都值得"这两句话，也成为沧州市公安机关中众多有志民警的座右铭。刘亚斌强烈的责任心和对人民群众浓厚的感情深深影响着每个身边人，正是因为心中装着人民，对素未谋面的陌生人，他也能不遗余力伸出援手。除在本职工作中尽心尽力，出差空闲就去献血、自费为单元楼更换门帘、给小区的树木打药驱虫……这些在日常生活中看似平凡的事，却恰恰让身边人印象深刻，这正是人们心目中的"平凡中的伟大、不求名的英雄"。

爱岗敬业、精益求精的工匠品质，是刘亚斌精神的鲜明特质。不管是作为大学教师，还是作为一名公安民警，刘亚斌都以高度责任心和使命感对待自己的本职工作，在每个岗位上都做出了突出成绩。每个和他接触过的人都对他的工作能力啧啧称奇。从认真写下每一天的工作记录，到利用休息时间主动抓小偷，再到牵头研究信息化破案手段，对工作中的一点一滴，他都能做到尽心竭力。他留下的29本厚厚的笔记，不仅成为其他民警学习办案方法的重要教材，更由一件纯私人的工作日志变为一个群体的公共精神财富。

勇攀高峰、攻坚克难的坚定信念，是刘亚斌精神的动力源泉。面对工作中的急难险，刘亚斌从来都是直面闯关、永不退缩。他负责侦办的80余起重特大刑事案件，每件都是难案硬案，他都能办成经得起历史检验的铁案。这种不畏艰险的信念，也成为他成功学习各种专业知识直至成为破案专家的最大助力。

淡泊名利、一心耕耘的纯洁追求，是刘亚斌精神的生动体现。当一个人将自己的命运与国家人民相连，荣辱名利便早已是过眼云烟。刘亚斌清楚地知道，警察手中的权力是党和人民赋予的，只能用来维护法律的尊严，绝不能谋取私利。他生活条件并不富裕，父母身体不好，家中还有两个孩子需要养育，但他从未想过用手中权力为自己谋私。他对自身的要求极高，不抽烟不喝酒，从不接受私人宴请，没有任何不良嗜好，唯一喜欢的就是空闲下来踢足球。一个电脑包用了快十年舍不得更换、舍不得买一件新T恤、家里墙皮脱落了也舍不得修，但他绝不是个小气的人，他经常开着私家车侦查办案，他将家里的棉服带给蹲守的战友，对身陷困境的受害人，他倾囊相助……

离开刘亚斌的日子里，"刘亚斌"却从未离开。他抬手敬礼的形象已成为人们心中永远的记忆。不管是刘亚斌班、"刘亚斌式"班组，还是每个以刘亚斌为榜样的人，都可以在他们身上找到刘亚斌精神的延续与发扬。这种精神，更实现了与那条精神之河的完美契合，日夜奔涌，永不干涸！

## 三

飞快流逝的时间长河，不断推动我们向前。

刘亚斌走了，我们与他再无相见。致敬，以未来送别过去，以微尘告慰世界。

"致敬"是一个动词，我们所做的一切，正是这个动词能表达的全部含义。我们循着他们的足迹，将记忆中的只言片语捡起，再告诉后来人，他们来过这个世界，这个世界也因为他们才得以如此。那只言片语里，断句处有他们的坚守、韵脚里有他们的力量，他们的精神之光告诉我们，不要随波逐流，要有希望，要有信仰！

刘亚斌走了，我们与他再无相见。纪念，不忘他的英雄之名，不忘他的精神之光。

我们要纪念的很多，这一路走来，秦岭和运河是刘亚斌生命的热爱，更是他精神的寄托；而祖国的每座高山、每条长河，正是每位英雄的热爱与寄托，他们如山般挺拔的身影、如河般奔腾的精神，所有的，都来自对祖国和人民的信仰。

好在感人至深的文字与不言而喻的情感，自带光彩、历久弥新，而祖国的山河，正默念着一首呼喊英雄的诗歌。如果真的在天有灵，衷心希望他们可以听到呼喊英雄名字的声音，看到呼喊英雄名字的人民，还有那一生守护的山河！

**你的名字，是我们最深的记忆**

再一次默念起你的名字
低缓的声音撞到冰冷的呼吸
夹杂着悲伤直击心底
徐徐而涌却再难寻觅

我们想用一首诗温暖你冷却的名字
让这座城市

让每位群众

让每个战友

都能永远记住你

记住你的名字，抚平那道沉重的伤痕

有人说，记住了你的名字，就是认识了你

他们认识你，在你42岁生日后的一月光阴

他们认识你，那天你不舍的故乡悲伤为底

他们认识你，昔日战友满眼泪光向你敬礼

他们认识你，看着遗像中的你依旧　眉带笑意

每个人和我们一样，念着你的名字

在心里不住地感叹，惋惜，惋惜

我们默念着你的名字，倒拨过命运的指针

让你儿时的理想再次照耀梦里

你走下讲台，穿上警衣

最初从警的足迹依旧清晰

踏上征程的身影不带犹豫

你走后我们才知道

你执着的选择是对热爱事业最大的善意

我们默念着你的名字，轻划过岁月的年轮

看你将一名优秀警察重新定义

你忘不了被盗群众的失声哭泣

所以你在每天下班后走遍辖区

终于将所有窃贼赶进网里

你忘不了被骗群众的心急焦虑

所以你用钻研当刻刀雕琢自己

终于将最强技能刻进身体

我们默念着你的名字，穿梭过时间的烟云

## 第二十一章 英雄未远 只是长眠

再一次将你留下的故事讲起
讲起你与毒贩舍命搏斗时的危险
讲起你在山涧追踪罪犯时的大雨
讲起你在疫情防控连续几昼夜的坚持
讲起你帮助受害群众借钱看病的善意
到现在我们才知道
你是把每个人都装进了心底

我们默念着你的名字
翻过你从警16年留下的几十个笔记本
一笔一画都是你对工作的严肃认真
一字一句都是你对人民的赤子之心
我多希望他们能与我们一起记起
记起你的名字，与我们一起呼喊
可他们多少人不认识你，
直到看到你的遗像才认识
那个名字叫亚斌

亚斌啊亚斌
我们默念着你的名字，狠狠地想你啊
你是否听到一座城市在呼喊你的声音
那一座商厦依旧人流如织
很多人都忘记爆炸曾在那里"嘀嗒"倒数
但记得是你不顾生死将爆炸物抱走排除
几十所学校的老师不时提起
谈论着你反诈禁毒宣讲时的温润如玉
那是几万学生和老人的美好记忆

记忆里都是你的模样
每念起你的名字都会湿了眼眶
亚斌亚斌

你说平安可贵如同你举起的冬奥会火炬
划破黑暗、指引方向
你说奉献就像你在开幕式上传递的国旗
满带希望、承载荣光

夜色深沉沉
亚斌亚斌
你离开前买的枣糕还残留着你的体温
年迈的父母静静睡着
多想你书房的灯光能再亮一次
温暖他们脸上未干的泪痕
亚斌亚斌
妻儿每天翻看着你失约后道歉的短信
年幼的儿子静静坐着
多想你能再来抱他一次
再回应他一次天真的提问

亚斌亚斌
每次念到你的名字
平静的内心总会泛起涟漪
我们默念着你的名字
是因为我们忍不住想你啊
可你笑笑不说话
让泪水模糊了一切记忆
可我们还是想你
我们呼喊你的名字，想让你再看一眼
你的名字，在你挚爱的事业上扎根发芽
以亚斌命名的班组成长开花
你，是我们每个人的英雄
你热爱的城市记住了你的名字
你至亲的战友承载着你的记忆

> 我们会呼喊着你的名字
> 沿着你用生命铺就的道路坚强走下去
>
> 亚斌亚斌
> 今天，我们在这里
> 呼喊着你的名字
> 我们才突然发现
> 原来有关你的一切记忆
> 都早已印满忠诚的印迹

如今，在这位英雄精神羽化之时，我终于可以将那句怀念与不舍的短语补充完整：

> 英雄未远，只是长眠；岁月为碑，山河永念！

此时此刻，耳边只回荡着两段齐声喊出的声音，两段声音汇聚交融，成为饱含家国之思的悠悠吟唱。那声音穿透时光、映照苍穹，那声音刻录历史、绵延不绝，那是刘亚斌和千万人从心底一齐呐喊出的两段誓词——

"我宣誓：我志愿加入中国共产党，拥护党的纲领，遵守党的章程，履行党员义务，执行党的决定，严守党的纪律，保守党的秘密，对党忠诚，积极工作，为共产主义奋斗终身，随时准备为党和人民牺牲一切，永不叛党！"

"我是中国人民警察，我宣誓：坚决拥护中国共产党的绝对领导，矢志献身于崇高的人民公安事业，对党忠诚、服务人民、执法公正、纪律严明，为捍卫政治安全、维护社会安定、保障人民安宁而英勇奋斗！"

# 尾 声

翻看刘亚斌生前留下的任何一段视频和任何一张照片，都会发现一个明显的共同点：除了抓捕的危险时刻，其余时候他的脸上总是挂着一丝笑容。不管是天安门城楼参加观礼，或是在社区给群众讲授反诈知识，他总是在笑着。

这不是他对着镜头的刻意表演。

每个见过刘亚斌的人想起他时，第一个画面就是他的笑容。同事和朋友们回忆说，在他们面前的刘亚斌总是在笑着，就算是遇到很大的破案难题，他也只是微微蹙眉，然后很快恢复笑容。那是一种恬静淡然的浅笑，眼中满是纯良，看不出丝毫的矫揉造作、虚情假意，仿佛那笑容是从心底一直泛到嘴角，再深深感染身边每个人。这是每个人见到他时的第一印象，也是他留给这个世界的最后印象。人们总是习惯用笑容来表示对世界的善意，那这笑容大概就是刘亚斌留给世界最后的善意。

这样一名英模人物的一生，不应该随着时光的流逝而变得模糊，历史也只有被记录下来，才能成为后来者真正的财富。

## 一

对很多同事而言，刘亚斌是近在咫尺的榜样，同时也是一个遥远的存在。

参加公安工作以来，我总是听人提到刘亚斌的有关事迹，即便从事不同业务，也会被告知要好好学习他刻苦钻研的认真劲；但也是因为刑侦的专业性和岗位的不同，除一些工作上的咨询，我和他并没有太多的交集。而他本人又非常低调，对自己的很多事情闭口不谈。直到他被授予众多荣誉后，他的事迹细节才逐渐被更多人熟知。

  我对刘亚斌的采访主要有三次：第一次是在他被推荐参评全国公安先进工作者时，那也是第一次系统全面了解他的生平事迹，断断续续说了一个小时，可他和大多数时候一样匆忙，只是浅谈一个大概，来不及了解更多细节；第二次是他到北京参加冬奥会的火炬接力，事后由我负责采访报道，大约说了四十多分钟，谈的也多是传递火炬的过程和感受；第三次也是最后一次，他离世后持续到现在的集中采访宣传。

  这是一次难得的机遇。在各单位部门、各级领导的鼎力支持下，我们终于有机会真正走进刘亚斌的工作和生活。一年多的宣传报道工作，仿佛一次跨越时空的旅途。我们一边通过实地调查，前往刘亚斌生前工作生活过的每个地方，收集和追寻他留下的痕迹；一边采访他的领导、同事、朋友、邻居甚至他帮助过的受害人等。我们追溯的一切都是确实发生过的事实，但依然没有人能够完整了解全部细节，尽管时间充足，被采访者本人却已经不在了。

  这也是一个无法弥补的遗憾。刘亚斌离开后，从他身边的同事中挖掘他生前故事的细节并不是一件简单的事。一方面，直到现在，因为刑侦工作的涉密性，他的很多事迹依旧被封存在生前单位的保密柜和案件卷宗之中，知情的同事提及时更是慎之又慎，其中一些更能反映他闪光点的动人事迹，可能会随着时间和形势的变化逐步解密并为人知晓，但那需要长时间的等待；而另一方面，许多同事对很多事迹的细节回忆出现偏差，当然，这是因为职业特性使然，也是意料之中的事。不仅是刘亚斌，公安战线上在普通人看来高潮迭起的危险时刻或惊心动魄的生死瞬间，不过是公安民警的工作日常，许多具体的细节早已模糊，这也为采访工作增加了不少困难。

  在采访过程中，还有一位绕不开的重要人物，那便是刘亚斌的父亲刘发芝。这位为祖国奉献一生的老军人，退休后依旧默默支持儿子在公安战线上为国奉献。在刘亚斌生前的诸多报道中，虽然对他本人的工作事迹有过较为详细的描述，但对他的个人生活特别是他的家庭记述甚少，而这正是他生平不可或缺的重要部分，是了解他个人的重要基础与关键信息。特别是，通过梳理父子二人的生平，我们对英模有了一个更深层次的理解，从父亲的戎马生涯到儿子的警营时光有着深深的血脉联系。我相信，这不是一个偶然，而是必然。

与刘发芝在部队中汲取到精神力量相同，刘亚斌所在的同样是一支从来不缺精神力量的英雄队伍，在他的成长和进步历程中发挥着不可替代的作用。了解到这一点，当我们审视他的一生时，还真不能单纯根据他公安民警的身份甚至一代人的行为做出结论，一旦将目光局限于此，对这样一位公安英模的理解和认知就会变得非常狭隘。

刘亚斌是一位红色精神的传承者、诠释者、发扬者。一段从警路，两代家国情。他自幼随父母在陕西部队大院长大，陕西革命老区的红色文化与英雄军队中的红色基因，这些共同构成了刘亚斌童年期间的成长底色，而父亲的言传身教，更如一条红色血脉不断为刘亚斌注入红色精神力量。刘亚斌在大学期间成为一名共产党员，并时刻以一名党员的标准要求自己，在他之后短暂的生命中，无论是面对难关险滩的不屈不挠，还是永葆艰苦朴素的生活作风，都是对红色精神最好的传承、诠释与发扬！

他是中华优秀传统文化的继承者、践行者、传播者。中华传统文化是中华民族的精神命脉，五千年的悠久历史孕育出民族的宝贵精神财富。"讲仁爱、重民本、守诚信、崇正义、尚和合、求大同"，这些中华优秀传统文化的时代价值，在刘亚斌的一生中都能找到众多的完美诠释其内涵及意义的事例。作为儿子，他对父母孝敬有加；作为丈夫，他对妻子体贴照顾；作为父亲，他对子女严慈相济；对同事、对邻居，甚至对陌生人，他都能做到先人后己。也许他自己都没意识到，他的一言一行正是中华优秀传统文化的最真切的反映。

他是国家全面迈上新征程的护航者、捍卫者、亲历者的真实缩影。刘亚斌生命最后的十年，是十八大以来党和国家取得历史性成就、发生历史性变革的十年，也是他最为光辉灿烂的生命时光。这十年，以刘亚斌为代表的公安民警忠诚履职、勇往直前，为捍卫政治安全、维护社会安定、保障人民安宁做出重要贡献，体现了公安民警与国家命运之间的休戚与共、紧密相连。

他是站在公安科技信息化时代潮头的引领者、见证者和弄潮者，他的一生堪称是一部浓缩的人民公安科技建设史和发展史。刘亚斌从警的时间，正与公安科技创新发展的加速奔跑时期相重叠，他刚从警时，公安信息化的大门逐步打开，公安科研水平和科技创新能力不断提升，而他在这样的时代大势之下，刻苦钻研、后来居上，成为公安信息化的专家，展现出科技强警的强大力量。

采写刘亚斌的事迹，从来不需要虚构的艺术手法，这是一个真实的英雄！原样还原他的事迹，就是对英雄最好的歌颂。

## 二

祖国和人民终究会记住那些真正的英雄。从一座高山奔涌而出的溪流，终于汇聚为磅礴精神之河，奔向远方。

刘亚斌，当人们说起这个名字，不用多做说明，就会有一种难以言喻的复杂滋味涌上心头。太多的故事埋藏在这个看似普通的人背后，越是靠近，越是想要倾听；听到的故事越多，反而越愿沉默。我们今天读懂他，就有了更多走向未来的勇气。

我相信，如果给刘亚斌一次重来的机会，他还是会义无反顾做出同样的选择。他早就告诉过我们这个答案，他曾为国舍家、他曾逆流击水、他曾超越生死，直到魂傍山河，一次一次，他都会做出同样的选择。

大历史拥有无数感人的小细节。而历史和国家的命运细节，最终都会落到每一个普通人身上。就像我们讲述的刘亚斌，正是通过讲述他的故事，才得以回望那段无法重返的岁月。他是一个普通人，但他将自己的命运与国家相连、与人民相伴；他的一生也是简单纯粹的一生，简单到只剩誓言，纯粹到只有家国。

行文至此，心里隐隐平添了一些郁结和遗憾。刘亚斌在每次演讲的结尾中总是会提到其他人，比如他在获评全国公安系统二级英雄模范时所讲：细想想，和我一起摸爬滚打的弟兄，那些仍旧奋战在一线上的战友们，谁又不是有一肚子的酸甜苦辣呢？抑或是接受采访时说的：不要光说我一个人，也要多采访采访我的同事们，我的荣誉不只是授予我个人，更是授予身边每个人，因为我们一起的努力，才有了我们共同的成绩，离开他们，我一个人什么也做不了。

在这方面，刘亚斌所希望的，也正是我们正在尽力做的，通过他一个人，看清更多隐藏在背后的身影。但个人力量太有限，我只能尽力去描绘刘亚斌无限精彩的人生中有限的一部分，只能追寻到和他一起战斗过的部分同志。不论是我追寻到的还是没追寻到的，他们一样值得敬重，他们是商厦里和刘亚斌一起搬起爆炸物的人，他们是在追击亡命徒时和刘亚斌同乘一辆车的人，他们是在海量数据中和刘亚斌一起通宵奋战的人……不仅如此，他们也是每个清晨黄昏站在路口指挥交通的人，是每个接警后立马奔赴你身边的人，是和毒贩以命相搏却从不露脸的人……他们有个共同的名字——共和国人民警察！

魏巍在《谁是最可爱的人》中深情写道："亲爱的朋友们，当你坐上早晨第一列电车走向工厂的时候，当你扛上犁耙走向田野的时候……朋友，你是否意识到你是在幸福之中呢？你也许很惊讶地看我：'这是很平常的呀！'"如今我也想问，亲爱的朋友们，当你忙碌一天放心在地铁上打个盹的时候，当你深夜走出家门在街道上散步的时候……你是否意识到你是在平安之中呢？

每个平安的日子，每个幸福的时刻，在人们的记忆中不断积累加深，但每个简单的平安幸福都是用血肉之躯的奋斗换来的。不管是战火纷飞还是和平年代，一代代的公安人因为一个共同的使命聚集在一面旗帜之下，为一个共同的誓言接力奋斗。

新中国成立以来，全国公安机关共有 1.7 万余名民警因公牺牲，其中 3700 余人被评为烈士。他们留给我们的不仅仅是一段段荡气回肠的故事和一次次仰天长啸的悲壮，他们留下的更是幸福安宁的真实生活和可歌可泣的精神信仰。在他们中，可以找寻到很多像刘亚斌这样的公安英雄，他们的事迹感人至深、影响深远，是当之无愧的民族脊梁。同样，还有无数一辈子默默无闻的人民警察，从青丝到白发、从青春到暮年，他们或许从来没有取得过什么耀眼的成绩，也没有什么感人的事迹，但就是这样一个个平常的人，为平安二字打造了最坚实的底座。

唯有无悔担当，可抵岁月漫长。这个由无数英雄组成的群体，他们的一生，既是个人的一生、职业的一生，组合到一起，何尝不是我们所有人平安的一生、幸福的一生？面对生活，我们习惯了平淡，但慢慢地，我们就是在这样的平淡中学会了感恩。

## 三

我一度想通过一篇文章或一本书呈现出一位公安英模完整的一生，但每次要搁笔时，却总是感觉意犹未尽。这既是因为我自身能力有限，也是因为英雄精神在不断衍生出更多内涵和意蕴，而我竭力呈现的只是其中很小的一部分。刘亚斌的一生，始终有着无边无际的探索空间。描写这样一位英模生平和这样一种英雄精神的文章，不会也不应该画上句号，而是始终在增添和续写中。

当我们讲述一个英雄或者众多英雄时，应当也必须深刻认识他们所处的时代。英雄的出现，从来不是历史的变数，而是它的定数。不能以单纯的眼光去审视历史，同样不能忽略历史中的每一段时期，抛开历史去谈论英雄是不可取的。

任何人的成功都不是偶然的，除了自身的能力，更重要的是其独特的精神和人格的坚强支撑。出生于1980年的刘亚斌，与新中国改革开放的历史进程结伴而行，在他人生不同阶段的经历和际遇，以及由此形成的价值观和智慧思维，必然有着其深刻且清晰的演变过程，完整梳理这一过程，才能更好地诠释他的人生世界和精神世界。刘亚斌是全国公安民警的典型代表，只有完整诠释他的人生和精神，才能更深刻地认识到我们身处的时代，正是民族复兴的关键时期，是期待英雄、呼唤英雄、造就英雄的时代。

英雄顺势而生，但迎难而上！

曾见证了多少英雄走到我们前面，又离我们而去。我们一边惋惜着他们的离去，一边寻找他们指引的方向；就好像我们一边担心遗忘，一边追溯河流直到远方高山上的源头。

在我们每个人心中，都该有这样一座高山和这样一条河流，它们静静伫立在心底，顺着民族的血脉流淌。那山河之间，有我们的亲人、故乡和一直憧憬着的未来。

也许，很多人穷极一生，都不会沐浴耀眼的荣光，但国家与民族会因为我们坚持延续英雄的方向而积蓄更多的力量。我们的选择，同样映射出整个国家和民族的性格与精神面貌。我们什么样，民族就是什么样！我们什么样，祖国就是什么样！史书可能不会为我们书写，但历史确实由我们铺就！这也是我们的坚强，在我们骨髓深处传承着的民族倔强，虽然曾经羸弱，但从未停止过生长！

自古以来，先祖就有"为天地立心，为生民立命，为往圣继绝学，为万世开太平"的志向和传统。又或者，我们只需记住一句更言简意赅却意味深长的话，就足以指明人生方向——为人民服务！

这是一次名副其实的心灵之旅。再一次走在运河边上，岁月和历史夹杂着河风呼啸而过。在时空交错的追本溯源中，我真切感受到了作为一名人民公安、一名中国青年的光荣使命。不问心有宏愿，唯求执意弥坚。就像那巍巍秦岭，屹立万年看惯沧海桑田，就像这汤汤运河，流淌千载却从不需多言。

**2024 年 5 月 20 日，于大运河河畔**

# 附　录

## （一）刘亚斌年表

1980年4月3日（农历庚申年二月十八），出生于河北省沧州市任丘市吕公堡乡供销社家属院，随母亲生活。

1982年，跟母亲随军至父亲所服役部队生活。

1983年—1985年，入托父亲服役部队幼儿园。

1985年—1987年，因父亲入京脱产学习，母亲工作照顾兄弟两人较困难，回任丘老家随祖父母生活，其间在任丘市南畅支村小学学习。

1987年，父亲完成学业，返回部队家属院随父母生活。

1987年9月—1995年6月，在父亲服役部队子弟学校小学、初中学习，长期担任班长。

1995年，父亲转业，随父母到河北省沧州市运河区生活。

1995年9月—1998年6月，在沧州市第二中学学习，任团支书、数学课代表。

1998年9月—2002年7月，在河北经贸大学原贸易经济系市场营销专业学习，任班长。

2001年3月，加入中国共产党。

2002年9月—2005年3月，就职于沧州职业技术学院经贸管理系，任讲师。

2005年3月，参加公务员招录考试并顺利通过。

2005 年 6 月 1 日—6 月 7 日，参加入警培训。

2005 年 8 月 1 日，在沧州市公安局运河分局市场派出所巡防队见习。

2006 年 1 月，任沧州市公安局运河分局南环派出所刑警队见习侦查员。

2007 年 7 月，任沧州市公安局运河分局刑事侦查大队市场中队科员。

2008 年 1 月，被授予 2007 年度全市严打整治专项斗争先进个人称号。

2008 年某月，任沧州市公安局运河分局国内安全保卫大队科员。

2009 年以来，在沧州市大中小学、社区为学生和群众讲解预防电信诈骗、禁毒等知识。

2009 年 7 月，被评为市公安局优秀共产党员。

2009 年 9 月，任沧州市公安局运河分局刑事侦查大队西环中队科员。

2009 年 9 月，破获"7·16"系列电信诈骗案，该案是沧州历史上第一起全链条打击破获的电信诈骗案件。

2009 年 10 月 21 日，荣立个人三等功。

2009 年 12 月，任沧州市公安局运河分局刑事侦查大队小王庄中队科员、副中队长。

2010 年 10 月，任沧州市公安局运河分局刑事侦查大队直属中队二级警员（原）、综合中队指导员。

2011 年初，通过在逃系统的对比，在全国范围内一次性比出 3000 多名在押或取保的逃犯。

2011 年 6 月，调入运河公安分局信息合成作战室工作。

2011 年 7 月 26 日，参与侦办"7·26"特大贩毒案，该案是当时沧州市历史上缴获毒品数最多的持枪贩毒案件。

2012 年初，自主研发汽车租赁业信息管理系统，破获"2012·9·15"系列盗窃红木家具案等多起重大案件。

2012 年 4 月，历时两个月破获"3·03"电信诈骗案。

2013 年某月，在市内某商厦冒死排除绑着汽油桶的爆炸物。

2013 年 2 月 1 日，荣立个人三等功。

2013 年 2 月 28 日，被评为沧州市公安局运河分局刑警大队先进个人。

2013 年 3 月，被评为河北省刑侦"信息战"专家能手，入选河北省刑侦"信息战"专家人才库。

2013年6月，首创"ICCID反查追踪法"抓获犯罪嫌疑人，该案作为全省五个优秀典型案例之一，在公安部刑侦系统典型案例精选评比中获奖。

2013年10月，任沧州市公安局运河分局刑事侦查大队直属中队二级警员（原）、情报中队中队长。

2013年10月25日，荣立个人三等功。

2014年4月，破获部督"3·20"专案。

2014年5月，被评为河北省公安机关刑侦信息战专家能手。

2015年，破获省督"6·20"专案。

2015年8月，被授予沧州市"最美青年政法干警"荣誉称号。

2016年3月，荣获2015年度全省公安机关"百名情报研判能手"称号，入选"全省公安情报专业人才库"。

2016年7月26日，被评为2016年至2017年全国刑侦情报研判能手。

2017年11月，被评为全市优秀共产党员。

2018年9月，任沧州市公安局运河分局刑事侦查大队直属中队四级警长、情报中队中队长。

2018年12月，荣获全省"最美政法干警"提名奖。

2019年1月，被评为沧州市综治维稳工作先进个人。

2019年2月，荣获公安部"刑侦改革创新纪念章"。

2019年4月，被授予"河北省特等先进工作者"荣誉称号。

2019年4月29日，被评为全市公安系统"最美青年标兵"。

2020年4月，任沧州市公安局运河分局刑事侦查大队直属中队三级警长、情报中队中队长。

2020年7月10日，荣立个人三等功。

2020年9月，任沧州市公安局运河分局刑事侦查大队直属中队三级警长、合成作战中心主任。

2020年5月12日，被推荐为2020年全国劳动模范和先进工作者候选人。

2020年8月26日，在运河公安分局观看中共中央总书记、国家主席、中央军委主席习近平向中国人民警察队伍授警旗仪式的报道。

2020年11月24日，当选"全国先进工作者"。

2021年6月30日，被授予"全国公安系统二级英雄模范"称号。

2021年7月1日，作为全国先进工作者代表在天安门广场参加庆祝中国共产党成立100周年大会，现场聆听中共中央总书记、国家主席、中央军委主席习近平重要讲话。

2021年10月，当选新时代燕赵政法楷模。

2022年1月，任沧州市公安局运河分局网络安全保卫大队三级警长、负责人兼合成作战中心主任。

2022年2月2日，作为第108棒火炬手在北京奥林匹克森林公园参加北京2022年冬奥会火炬接力活动。

2022年2月4日，作为全国176名代表之一，在2022年北京冬奥会开幕式上传递国旗。

2022年3月2日，作为嘉宾出席沧州市实验小学"冬奥润童心 一起向未来"开学典礼。

2022年3月，奋战在疫情防控第一线。

2022年5月7日（农历壬寅年四月初七），因连续工作劳累过度，突发疾病，经抢救无效因公牺牲，年仅42岁。

2022年5月9日，刘亚斌同志遗体告别仪式在沧州市殡仪馆举行。

2022年6月2日，沧州市委宣传部、沧州市公安局在市文化艺术中心联合举办"弘扬英模精神 践行使命担当"——刘亚斌同志先进事迹报告会。

2022年7月12日，沧州市公安局在运河分局举行"刘亚斌班"命名仪式。

2022年9月30日，追授"河北省五一劳动奖章"、"河北青年五四奖章"。

2022年11月，追授"燕赵楷模"称号。

2023年1月5日，当选2022感动河北年度人物。

2023年1月，入选第六期全国"公安楷模"名单。

2023年2月，当选为2022年度法治人物。

2023年2月28日，追授"全国公安系统一级英雄模范"称号。

2023年3月5日，荣获第十六届"沧州好人"特别奖。

2023年4月3日，追授刘亚斌同志"全国公安系统一级英雄模范"称号送奖仪式在沧州市国际会议中心举行。

2023年5月5日，河北省公安厅联合河北省委宣传部、河北省委政法委举办刘亚斌同志先进事迹报告会。

2023年5月7日，沧州市公安局将刘亚斌同志生前使用警号055308作为特殊警号正式封存。

2023年8月，中央政法委印发《关于学习宣传刘亚斌同志先进事迹的通知》。

2023年11月，入选第九届河北省道德模范。

## （二）刘亚斌专访稿（2020年4月）

刘亚斌，男，汉族，1980年4月出生，中共党员，本科学历。2001年3月入党，2002年9月参加工作，2002年至2005年在沧州职业技术学院任教，2005年参加公安工作，先后在派出所、国内安全保卫大队、刑警大队工作，现任沧州市公安局运河分局刑警大队情报中队中队长。

从警以来，刘亚斌同志扎根基层、踏实工作，将工作职责印在心上、把群众利益放在首位，不断创新、不断奉献，先后荣获个人三等功四次、集体二等功两次，先后荣获"河北省特等先进工作者"、"河北省最美政法干警提名奖"、"沧州市最美政法干警"、"全市严打整治专项斗争先进个人"等荣誉，先后入选河北省公安厅"情报专家人才库"、"信息战专家人才库"、"反电诈专家人才库"，多次作为讲师为省公安厅组织的信息化、电信诈骗培训授课，2016年被公安部评定为全国刑侦情报研判能手。

**高举旗帜、坚定信念，做党和国家的忠诚卫士**

刘亚斌曾是沧州职业技术学院的一名教师。2005年，怀着对人民公安的无限憧憬，他放弃安稳的教师工作，考入沧州市公安局，成为一名光荣的人民警察。参加工作十五年以来，不论在什么工作岗位，他都始终以一名共产党员的标准严格要求自己，用赤胆忠心践行"全心全意为人民服务"的铮铮誓言，始终做党和人民的忠诚卫士。

作为一名具有坚定信念的共产党员，刘亚斌始终牢记党的宗旨，时刻以一名优秀共产党员的标准要求自己，以党史为镜，以党章规行，时刻注意学习贯彻党的精神，严格执行新形势下党内政治生活准则，牢固树立"四个意识"，坚定"四个自信"，认真贯彻落实党的方针政策，模范遵守国家法律法规，自觉树立和实践社会主义荣辱观。因为良好的表现，2017年沧州市委评定他为"优秀共产党员"。

作为一名在公安一线奋战多年的民警，刘亚斌始终牢记公安职责，时刻把国家和人民的安全放在第一位，无论是犯罪案件的攻坚破获，还是社会安全的稳定保卫，刘亚斌从来都是为国而战、冲锋在前。

2013年，某商厦发现了一枚绑着汽油桶的爆炸物，当时的排爆工作还是由刘亚斌所在单位负责。面对着随时可能爆炸的危险，刘亚斌和同事不顾个人安危，用防爆毯裹着爆炸物将其从四楼搬到了皮卡车的后斗中。皮卡车才驶出市区，爆炸物就发生了爆炸，巨大的威力将防爆毯炸出一个大洞，皮卡车更是被炸出了一个十厘米的坑，不敢想象，如果再晚几分钟，强烈的爆炸必然会波及搬运的每个人。事后有人曾问刘亚斌当时怕吗？他笑笑说：当时没想那么多，只是知道我们不上，一定会造成更大的损失。多亏了他们的以身排险，爆炸没有造成任何人员伤亡和财产损失。

不久前，刘亚斌收到了一段特殊的感谢视频，视频中的小男孩为"刘警官"用吉他深情弹奏了一曲，感激之情溢于言表。那是在刘亚斌主办的一起诈骗案中，受害人被骗走了家中多年的积蓄共计几十万元，当时受害人的孩子突发疾病无钱医治，万般无奈之下，受害人抱着试一试的心态给他打了电话求助。在确认孩子得病属实的情况下，刘亚斌二话不说，拿出3.5万元钱寄给了受害人，3.5万元钱，成了孩子的救命钱。经过治疗，孩子的病情出现了明显好转，并在今年完全康复。为表达自己的感激之情，就为敬爱的警察叔叔录下了这样一段视频。

### 创新思维、锐意进取，做信息化破案的探索者

随着信息化的普及，各种新型犯罪层出不穷，各种信息化的侦查破案手段也如雨后春笋般涌现出来。刘亚斌敏锐地意识到，

信息化就是未来侦查破案的方向，大数据是侦查破案的利器。为此，他潜心研究信息化破案的理论，认真学习先进省市的信息化破案方法，积极探索信息化破案的手段，破获了一系列新型犯罪案件。

2011年，刘亚斌通过对在逃系统的研究，有了一个重要的发现：很多嫌疑人是多地上网追逃或在取保候审期间又被其他单位上网追逃的，但是原办案单位不进行对比的话，并不一定知情。这些逃犯在原办案单位的掌控之下，很容易进行抓捕。他和队员连续几日夜进行比对工作，在全国范围内一次性比出3000多名在押或取保的逃犯，人数超过一个刑警中队三十年抓获量。针对这个结果，省厅专门开展了在逃人员比对的专项行动，并将此行动常态化，定期对在逃人员进行比对，多年来据此抓获大量逃犯。

2012年，刑警大队在办案中发现，2010年以来，运河分局辖区共受理租赁公司报案50余起，被骗车辆90余辆，众多车辆被嫌疑人租赁后低价转卖或抵押；破获的一系列案件中，嫌疑人作案时使用的车辆基本上全部来自租赁公司。刘亚斌深入到各家公司了解车辆以及经营情况，并通过调研刑事发案的规律特点，对全市汽车租赁公司和车辆底数以及经营状况逐一梳理登记，建立数据档案，自主研发了汽车租赁业信息管理系统，通过与租赁公司合作，将汽车租赁业纳入统一管理。

市公安局对此项工作给予了高度评价。2012年8月22日，在刘亚斌的主持下，运河分局召开了有市区24家租赁公司参加的汽车租赁业会议，正式启用汽车租赁业管理信息系统。新建立的管理系统有效地降低了车辆被骗的风险，并且利用租赁车辆GPS轨迹破获多起重大案件。"2012·9·15"系列盗窃红木家具案中，侦查员利用汽车租赁业管理信息系统准确梳理出了嫌疑车辆，并且利用GPS定位成功抓到犯罪嫌疑人的现行，成功破解了盗窃人零口供难定罪的难局。汽车租赁业管理系统运行后，刑警大队先后破获一系列利用租赁车辆进行犯罪的典型案件，涉案金额高达百万元。

此外，刘亚斌还成功开创许多信息化破案新方法，破获"7

·16"电信诈骗案、"3·03"电信诈骗案等案件，他利用"苹果手机 ICCID 查询"破获的"6·24"系列诈骗案作为信息战典型案例，代表沧州市作为全省 5 个优秀典型案例之一在全国角逐中进入前 15 名。公安部、省厅对刘亚斌的工作表示充分肯定，刘亚斌被评定为"全国刑侦情报研判能手"，多次前往石家庄、保定、邢台等地传授破案经验。

### 不畏困难、勇挑重担，做大要案的不二攻坚者

刘亚斌说，在单位他只负责干两件事，一是亮点工作的开展，一是大要案的攻坚。他给自己定的奋斗目标也是如此：做别人不愿意做的事，做别人干不了的事！分局碰到的新型犯罪案件一般都由他来接，特别是网络诈骗案基本上都是他来破。

2014 年 1 月份以来，公安部刑侦局刑事侦查情报中心及重庆等地先后发现网络投资诈骗团伙。5 月，省公安厅召开了公安部"3·20"网络投资诈骗专案侦查部署会，通报了全国网络投资诈骗的概况及沧州市某公司涉嫌网络投资诈骗的情况。

刘亚斌受命具体负责该案件的侦办。案情的侦办过程异常艰辛，案件属于涉众犯罪，取证难度很大。单单是受害人便高达万余人，涉及全国各地，仅材料就订了 56 本（卷）。而犯罪嫌疑人的诈骗方式更是狡猾，他们勾结某些网络软件公司，非法开发电子交易平台软件，以买卖股票、期货等名义诱骗受害人投资，并通过后台程序操控交易活动来进行诈骗，方式隐蔽、数据更是复杂。

接到任务后，面对堆积如山的案卷资料与成千上万的数据信息，刘亚斌带领队员连续奋战，吃住在单位，没日没夜地梳理案情。经过仔细研究，他与队员确定了以服务器数据为突破口的侦查方案，并成功获取了某公司的交易数据，确定了其中异常的十个交易席位号 IP。6 月 16 日，专案组决定开展抓捕，五个抓捕组分赴十个 IP 所在省市，刘亚斌负责五个组之间的协调指挥工作。6 月 24 日上午 9 时整，五个组同时实施抓捕，共抓获 75 人，主要嫌疑人无一漏网。

被抓捕的犯罪嫌疑人始终不敢相信自己落网的事实，在他们

看来，后台的数据非常复杂，公安民警不可能从繁多数据中找到破案的线索，但他们没想到的是，就是这位三十出头的警察，成功找到了操盘账号等关键信息，并落实了证据。

由于刘亚斌扎实仔细的前期工作，专案组及时对涉案资金进行了查扣冻结，在行动中扣押涉案资金8700余万元，最大程度上维护了受害人的权益。此案告破后，省公安厅专门发来贺电表示祝贺，省厅刑侦局领导还专门前往公安部刑侦局作了专题汇报。

抓捕工作结束后，某公司现货平台随即被关闭，资金池内的资金被冻结。分局刑警大队开辟3部热线及时答复受害人咨询，而刘亚斌实名进入受害人的维权QQ群解答受害人提出的各种问题，并公布了个人电话，24小时接待群众，获得了广大受害人的普遍认可。整个破案过程中，刘亚斌最早开始案件的侦查，最后完成工作的收尾。

从成功破获沧州第一起电信诈骗案开始，如今已成为省厅反电诈专家的刘亚斌，多年来负责的电信诈骗案件侦破工作均位居全市第一。对待每一件案件，无论是侦破案件还是安抚群众，刘亚斌都展现出了自己极高的专业素养与极其尽责的担当。

**牢记职责、服务群众，做人民利益的坚定捍卫者**

身为一名人民警察，刘亚斌时刻将群众的利益放在心上，多年来，他进行法制教育宣传、建立警民联络群、开设法治课堂等等，为挽回群众损失、预防制止犯罪付出大量心血。

刘亚斌刚刚调到刑警队时，总是接到钱包失窃的报警，受害人有本地的居民也有来此求医的病人，常常是医院还没有进去，手里的救命钱就被偷走了，受害人无助流泪的模样深深刺痛了刘亚斌的内心。自那之后，刘亚斌上班处理日常工作，下班后就去人群密集、盗窃高发的地区寻找行窃的扒手，那时没有便携的录像设备，刘亚斌便自费买了摄像机进行拍摄。

反扒就是个辛苦活，下班的高峰期，大多数人在回家的路上，他在公交站牌旁边站着盯跟车的小偷，周六日别人在家陪媳妇孩子的时候，他在商城附近拿摄像机拍摄取证。公交站台、医院走廊、小吃门店……他的足迹遍布辖区内外大大小小的场所。

随着经验的增加，沧州的老贼不管是吃商场的还是扒公交的，不管是玩刀片的还是直接拎包的，基本上都被他抓过，许多贼的同伙都记住了他的样子，只要他出现的地方，都会自动逃得远远的。在他的努力下，盗窃案发案率有了明显下降。

　　除了本职的公安工作外，2009年以来，刘亚斌还充分发挥教师出身的优势，多次为师专、水专、卫校、十四中、光明小学的学生，璞园社区、市委南院社区的群众讲解预防电信诈骗、禁毒等方面的知识，受到群众广泛欢迎。尤其注重预防青少年犯罪工作，逐步建立完善青少年犯罪心理、趋势、预防和治理工作机制，携手辖区部分高等院校，致力打造"品牌示范效应"，不断辐射、影响青少年身心健康成长，把爱民工作融入警务活动中。他还组织成立了首个青少年禁毒志愿者服务队，并建立了沧州市首座禁毒教育示范基地，同时被评选为"全省禁毒教育示范基地"，尤其是2012年"青春拒绝毒品，共建平安家园"的大型禁毒宣传活动，被评选为全省禁毒精品宣传活动。

　　有惊心动魄、高潮迭起的缉凶故事，有周而复始、波澜不惊的简单情节，有坚韧不屈、坚韧不拔的坚定信念，有无怨无悔、润物无声的无私奉献……一幕幕画面，构成了刘亚斌的一段传奇职业生涯，这位可亲可敬的人民警察用自己的实际行动书写了履职尽责、自信进取、奋发有为的时代风采！

## （三）刘亚斌参加冬奥火炬传递采写稿件（2022年2月3日）

**沧州公安骄傲！这名沧州警察举起了冬奥火炬！**

　　2月2日上午，北京2022年冬奥会火炬接力活动在北京奥林匹克森林公园正式开始。"全国先进工作者"、"公安部二级英模"、河北省沧州市公安局运河分局民警刘亚斌作为第108棒火炬手参加了火炬传递。

　　据悉，此次参加北京冬奥会火炬传递的约1200名火炬手来自各行各业，大多在本系统、本领域取得杰出成绩或作出突出贡献，具有相当的代表性。

火炬接力现场，刘亚斌精神饱满、步伐矫健，作为北京冬奥会火炬传递的"1/1200"，顺利完成了传递火炬的光荣使命。"能作为一名公安民警代表参加此次火炬接力活动，我感到十分荣幸与自豪，这不仅是国家对我个人工作的肯定，更是对整个公安队伍的认可。"刘亚斌激动地说，"我也十分感激能给我这次机会，衷心希望通过这次火炬传递，可以进一步展现我们公安民警的精神面貌和时代风采。"

参加工作十六年以来，不论在什么工作岗位，刘亚斌始终以一名共产党员的标准严格要求自己，用赤胆忠心践行"全心全意为人民服务"的铮铮誓言，始终做党和人民的忠诚卫士。他长期扎根基层一线，潜心研究信息化破案的理论，积极探索信息化破案手段，破获过大量新型犯罪案件。他先后荣立个人三等功四次、集体二等功两次，入选河北省公安厅"情报专家人才库"、"信息战专家人才库"、"反电诈专家人才库"，获评"公安部首批刑侦情报研判能手"，被授予"河北省特等先进工作者"、"全国先进工作者"、"全国公安系统二级英雄模范"、"燕赵政法楷模"等荣誉。

作为冬奥火炬手，刘亚斌手持火炬，经过短短的距离将它平稳地交接给下一棒火炬手；而在他自己的"战场"上，他肩负着公安使命的"长跑"仍在不断继续。

## （四）刘亚斌参加冬奥会开幕式国旗传递采写稿件（2022年2月5日）

**骄傲！这名举起冬奥火炬的沧州警察在开幕式上亲手传递国旗！**

2月4日，在北京冬奥会开幕式现场，当"蒲公英"的种子悠然飘散，鸟巢中央，一面五星红旗在12位小朋友手中徐徐展开。

随后，经分列两行的176名各行各业、国家功勋人员、56个民族代表的手手相传，在全场观众的深情注视下，鲜艳的国旗被郑重地交给国旗班。沧州市公安局运河分局三级警长刘亚斌就在其中。

在祖国向第二个百年奋斗目标迈进之时，在冬奥会开幕式现场，能够代表全国公安战友参与传递国旗，刘亚斌的内心感到无比的激动与自豪。

在亲手触碰到国旗的那一瞬间，爱国的热情在刘亚斌的心中瞬间燃起，那一刻也成为他终生难忘的时刻……

如镜的冰雪，映照着永恒的奥运精神。"我和我的祖国，一刻也不能分割，无论我走到哪里，都流出一首赞歌……"当优美动听的《我和我的祖国》旋律响彻"鸟巢"上空时，那一抹红在每一个国人心中缓缓流淌，在那一刻所有人燃起同一个梦想。

谈及传递国旗的感受，刘亚斌激动地说："作为公安队伍的代表传递国旗，我的心中感到无比的激动和自豪。在开幕式现场，我从每个人身上都看到了中华民族的自信和光荣，那是从内而外洋溢而出的民族自豪感，我坚信我们的国家将更加富强，人民会更加幸福！祖国，加油！"

这是传递激情和梦想的时刻

这是展示勇气和力量的时刻

这是共谱奋斗和团结的时刻

让我们一起向未来！

相约冬奥！

筑梦冰雪！

图书在版编目（CIP）数据

山河警魂 / 尹俊杰著. -- 北京：群众出版社，2024.8. -- ISBN 978-7-5014-6407-4

Ⅰ.K828.2

中国国家版本馆 CIP 数据核字第 2024L6P499 号

## 山河警魂
尹俊杰　著

策划编辑：杨桂峰
责任编辑：季伟
装帧设计：王子
责任印制：周振东

出版发行：群众出版社
地　　址：北京市丰台区方庄芳星园三区 15 号楼
邮政编码：100078
经　　销：新华书店
印　　刷：天津盛辉印刷有限公司

版　　次：2024 年 8 月第 1 版
印　　次：2024 年 8 月第 1 次
印　　张：17.5
开　　本：787 毫米×1092 毫米　1/16
字　　数：277 千字

书　　号：ISBN 978-7-5014-6407-4
定　　价：70.00 元

网　　址：www.qzcbs.com
电子邮箱：qzcbs@sohu.com

营销中心电话：010-83903991
读者服务部电话（门市）：010-83903257
警官读者俱乐部电话（网购、邮购）：010-83901775
啄木鸟杂志社电话：010-83903494

本社图书出现印装质量问题，由本社负责退换
版权所有　侵权必究